旅游创业启示录——创造与变革进行时

郑 红 钟栎娜 张德欣 编著

知识产权出版社
全国百佳图书出版单位

图书在版编目（CIP）数据

旅游创业启示录：创造与变革进行时/郑红，钟栎娜，张德欣编著．—北京：知识产权出版社，2015.4

ISBN 978－7－5130－3073－1

Ⅰ.①旅… Ⅱ.①郑…②钟…③张… Ⅲ.①旅游业—电子商务—研究 Ⅳ.①F590.6

中国版本图书馆 CIP 数据核字（2014）第 232388 号

内容提要

本书通过采访百程旅行网、蚂蜂窝、途牛旅游网、去哪儿网、周末去哪玩等 16 家旅游电子商务企业的创始人，对其心路历程、进入资源、发展困惑、未来前景进行了深度的剖析。书中采用生动的手法来描述一个个新的电子商务企业诞生和成长的全过程、记录旅游业电子商务企业发展过程中的大事。本书是一部契合时代需求、鲜活的创业案例之书，希望能为更多的创业者提供经验。

责任编辑：甄晓玲　　**责任校对**：谷　洋
装帧设计：刘　伟　　**责任出版**：刘译文

旅游创业启示录

创造与变革进行时

郑　红　钟栎娜　张德欣　编著

出版发行：知识产权出版社有限责任公司　　网　址：http：//www.ipph.cn
社　址：北京市海淀区马甸南村 1 号　　邮　编：100088
责编电话：010－82000860 转 8393　　责编邮箱：flywinda@163.com
发行电话：010－82000860 转 8101/8102　　发行传真：010－82000893/82005070/82000270
印　刷：北京科信印刷有限公司　　经　销：各大网上书店、新华书店及相关专业书店
开　本：720mm×1000mm　1/16　　印　张：13.5
版　次：2015 年 4 月第 1 版　　印　次：2015 年 4 月第 1 次印刷
字　数：257 千字　　定　价：36.00 元
ISBN 978-7-5130-3073-1

创业（Begin an undertaking），意味着担当、开启、创新、先锋与颠覆，意味着风险。创业是社会进步与发展的动力。《旅游创业启示录——创造与变革进行时》总结了近10年来中国新兴旅游业态的发展轨迹，记录了中国旅游创业者的智慧、激情、勇气与开拓精神。他们改变了中国乃至世界旅游业的游戏规则，他们开辟了旅游业的蓝海，他们推动了中国旅游业的升级换代！

北京第二外国语学院校长助理、研究生处处长　教授/博士　邹统钎

中国旅游业正在进入历史上最好的发展时期，这一方面是因为内生的旅游需求在快速膨胀、壮大，另一方面则是天生的创业精神在不断涌现、汇聚。市场需求的大繁荣滋润了企业家们在旅游领域创业发展的大环境，企业创新的大迸发给旅游者们提供了在五湖四海舒心行走的大舞台。《旅游创业启示录——创造与变革进行时》正是北京第二外国语学院旅游管理学院这个久负盛名的旅游研究机构与旅游创业家协会这个充满活力的组织平台向这个创新时代的创业者们致以的深深敬意。在读到一个又一个旅游创业故事的同时，希望大家更多地关注这些故事背后的创新思想与探索。创新思想的活跃才是创业持续、旅游繁荣的根本动力。期待着旅游创业家们走过适应市场需求的阶段后，走向更高层次的、引领市场需求的新征程。

北京第二外国语学院旅游管理学院院长 教授/博士 厉新建

《旅游创业启示录——创造与变革进行时》，让人确信中国旅游业赢取了时代、政府和市场的共同支撑，迎来了千载难逢的创新、创业机遇。对于正在起步、发展的MTA教育，本书是不错的案例教材，将鲜活的旅游创业、创新气息带入课堂，有助于学员们与实践的脉搏一同律动。

南开大学旅游与服务学院院长、
全国MTA教指委秘书长　教授/博导　白长虹

我们可以给创业者贴上各种标签："创造者""远见者""实干家""乐观主义者"。但是，回归到人性的深层次，他们都是独立的思想家，他们都有理想，他们随时准备去冒险和尝试新事物并以此为乐。在这本启示录中，我们可以看到一群旅游业的理想主义者的思考、尝试和冒险。他们通过创办事业去实现自己的理想——让这个世界不一样！

北京第二外国语学院酒店管理学院

酒店管理系主任　教授/博士　秦宇

旅游产业链很长，"食、住、行、游、购、娱"各个环节蕴藏着诸多创业商机，特别是互联网与旅游产业的融合，必将促使旅游创业焕发生机。《旅游创业启示录——创造与变革进行时》通过16个旅游创业的实际案例，详细描述了从想法到客户各方面的细节，这其中有成功，有停滞，有无法解决的成长性难题，为我们展示了旅游创业的种种艰辛和曲折，当然也有创业的成功和喜悦；旅游创业领域的竞争态势瞬息万变，只有不断适应市场变化，在变革中逆势而上才会进一步发展壮大，希望在旅游创业领域尽早涌现出"阿里巴巴"。

天津空港经济区创新创业中心主任　李金辉

《旅游创业启示录——创造与变革进行时》为您呈现了16个旅游创业的创新模式，本书不但将商业模式分析得鞭辟入里，还为这些企业规划出了未来的发展蓝图；既可为创业者提供新的思路，又可为旅游者提供新的旅行方式。最关键的是通过16个案例将旅游行业的需求与现状呈现在每一位读者眼前。

中央电视台《创业天使》栏目执行制片人　贾超

20 年前刚开始的“正大综艺”，虽然开启了一个时代看世界的新视野，若不在其中，还真不容易理解旅行途中的千辛万苦！因为，不够专业，没有专才！只能苦干实干，撞了墙再换……现在的各位，都是幸福的！从书中看到令人欣喜的各种始于人性的关于旅游创业模式精准的讨论，以客为尊的服务本质和专业的考量！你我也许并不熟悉旅游业中细部的运作模式，但有了这样深刻的分析咱可以轻松选择，遨游天下，共享精英们创造的成果！真是“奶油桂花命”啊！

中央电视台《正大综艺》著名外景主持人　李秀媛

近两三年来，随着旅游业持续升温，越来越多的风险投资基金和产业资本快速涌入旅游业。创业，成为旅游业最为热门的词语，成为不管是已在旅游业摸爬滚打多年的行业资深人士，还是对旅游行业看好的“门外汉”们成就梦想的首选机会；一时间，创业项目五花八门，创业者成功融资的案例频出，真可谓风起云涌，好不热闹。在这样的历史节点，由老张和旅游创业家协会牵头，对近几年来有代表性的旅游创业公司从发展历史、商业模式、创始团队等方面进行综合深入分析和评价，以期给创业者在创业路上指引明灯，可谓正当其时。祝愿新书成为创业类书籍的标杆，大卖！

劲旅网创始人、劲旅咨询总裁　魏长仁

互联网与“旅行天生就在路上”的特性高度吻合，旅游产业的下一个高潮无疑是无线时代，更是旅游创业者们的黄金时代！线路预订、资讯提供、旅游点评、行程规划、分享社区、定制服务……细分市场里，创业者们大有可为。总之，传统的旅行环节中所遭遇的痛苦，都将是他们致力服务的方向，《旅游创业启示录——创造与变革进行时》正是这样一本指南。

《旅行家》杂志社副社长/副总编辑　陈桢

这是变革的年代。当越来越多的中国人开始将旅行纳入自己的生活方式的时候，这个产业重新焕发出了前所未有的荣耀——旅行社不再死守门店纷纷触网，互联网思维旗帜下的年轻一代也开始逐鹿中原，割据细分市场。这变化来得如此迅猛，乃至资本大鳄也纷纷抢滩作战，助力这变革发生得更快、更猛。似乎，这是最好的时代。一个行业的火热，总会引来无数的追随者。当创业已经成为旅游行业的最强音时，那些成功者背后的经验，失意者流下的泪水，是这变革时代留给所有追随者最好的财富。而《旅游创业启示录——创造与变革进行时》这种 case by case 的案例分析，足以让我们管中窥豹，获益良多。

LonelyPlanet 中国区总经理　李小坚

旅游行业永远都是红海，也永远都是蓝海，红海是因为行业规模足够大，进入门槛相对低；蓝海是因为需求不断演化，细分机会层出不穷。所以旅游行业是创业者不断涌入的领域，也是投资人始终关注的领域。本书的付梓，让大家得以系统了解 16 家典型旅游企业的发展轨迹，这些企业的创新商业模式难以完全复制，但其思考过程足供新的创业者借鉴。

清科创投董事总经理　袁润兵

旅游已经是中国人消费升级的爆发型需求。过去几年，有幸和张德欣等兄弟同仁们一起，辅佐和投资旅游领域的创新企业，让我们不但兴奋于这个时代的机遇，更佩服引领着行业创新的创业者们。他们正在利用互联网方法、国际化的标准、娱乐业的精神内涵和无穷的想象力变革着越发精彩的行业。德欣兄领导的旅游创业会对于这个时代的旅游创业者非常有意义和价值。每次和他深入交流，我都能感受到他对行业的前瞻眼光和全局观察，更有他对辅佐创业者的真心诚意。相信这本书可以帮到每一位旅游创业者！

泰山兄弟基金/泰山天使基金创始合伙人　陈亮

今天的旅游业，正处于高速变革中，新市场、新技术、新企业家正在结构性地改写着行业的商业模式、竞争格局和产业链上下游，带来行业的蓬勃生机。我们关注处在起步阶段的创业型企业，也关注具有创业精神的成熟企业，作为饭店行业协会，我们愿意鼓励行业创新，为创业企业的发展营造更为适宜的制度设计和成长空间，希望能有更多的创新精神给饭店业带来更好的发展，希望看到旅游业更美好的明天！

中国饭店协会会长　韩明

此书的出版给每位旅游人带来了最前沿的创业资讯，期待中国旅游界能诞生下一个马云、王健林、马化腾等。依然相信那句话：政治，让中国人站起来；经济，让中国人富起来；旅游，让中国人快乐起来。

中国旅游品牌节发起人　张伟

旅游业祖师“徐霞客”探索、开拓了旅游价值，《徐霞客游记》更是为世人留下了巨大的宝贵财富。“书”是别人走过的路，能为读者照亮前程，正所谓：“物有甘苦，尝之者识；道有夷险，履之者知。”《旅游创业启示录——创造与变革进行时》这本书聚集了旅游创业家协会最优秀的成员，以翔实的品牌案例呈现了各种旅游商业模式、创业历程、曲折故事、人物写照。此书是旅游行业先行者经验的结晶，也是旅游行业最珍贵的创业知识宝库，更是旅游业打开智慧之门的钥匙，能够助力更多的旅游创业者走向成功，推动我国旅游业不断创新、升级。

中国智慧酒店联盟、中国智慧旅游联盟创办人 & 秘书长　荀亮

本书通过众多案例的讲述，让人们对旅游创业有详尽和接地气的了解。企业材料收集全面，对市场机会、行业竞争、发展战略和潜在问题分析深入，值得一读。对计划加入旅游创业大军的你，是有用的参考。

戈壁投资合伙人　蒋涛

从出境游到安排周末去哪玩，从豪奢酒店到酒店预订平台，从办签证到提供网友 UGC 旅游攻略的社群平台，从线下旅游门店到 360 度网上体验数据库，从网站到微博微信，各种不同的展现形式与营销方式都是切入旅客细分多元需求的服务样态。我衷心期盼德欣再接再厉明年推出新版时，能与台湾合作，将台湾优秀的旅游创业案例编写进去，进行两岸的 PK 与交流！正因为资金与市场不足，生存的能力备受考验，台湾的旅游创业者必须提供更加创新、更具有台湾文创特色的服务。相信本书在激发两岸智慧旅游的交流与发展方面会产生更多的旅游智慧火花！

台湾智慧旅游产业协会筹备处主任、台湾智慧旅游学院院长　吴惠恩

风景在路上，创业亦然。创业没有终点，必须保持一颗时时创新的心，享受创业的乐趣。随着经济发展、社会进步，旅游已成为大众最普遍、也最为重要的精神文化需求，旅游业成为最为典型的幸福导向型产业，而且事实上已经成为全球第一大产业，以旅游为载体和路径的“移动社会”正在到来。面对中国这一具有巨大潜力的市场，在线旅游创业者们更需要找寻用户痛点，满足并引领用户需求，从而展现自己对企业、行业及产业的价值，服务好旅游者，并最终实现自我价值。本书有助于年轻的创业者们少走弯路，离目标更近。

著名旅游专家、社会学者、“移动社会”理论创立者　博士　刘思敏

旅途永无穷尽，创业也是如此，创业不仅是一种生活方式，也是一种生活态度，不管创业最终能否成功，都值得我们尊敬！环游世界是很多人的终极梦想，而旅游创业者们正是从不同的产业链条切入，用不同的方式和载体让旅游变得更加美妙。不管营销得再怎么喧嚣，最终还是要回归到旅游的本质，那就是服务与体验满足或超出客户的期望。怀揣让世界变得更美好的理想，创业者们付出了太多太多，祝愿你们能从本书中得到自己想要的东西，加油！

新浪微博自媒体协会秘书长、新浪微博旅游类大号拥有者　酒红冰蓝

我们都知道，人生本是旅行，我们需静心留意沿途的风景，感知造物主给予的启示。有些人能够清醒地看到，旅行才能让人真正看到生命过程的美丽，让人大声对世界说："我来过！"他们为之做出了怎样的努力，又有着怎样的感悟，期待并相信《旅游创业启示录——创造与变革进行时》可以给出答案。

90后画家第一人　西茜

O2O是继门户、搜索、社交、电商之后新的巨大风口，而旅游O2O创业是这个风口上最精彩的部分。在O2O时代，中国的旅游创业者会比在美国更有机会和前途。细品本书中诸多的成功故事，无论是对创业初衷的演绎，还是对商业模式的解析，都会让这个时代的旅游创业者深受启发，请相信机会属于每个人。

易到用车创始人＆CEO　周航

在似乎不说“互联网思维”就肯定是落伍的年代，做传统旅游行业的我们都在思考着一个问题“路在何方”？我们可以在网上卖我们的房间，可是，我们实在没有办法用“互联网思维”让客人在互联网上过夜、没法让客人在互联网上远行。《旅游创业启示录——创造与变革进行时》这本书汇集了旅游这个传统行业的一些创新案例，相信这些案例不仅对旅游行业，而且对许多传统行业都有所启迪。

桔子水晶酒店集团 CEO　吴海

关于智慧旅游的讨论越是喧嚣，越是需要基于该领域创业企业的案例进行梳理和研究，这些可以说是截至目前中国智慧旅游领域最具代表性的商业故事和商业模式，让智慧旅游不再是概念化的存在，值得每一位致力于智慧旅游发展创新的创业者、投资者、研究者研读，并洞察其背后的商业逻辑。

凤凰城市与旅游研究院院长、凤凰网
城市事业部总经理　叶一剑

创业照耀旅游的星空

2013 年，我国旅游业除了接待1.29 亿人次的入境游客，还有32.6 亿人次的国内游客以及9819 万人次的出境游客，形成了近3 万亿元的大市场。《中华人民共和国旅游法》《国务院关于加快旅游业发展的意见》《国民旅游休闲纲要》等一系列法律和文件的出台标志着旅游业正式进入了国家战略体系。可以说，大众旅游的持续快速发展已经为创业准备好了有效的市场支撑。

如此广阔的旅游星系起源于35 年前的入境旅游市场，伴随着改革开放的步伐，长期定位于“民间外交”的旅游业步入了市场化的进程。那个时候，我国的外汇储备还是个位数，在创汇战略的导向下，无论是旅行社、酒店，还是景区，都是围绕入境市场，特别是团队观光市场构建的。从1999 年的第一个“国庆黄金周”开始，国民大众在境内和境外的旅游活动进入了总量增长和结构变化的新阶段。受制于传统的作业习惯和政府的管制要求，业界在很长时间内都无法有效适应需求的变化。对目的地信息有了更多了解以后，国内游客特别是年轻人更愿意使用机票、酒店、出租车等单项服务，更愿意体验景区之外的目的地生活，而不是跟着导游的小旗子去完成既定的程序。在此背景下成长起来的携程旅行网、艺龙旅行网、同程旅游网、驴妈妈旅游网，在对旅行社的内涵与外延进行重新界定的同时，也书写了当代旅游产业的传奇。不同于入境和政务客人，年轻一代的商务和休闲旅行者更加关注住宿消费的核心诉求，而不是以多少颗星星作为自己的选择依据。当传统酒店业特别是那些政府和房地产背景的投资者还在奔着五星和白金五星的牌子，为游泳池、总统套房、西式宴会场所等华而不实的项目投入重金的时候，如家、七天、汉庭、桔子、布丁们在那些穿西服的总经理所不屑的经济型酒店领域获得了有目共睹的商业成功。在大众旅游正在由初级阶段向中高级阶段演化的进程中，包括但不限于中端酒店、主题酒店、旅游购物、汽车租赁、房车旅游、演艺票务、旅行支付，还有众多的细分市场需要创新的业态加以满足，或者说旅游的星系中还有太多的空间有待照亮。据我所知，旅游业界的大佬们，包括旅游集团20 强的领导人，也包括那些完成了IPO 的大叔们，一方面因为年轻人的创业与创新而焦虑，担心自己

是否会一不留神就OUT了；另一方面又对未来充满信心，这份信心来源于自身的实力和与时俱进的创新，更来源于对旅游市场空间的深刻把握。

市场在资源配置中起着决定性作用的今天，在移动通讯、互联网、大数据为代表的信息技术日新月异的今天，在年轻人正在改变旅游世界的今天，创业将照耀旅游的星空，并将持续扩展旅游的商业边界。我的好朋友，去哪儿网的CEO庄辰超先生和他写代码出身的工程师团队，以其卓越的技术开发和商业实践能力告诉我们：以更低的预算完成自己的旅游梦想，以有限的投入去覆盖更大的市场是完全有可能的。不仅是本书包括的16家创业案例，更多的旅游创业者们已经用他们的成功再次证明了“除了变化，没有什么是永恒不变的”。旅游领域从来没有像今天这样充满变化、创新与激情。我们看到，从旅行前的信息收集、消费者互动、票务预订，到旅程中无所不在的生活，再到行程结束后的点评与反馈，旅行社正在从狭义的旅游服务走向广义的旅行服务；我们看到，从故事衍生的品牌定位，到科学、艺术与时尚化的产品设计，到契合互联网思维的公司文化，传统的星级酒店正在为市场导向的旅行住宿业态创新所颠覆；我们看到，从风险投资者、产业投资者到战略投资者，从民间资本到国际资本，都投入了专门的力量不停地扫描旅游休闲领域的创业项目与创新活动。在这个旅游市场持续扩容、消费方式复杂多变、旅游业态不断创新与重构的伟大进程中，无论是投资者、经营者，还是政府与学术界，都在谈论着一个共同的话题：旅游创业的时代来到了！尽管不是所有的创业都会成功，但是可以肯定的是，守着过去按部就班地生活一定不会成功。

创业总是与激情和自信相伴，年轻的创业者更是如此。前几年热播的青春剧《奋斗》中有句台词：千万别给我机会！是啊，因为年轻，会有说走就走的旅行；因为年轻，更会有“与其坐而论道，不如起而行之”的创业冲动。创业也是理性的，敲开风投经理的大门，说一段故事就融来大笔资金让自己任意烧钱的桥段只存在于影视作品中。现实告诉我们，没有清晰的技术模式和商业模式，没有优秀的创业团队和头拱地的奋斗，创业的梦想可能永远只是梦想。就是做到了这些，也会有失败的风险，就是成功了，还会有被更年轻的创业者超越的可能。如何走向成功，我能够给予的只有三句话：旅游是人类的基本权利，也是长存的生活方式，值得我们投入毕生的才情与努力；相信人间正道是沧桑，要做阳光下的生意，为游客提供有品质的服务，为合作伙伴提供共同成长的空间，成功则承担更多的社会责任，失败了也不要紧，还可以从头再来；作为一名旅游智库的领导人，我将永远与创业者在一起。

中国梦，创业梦！

旅游的星空注定会因为你们而更加明亮！

旅游创业者们，加油！

中国旅游研究院院长　戴斌

创业与创新

——《智慧旅游理论与实践管理丛书》序

本套丛书包括《旅游信息化：理论与实务》《旅游创业启示录》，再加上还在写作中的《全国目的地网络舆情监测报告》，都是研究和描述旅游业现状最新的著作，也有可能成为行业的热门读物。只是这个丛书名太传统了，配不上精彩的内容。

浏览上述书稿之后，脑子里浮现出“创业与创新”这个题目，如同“理论与实务”，这同样是个老掉牙的题目，但往往是大家说滥了的话，很少有人细细琢磨。何谓创业？在日常生活中，似乎只要不给别人打工，就可理解为创业。如果开个小店就算创业，那么世界上多数人都在创业。但如果只从规模衡量，多少传统产业能算得上创业呢？所以只有一条，有创新才算创业，无论规模大小。看到未来才能创造未来，无论起点高低，美国的车库文化就集中体现了这个精髓。何谓创新？技术的尖端与前沿，思路的开阔与不羁，制度的开拓与发展。目前而言，能够符合这三条且能够形成重大影响的只有互联网。所以，创业必须创造，创新只能依托互联网。我们不是面临着信息社会，而是进入了信息社会，万物互联的时代开始了。

回过头来看旅游行业，多年来一直被称为朝阳产业，但是在现实中，却显得暮气沉沉。流通业出马云，制造业出张瑞敏，电子业出柳传志，他们都创造了新的模式，甚至颠覆了一个行业。为什么旅游界没有这样的代表人物？一是新旧领域与新旧模式；二是综合性，难以专业化；三是服务业，传统之传统。归纳下来，旅游现在是新旧领域、新旧模式，有四种组合。第一种组合，新领域，新模式，创造前景；第二种组合，新领域，旧模式，作茧自缚；第三种组合，旧领域，新模式，咸鱼翻身；第四种组合，旧领域，旧模式，生存艰难。传统旅行社、传统酒店，包括传统景区，都是旧领域、旧模式，生存艰难。现在说景区好，全国两万多个景区，好的有几个？我们能数得出来的不超过 200 个，在市场上影响大的不超过 20 个，也就是 1/1000，多数都是生存艰难。中国旅游业原来说是新兴产业，36 年了，还新兴吗？互联网企业才几年？所以核心在于把新兴产业转化为新型产业。没有夕阳产业，只有夕阳技术。同理，没有朝阳产业，只有朝阳模式，核心在于创新。

但是，上边的话有一半是错的，错在哪里？还是在传统旅游的圈子里转，实际上，现在的旅游产业领域已经大大拓展了，新型业态丰富多彩。做旅游怎么理解旅游？一是旅游行为无框架；二是旅游体验无穷尽；三是旅游消费无止境；四是旅游资源无限制；五是旅游产业无边界；六是旅游发展无约束。正是在大旅游的框架之内，才能够看明白新景象。这几年，互联网在旅游领域大行其道，一方面新花样层出不穷；另一方面老企业全面卷入，各类风险基金也在积极进入，绝大部分都集中在互联网运作的旅游创业者上。这些景象，使旅游业脱胎换骨，同时开拓了旅游发展的未来。

未来的旅游竞争说到底是四个竞争。一是效率竞争，效率越高越有竞争力；二是便利化竞争，这就是客人的本质要求；三是个性竞争，也是文化的竞争；四是细节竞争，这是服务的竞争。而这一切都离不开技术手段的进步，手段变化的根本是智慧旅游。智慧旅游包括两个层面，第一个层面是广义的智慧旅游，是针对广义旅游者不断变化和细化的需求，凝聚智慧的团队在旅游发展的各个方面运用智慧的头脑，采用智慧的手段，达到低成本、高效率、个性化的结果；第二个层面是狭义的智慧旅游，即以互联网为基础，以新技术为手段，以细分化为目标，形成为旅游者全面服务的网络。我们现在说得更多的是狭义的智慧旅游。从发展的角度来说，一系列的东西都在变化。第一，旅游电子商务已经形成主流，前些年的难题正在不断地被克服，竞争日益激烈，可以说旅游电子商务在市场上的地位逐步提高，甚至占据了主导性地位。这就意味着在未来的发展过程中消费者的行为将发生变化、经营者的行为也将发生变化。第二，企业网站的功能多元化、形式多样化，基本上每一个经营机构都有一个网站，这就意味着旅游市场的范围越来越大，也达到了足够的深度。第三，基于位置移动的新经营形态扩展，是未来的一个发展方向。因为人们越来越追求便利，包括旅游电子商务在内，中国移动、中国电信也在做这些事情。第四，车联网崭露头角，便利化程度大大提高，采用的方式大体就是“源创新”的模式，现在已经做起来了。第五，是消费者的全面参与和深度参与。从某种意义上说，旅游消费者本身也是旅游产品的生产者，因为他们参与产品设计和资源配置，直接消费，同时创造。所以既是经营者，又是消费者，同时还是设计者，严格来说是集中了消费者的服务者。下一步，这将逐渐变成主流。

“苟日新，日日新，又日新”，在创新中创业，在创业中创新，这也许是本书给读者最大的启迪。

世界旅游城市联合会专家委员会主任　魏小安

前 言

创业是一种思考、推理和行为方式，它为机会所驱动，需要创业者在方法上全盘考虑并拥有和谐的领导能力。创业必须要花费时间、付出努力，承担相应的财务的、精神的和社会的风险，是以获得金钱的回报、个人的满足和独立自主为目的的社会行为。有人说创业需要机遇，有人说创业者要有“基因”。但是本书想告诉所有想要创业的、正在创业的创业者们，创业需要不断地学习，并在学习的过程中不断实践、创造与变革。

《旅游创业启示录——创造与变革进行时》立足于旅游教育对国内实践案例的迫切需要，从旅游创业会的会员单位中选择了 16 家旅游企业进行采访。在众若繁星的旅游创业者中，这 16 家只是沧海一粟。但是，从中得到的启示让我们受益匪浅：勇气与热情、睿智与决断、探索与跋涉、经验与教训……

本书最大的特色在于：①本书写作过程中所涉及的资料主要来源于对这些旅游企业 CEO 或者高管的访谈，部分内容来自于企业提供的资料；②本书中的许多资料是我们独家采访获得的且为首次面世；③本书案例中有大量内容系我们的原创作品；④编著后的书稿均经过相应企业的反复审阅。

本书可作为工商管理、旅游管理等专业的专科生、本科生、研究生以及 MBA、MTA 的教材，也可以作为旅游从业人员以及想要创业、正在创业的人员的参考用书。

全书共 16 个案例，是根据这些旅游企业全称的首汉字的汉语拼音首字母进行排序的。在本书的资料搜集、编写过程中，得到了我院许多研究生的帮助。依照案例编排的顺序，他们分别是：董慧云；胡成华；杨杰；姚静姝；刘婷；廖炎钧；王璐瑶、李橙；岳海静；林月；耿蕊；姚静姝；叶惠；王珊珊；白云飞、张立莉；孟娇；姚静姝。

此外，本书的编写得到了北京第二外国语学院许多专家、学者以及领导的指导和支持，李宏院长对本书的写作提纲提出了宝贵意见，宋亮博士、邵德阳老师、韩玫丽副教授等为本书的采访倾注了大量的心血。全书的策划和编著也得到了北京第二外国语学院旅游管理学院、旅游创业家协会、旅游创业会、书中案例所涉及企业的相应人员的大力协助。在此一并向各位贡献者们表示深深的感谢和崇高的敬意！

由于笔者水平有限，书中难免存在不足之处，敬请各位专家、读者批评指正！

郑　红　钟栎娜　张德欣

2014 年 9 月于北京

目　录

案例1　百程旅行网

——出境游，上百程

一、企业简介

百程旅行网（www. baicheng. com），原名佰程旅行网，是国内首家O2O出境旅行服务公司。每年为超过50万人次的消费者提供优质出境旅行服务。百程旅行网专注出境旅行15年，作为新型出境旅行服务机构，凭借“科技创新和服务体验”两项优质表现被北京市旅游发展委员会评定为“5A级旅行社”。其致力于将互联网与传统出境旅游相结合，为消费者提供“个性化、超体验、最专业”的出境旅行服务。作为国内首家出境旅游电子商务网站，百程旅行网的业务全面覆盖，包括签证代理、专属定制、自由行、主题团组、境外酒店、国际机票、国际单项、企业国际商旅服务八大板块，从“需求疏导、资源配置、预算管理、风险控制、解决方案”五大方面，为消费者提供高品质的一站式出境旅行解决方案。

百程旅行网与超过70家境外旅游局、全球50多家航空公司和超过30万家境外酒店、500多家境外合作商建立了良好的合作关系，是众多境外旅游局和合作伙伴优先推荐的出境旅行服务平台。作为新型出境旅行服务机构，百程旅行网坚持以技术创新驱动发展，致力于打造基于互联网形态的新型商业模型。在开发出中国第一套全球签证服务系统、全球酒店预订系统的基础上，百程旅行网率先建立了强大的旅游数据库及分析系统，引领大数据时代新型发展模式。为更好地满足新型消费人群的需求，百程旅行网开发出移动终端App签证助手，并推出移动版官网。凭借着对各类消费人群消费需求的深刻洞察和服务品质的极致追求，百程旅行网获得了广大消费者的支持与信赖。随着旅游市场的发展和消费者消费需求的日益多元化，个性化需求正成为出境旅游的导向，百程旅行网在需求细分、旅游资源、服务品质等方面都走在了同行前列。

百程旅行网，可以让旅游者体验与众不同的旅行。❶

图1-1　百程旅行网的品牌LOGO

作为国内首个开发全球旅游资源GDS的公司，百程旅行网已建立了全球酒店查询预订系统（GHRS）、全球签证系统（GVRS）、世界旅游资讯系统（GTIS）、全球城市观光系统（GSRS）、欧洲车预订系统（ETRS）、全球城市专车接送系统（GTRS）以及全球国际青年旅社预订系统（YMCA）。目前，百程旅行网的总部设在北京，并在上海、广州建立了分公司，在境外搭建了多层次的供应商平台，包括预订中心、酒店连锁集团、地接社、租车公司、免税店等，为出境旅行的消费者提供签证、国际酒店、机票、自由行、个性化定制服务，是目前国内出境商务、旅行一站式服务机构。

百程使命：以最全面、最体贴的专业服务和最系统、最准确的出境旅行资讯，为出境旅行代理商及旅行者，提供更好、更全的一站式服务。提供方便和乐趣，让消费者享受到旅游电子商务的方便和乐趣；提供自由的交流，为热爱旅行的人提供一个交流、获得帮助的互动空间；提供最完善的服务，无论是以电子商务的形式还是以传统旅行业务服务模式。

百程的核心价值：提供独特、优质、实惠的旅游产品。百程旅行网经过近几年的发展，已经可以提供全球五大洲的团队观光、休闲度假等服务。2004年，百程旅行网推出了迄今为止国内唯一的涉及全球4万多个酒店的实时价格与房态查询系统；全球100多个国家1000多种签证类型的申请信息数据库；豪华邮轮度假及全球海岛度假村的360度网上体验数据库；并且接受欧洲铁路通票，全球青年旅社，全球机场、火车站等交通系统的预订服务。其优势主要是优质和实惠。优质表现为百程旅行网通过8年的IT技术研究，已经实现广义数据库的建设及全球3000多个城市的旅行要素信息中文展示，只需登录www. baicheng. com或联系呼叫中心400-999-6666，旅游者就能得到最准确、最实用的旅行信息；实惠表现为百程旅行网目前已经初步建立了一套完整有效的电子商务解决方案，旅游者可以通过百程旅行网系统的自动比价，确定出最低价的方案。❷

❶ 资料来源：http：//www. baicheng. com/index/about。

❷ 资料来源：http：//baike. baidu. com/view/2273790. htm。

二、创立源起

创立人曾松是1994年进入出境旅游这个行业的，当时他来北京只是为了有个工作，他的工作内容很简单，就是送机票。1996年，曾松借了30万，创建了出境旅行批零体系品牌“ETIHOLIDAY－翔龙万里行”，开始了自己的创业。刚开始创业是零起步，做的是传统旅行，从1996年到2000年仅用了4年时间就在欧洲市场中做到了第1名。

但互联网一出现，曾松头脑中的很多东西被颠覆了，当时新闻获取方式都出现了变化，从购买纸质报刊换成了从三大门户去获取信息，这些改变引发了他以下三点考虑：一是消费者获取信息的渠道和生活方式已经因为互联网而发生改变；二是消费者习惯的变化会直接影响传统B2B领域的运营模式；三是互联网能够提高运营效率。

所以，虽然当时曾松并没有想好应该利用互联网做什么，但他感觉到了这种可能。1999年他创办了时代环球出入境有限公司，2000年投资了Byecity科技发展有限公司，并创办佰程旅行网（以下简称“佰程”），定位是出境游。至于应该怎么做、用什么方法来撬动，曾松通通都没有想好。现在回过头看，佰程推出的时间有点太早，因为14年前，出境游和互联网交互实际上还都没有开始，中国出境游消费者的交互值非常低。

在佰程坚持十几年做出境游的过程中经历过4次断血：

第一次是在2002年。CEO是吴刚，他搭建了一个6人团队，一年就赔了1000多万元，赔得很快，是2002年的中旬，第一次血就断掉了，发不出工资，那这时候有两种选择：要么破产要么继续。曾松以个人出资回购当时给出去的股权，公司从国贸搬到了东四十条，员工从70个人减少到5个人。

2004年，华远国际旅游有限公司（以下简称“华远”）重组，曾松担任总经理。2004年年底时，佰程员工又扩到20来个人，但这个时候资金是有限的，佰程随时都可能倒掉，于是佰程并到了华远，算是华远下面的全资子公司。2005年年初到2011年年底，佰程是华远的前端。2003年，佰程的团队开发出第一套全球酒店预订系统，2004年开发出全球目的地系统，2005年开发出中国签证出境咨询系统。2007年，佰程还一直亏损，华远提出要放弃，当时采取的方式是通过华远融资来给佰程补血。

佰程做的是零售，华远主要做批发业务，公司内部有人主张批零一体化，但这是走不通的。2011年，华远和佰程进行了分拆，当时的CEO是另外一个做IT的人，之前华远拨的资金都用在了盲目的市场扩张上，等到分拆时，这些资金不仅全部用完，还欠了供应商1000多万元和员工1个月的工资，这次曾松下定决心把佰程给接下来，他看到从2008年开始在线出境游已经发生了变化，出境游的互联网交互在加速。但当时要华远再拨几千万补这个窟窿并不现实。于是曾松卖掉了自己的两个楼盘，把这个窟窿补上。很幸运，他做了3个月就拿到了泰山的投资，再做了几个月银泰资本也给了投资，又做了一年，一家大的公司也进行了投资。佰程终于踩到了时代的节点上。之后曾松放弃了先前业务过重的做法，从最为业界忽略的签证服务入手，将佰程的业务重心进行转移，并迅速积累了大量用户数据，同时由签证服务衍生出出境游的其他服务，为用户打造出境游一站式服务。现今，佰程作为中国最大的在线签证服务提供商，出签率高达99.9%，仅2013年就为超过50万名用户提供了签证办理服务，并于2014年7月25日举办发布会，正式宣布将“佰程旅行网”更名为“百程旅行网”，同时启用新域名baicheng.com。❶

三、发展大事记

2000年，佰程创建，定位出境游。

2003年，开发出第一套全球酒店预订系统。

2004年，华远重组，佰程作为华远下面的全资子公司，是华远的前端；开发出全球目的地系统。

2005年，开发出中国签证出境咨询系统。

2008年，荣获5A旅行社称号。

2010年，获《新旅行》年度旅行盛典“年度最佳出境旅行社服务机构”、环球时报“2010年最受中国家庭欢迎的出境游线路提供商”。

2011年，获首届京华旅游新榜样“北京人最钟爱的旅游品牌——创新奖”；华远和佰程进行分拆，曾松接手佰程；创建“佰程淘宝旗舰店”。

2012年，佰程的保险频道正式上线；同年，获得银泰资本的A轮投资。

2014年3月12日，获得阿里巴巴和宽带资本的近2000万美元的B轮融资；7月25日，正式宣布将“佰程旅行网”更名为“百程旅行网”，同时官网启用新域名baicheng.com，品牌形象及产品服务全面更新升级，这标志着百程旅行网正全力进入其发展的快车道，开启崭新的篇章。

❶ 资料来源：http：//tech.ifeng.com/vc/detail_ 2014_ 03/13/34722823_ 0.shtml。

四、商业模式

百程旅行网从创业至今形成了自己独有的商业发展模式，可以从以下几个方面分别阐述。

（一）核心竞争力

依靠广泛的、多样化的、创新的合作，推广全新的“网络旅游服务标准”，在线下和线上同时扩张旅游电子商务消费市场，是百程旅行网经营发展的核心内容。百程旅行网致力于为用户提供方便快捷的出境游服务，通过化繁为简的操作让用户体验更加便利，同时百程旅行网在新形象发布后，正式宣布其产品规划及配套服务全面升级，进一步发挥基于大数据的竞争优势。

（二）主营业务

百程旅行网，是以经营出境旅行服务为核心业务的电子商务公司，以全面、体贴的专业服务和系统、准确的出境旅行资讯，从“需求梳理、解决方案、预算管理、执行控制、资源配置”五大方面为出境旅行代理商及旅行者提供完善的“一站式”服务。作为出境旅行服务专家，百程旅行网同时也是中国最大的在线签证服务提供商，其签证业务多年来稳居行业第一，提供团队观光、自由行、邮轮度假、海岛度假、高尔夫、会议奖励等旅游服务，提供海外酒店预订、多国签证办理、香港驾照代办、国际机票订购等单项服务，可查询全球目的地资讯、出行指南。

（三）盈利点

百程旅行网以签证业务作为核心，以出境旅游、私属定制、国际酒店、各类国际单项旅行产品及个性化定制的需求作为盈利点，以 IT 技术应用平台为基础开发了全球的咨询服务系统，将全球的消费信息与辅助咨询和百程旅行网结合起来，未来会进一步挖掘百程旅行网多年来在出境游大数据及境外深度合作领域的优势，为消费者奉上更多具有保障的特惠旅游产品。百程旅行网建立了一套签证全流程追踪及反馈系统，2014 年又推出签证免服务费活动，着重市场份额的占有率，为旅游者提供个性化、超体验、最专业的出境游服务。

（四）市场定位

目前，百程旅行网的管理团队中 4 个偏向传统旅游，4 个偏向互联网。在消费者群体方面，百程旅行网紧盯80后、90后人群。这个群体是网购的主力，同时这个新兴群体也表现出了新的消费特点。20年前，国内消费者的需求更多的是单纯的出境旅游；而现在的80后、90后则表现出更加个性化和多元化的需求，这个群体不需要你提供所有的服务，而是更喜欢自己根据需求上网拼凑出一个行程，因此，企业所提供的产品和服务模式也就要随之发生变化。在信息不对称的年代，传统旅行社只要规划好一条路线，消费者以参团的形式就能完成整个旅游，但现在，旅游服务企业必须将整个旅行过程切分成单个的要素，然后重新组合。

（五）营销模式

旅游公司的营销需要广泛的宣传，这就需要大量的图片以带给消费者直观的感受，在传统旅游类报纸、杂志、电视等媒体宣传的基础上，加入网络营销的方式，因此具有更多的优势：更直观、更广泛、成本低廉、服务方式多样化，缩短了与客户间的距离，确保信息的真实有效等。旅游活动涉及相关的地域差异、文化差异，网络销售可以突破地域性的差异，而且能够提供大量的信息，快速、直接地了解大众的需求，为顾客提供更全面的参考资料，打造更人性化的服务。百程旅行网是我国第一家把传统的实体店网络化的旅游公司，利用现实的物质资源形成网络资源。“简单明了、清晰客观”不失为百程旅行网的销售策略。

作为国内首家专注于O2O出境旅行服务的在线旅游服务商，百程旅行网主要从以下几个方面进行网络营销。

1. 百程旅行网官方网站

百程旅行网的官方网址为http：//www.baicheng.com，主要分为首页、签证、出境游特卖、出境游商城、gogo问答5个板块的内容，各板块均配有大量的图片和文字说明，网民可通过官方网站享受网络定制旅游服务，同时官方网站还具有网络支付功能。网站右侧有百程公众微信号，网民可扫描查询自己的签证进度，并且可以通过QQ在线与企业进行联系。

2. 百程旅行网淘宝官方旗舰店

百程旅行网于2011年创建了自己的淘宝官方旗舰店，以境外服务、热门签证、出境旅行、国际酒店、掌柜推荐及品牌故事为主要板块进行网络销售。2012年在淘宝旅行签证类目销量第一，2013年稳居淘宝旅行类目前5名，服务人数更是从2011年的15909人增加到2013年的203125人，百程旗舰店成为百程旅行网一个稳定的销售渠道。

3. 其他媒体

此外，百程旅行网通过微博、微信及社交媒体进行营销。微博是时下最火的社交媒体之一，百程旅行网在微博上发布自己公司的最新产品和实时消息，宣传自己的特卖产品，与网民进行互动，吸引了大量粉丝，扩大了其影响力；微信营销，扫描如图1－2 右侧所示的二维码，即可及时获取相关最新信息；与各大社交媒体进行合作，搭建平台，推广自己的产品与服务，如与去哪儿网、蚂蜂窝、华远会、淘宝等进行合作，通过网络论坛发帖等吸引大量的潜在客户。

图 1－2　百程旅游网官方网站首页截图

图片来源：http：//www. baicheng. com。

与此同时，百程旅行网进行了 SEM 搜索引擎推广及移动营销，并进行了加 V 认证，等级已到 V3 级别，赢得了广大网民的信赖。

（六）其他情况

1. 公司规模

截至 2013 年，百程旅行网在上海、广州、武汉、昆明、成都建立了分公司，在全国拥有 3000 多家专业代理商，覆盖全国 26 个省、4 个直辖市，共 76 个城市。同时，百程旅行网在境外搭建了多层次的供应商平台，包括预订中心、酒店连锁集团、地接社、租车公司、免税店等，并与各国政府和商会组织建立了长期合作关系，是目前国内最完整、最实用的出境电子商务旅行服务机构。

2. 财务现状

百程旅行网获得集富亚洲投资有限公司和银瑞达创业投资有限公司的共同融资上千万美元。百程旅行网在 2012 年重组后一直受到资本领域的关注，在 2012 年获得银泰资本的 A 轮投资。2013 年 9 月开始准备 B 轮融资，此时百程旅行网在淘宝上的签证品类（销售）从 2012 年到 2013 年实现了 5 倍以上的增长，新的定位和真正利用互联网延展的模式已经初现。据悉，百程旅行网将把阿里巴巴和宽带资本融资的近 2000 万美元，用于互联网建设、品牌推广和服务体验的提升，同时期望能够得到更多电商运营和品牌的支持。❶

五、面临的问题及应对建议

随着互联网时代的高速发展，百程旅行网打开了市场的缺口，抢占了线上签证市场的先机，与此同时，也面临着一些问题。

（一）面临的问题

目前，百程旅行网的主要收入来自签证和保险，整体业绩依然处于亏损状态。相比携程旅行网、艺龙旅行网、去哪儿网等在线旅游公司，百程旅行网的移动战略显然慢了半拍。相对这些以国内游为主的公司，百程旅行网的国际游比较特殊，一个消费者一年出境游也就一两次，旅游者为此下载一个 App 的概率较低，因此大大降低了与用户的交互性。

百程旅行网暂时找到了吸引用户的流量入口，但并不牢固，仍面临很大的挑战——这个挑战既来自于巨头的市场抢夺，也来自于自身。现在百程旅行网站在了在线旅游的风口上，“被站队”，甚至成为阿里巴巴与腾讯 O2O 博弈的“重要筹码”，如何把签证流程和服务做到极致，并留住用户、强化品牌在用户心中的地位，是百程旅行网深入思考和努力的方向。

百程旅行网的服务需进一步提高，签证免费服务需要加强保障，服务的专业性与及时性有待提高，争取第一时间为客户解决签证中的疑问。

（二）应对建议

百程旅行网在高速发展的互联网浪潮中继续站稳脚跟、抢占市场，在做好自身业务的同时，可以从以下几个方面进一步提高。

1. 创新经营及盈利模式

满足游客需求，创造企业价值。在深入剖析自身、明确自身的优势资源之后，根据当下的时代背景、市场发展状况及游客的明显需求和潜在需求，对目标客户群进行深入分析，挖掘有用信息，并与时代对接，在做好全方位分析之后，结合经营及盈利之道，找出符合当下出境游发展趋势及游客需求的创新点，力求找出适合本公司的经营及盈利模式，从整体上扭转亏损状态，实现公司盈利。

---

❶ 资料来源：http：//finance. chinanews. com/life/2014/07 –25/6426981. shtml。

2. 根据核心竞争力，打造自身无可替代的独特优势

要想在一个大行业中立足，并形成自身的品牌价值，无可替代的核心竞争力必不可少。公司可围绕自身的核心竞争力做有效延伸，将核心竞争力发挥到极致，以自身的绝对优势来弥补移动战略慢半拍的劣势，只有这样才能在目标市场领域内形成强大的品牌效应，提升知名度，巩固自身地位，从而做大做强。

3. 寻求多方式的交互性

在网络时代，App是一种很好的交互方式，但并不是唯一的交互方式，可通过其他的方式来进行有针对性的营销和互动。百程旅行网的核心市场为出境游，其目标客户群并不是大众旅游市场，可开发出针对这些特定群体的特殊交互方式，如针对这部分群体专门定制某些特殊服务。

4. 加强对服务质量的监督，形成一个行政管理委员会

旅游业属于服务业，其宗旨就是满足顾客需求，故应足够重视服务的质量。例如，可设立专门的行政管理委员会，对服务进行设计和监督，力求打造一个令游客满意、口碑良好的企业形象，只有让游客放心，自身才能长远发展。

5. 提高效率，精简行政机构，提高线上线下服务人员的服务质量

高效率是企业实现盈利必不可少的部分，对此，精简行政机构十分必要。百程旅行网虽为在线企业，但要想为游客提供全方位的高质量服务，必须线上线下紧密结合，做到服务工作无隙对接。网上操作提高效率，内部管理实现盈利，线下服务让游客放心。只有这样，游客才能充分信任企业，并为网站带来源源不断的客源。

6. 保障各个渠道的信息及时更新，注重游客反馈

网络的优势在于方便快捷，而一个不能提供即时信息的网站必然为游客所弃，至少难以持续发展壮大。企业网站不仅需要进行信息发布，更要重视信息的及时更新和有效性，确保各个渠道的信息来源。当然，游客反馈的信息也是非常重要的，可由专人关注并负责信息的处理和及时更新，充分满足游客需求，进而获取游客信赖，实现网站的指导职能，实现游客利益和网站利益的双赢。

六、未来规划

百程旅行网的未来规划在于品牌的升级，继续专注于签证和特卖，并广泛

展开融资，寻求跨界合作。百程旅行网方面表示，除了继续发力签证服务外，还将上线“特卖频道”，面向消费者推出最具性价比的出境游产品，覆盖东南亚、北美及欧洲等地。百程旅行网强调，不同于线下旅行社和其他平台的“尾货”产品，在百程旅行网“特卖频道”推出的特价产品，是得益于百程旅行网“远期售卖模式”下产生的高性价比产品，即百程旅行网基于丰富的签证及出境游相关大数据，通过“远期售卖”方式，直接与航空公司、景区等方面合作形成的产品。“不仅价格超值，而且不存在‘尾货’产品可能出现的服务质量参差不齐、产品内容货不对板、出现问题后售卖平台与旅游产品提供方相互推诿等现象，是有全面保障的百程自营特惠产品。”据悉，未来还将有更多类似的特色产品上线。百程旅行网希望侧重于售中和售后，并据此设计新一版产品，开发适合综合型的服务产品。

从此次百程旅行网品牌形象的全面升级可以看出，目前的百程旅行网越来越乐于探求消费者深层次的需求，不再局限于在线旅游价格战的泥潭，而是从产品层面出发，真正为消费者创造有价值的服务。真诚做服务，实在做品牌，可以预见，百程旅行网未来的发展空间无限。[1]

七、创业者启示摘录

（一）企业创始团队核心成员简介

曾松：百程旅行网 CEO

曾松于 1996 年开始创业，创建中国最早、规模最大的出境旅行批零体系知名品牌“ETI HOLIDAY－翔龙万里行”，成为中国首批出境旅行知名品牌创始人。1998 年分别在上海、广州、昆明、武汉口岸城市设立区域运营中心，期间市场规模和品牌获得快速扩张。2000 年，战略投资 Byecity 科技发展有限公司创办佰程旅行网，成为国内最早专注出境旅行信息服务的网络公司。2004～2007 年重组华远国际旅游有限公司，任总经理。2011 年将佰程和华远成功分拆，使佰程成为独立运营主体的新型出境旅行服务机构。2012 年为佰程引入 A 轮风险投资，并带领佰程完成新型商业模型的验证。

段冬东：百程旅行网 COO

段冬东毕业于美国北弗吉尼亚大学，工商管理硕士。1998 年加入神舟国旅集团，并任北京市中国旅行社出境部副总经理，2005～2009 年从业于当时

[1] 资料来源：http：//finance. chinanews. com/life/2014/07－25/6426981. shtml。

中国最领先的 B2B2C 旅游产品及酒店分销平台——雅途在线联合创始人兼 COO。超过 14 年的出境旅游经验、7 年的高管经验、4 年的互联网经验，有旅游行业多年的市场和运营管理经验以及海外的工作经历，现任百程旅行网首席运营官，同时兼任青年政治学院、北京经济技术学院的客座教授。

（二）部分反映创业者理念的访谈语录

以下摘录了百程旅行网创始人部分语录，反映了创业者在创业过程中的一些理念，意义匪浅。

1. 从签证切入市场，打造出境游一站式服务

创业人曾松：出境游面临的问题是，时间点很重要，找到匹配的人群，一个订单就要花 1000 元，成本相当高，特别是现在，从开放式流量来看，会更高。那么对于一般企业来讲，获得 1 万个订单就要花 1000 万，现在有几家企业花得起这样的钱呢？花不起的。百程旅行网没有流量也没有钱，怎么办？我们就盘算，哪一块能带来流量，就从哪一块切入。

出境游的三个门槛是签证、机票和酒店。机票竞争很透明，但实际上数据并没有开放，门槛很高；全球的酒店预订之前百程旅行网做过，步子太重，这其中很多人没有看到签证。百程旅行网选择从签证开始，签证能带来终端消费数据最快的积累。从 2012 年到现在，数据增长了 10 倍还要多。既得到了终端消费人群，同时又得到了口碑——消费者觉得，这么微小的需求都能在百程旅行网得到满足。对于我们内部来说，如果小的需求都做不好，那么大的更做不好。

供应端不是最大的挑战，因为百程旅行网存在时间那么长，2005 年做签证的咨询服务，2007 年切入签证运营，供应链已经很完整了。挑战最大的是如何让消费者的签证体验高效化。

签证看似简单，但实际上有 100 多个流程节点，这 100 多个流程节点中，很多对消费者来说是盲区。如何把这 100 多个流程节点变成你内部的几个按钮，并且这个按钮对消费者来讲，它与手机是同步的？这里面有很细的流程和标准化的东西。如果按传统的做法，一个员工，一个流程面，这叫大环节，大环节下面还要分组。流程这么长，如果你去做签证，平均下来 1 个人 1 天做 4 本，就亏了。如果你用互联网把它串起来，那意味着 1 天 1 个人能做 100 多本，和 1 天做 4 本的效率截然不同。

签证跟机票不同，虽然机票也很轻，但签证服务是用户授权一完成，他的证件、户口本、存折等都要交给我们，他们会随时关注它到哪儿了？收到了吗？什么时候退给我？寄出来了吗？寄到哪个位置？这一系列过程本身就决定

了消费者对品牌的认知，不然他们不会把有效证件委托给一个企业。用户对售前、售中、售后的关注度很高，这也就意味着其中服务的逻辑更深。从这个服务过程中，我们会搜集到很多数据：这些客人多大年纪？经常出国吗？去过哪儿？这次和谁一起来办签证？

我们可以根据一个人的成长过程总结出他的消费周期，这些都能从数据上抓出来。但是之前人们没有这个概念，做国内 OTA 的看不到护照，做港澳游的看不到护照，但我们能看见，而且我们很重视这个数据。

我们把这个数据跟 CRM 进行了打穿，打穿之后我们又发现很多规律，我们根据这些数据中的发现做到对应的配置，把它变为生产力，而且更有效。

百程旅行网目前的定位是以签证为入口，做减法，别的为辅。通过这个入口逐步完成客户端的积累和内部流程的改造、建设，建立品牌认知度，当消费者达到一定阶段后，就可以在售前、售后端做延展，根据客户的延展需求提供对应的商品，并通过服务满足消费者的要求，打造一站式服务平台。

至于我们提供的酒店、游轮等相关产品，有些是我们自己采购的，但我们会把我们的供应部分开放给全球的供应商，他们提供目的地资源，自己上传，消费者在买完签证后就可以去买目的地供应商供应的资源，形成交互。消费者在这个过程中并不直接结算给供应商，而是直接结算给我们，我们再跟供应商结算。因为国内游和海游不一样，它结算时有外汇的问题，我们在中间作为一个结算中心。❶

2. 对话曾松："学会攻与守"

《21 世纪》：对于一个身兼传统旅行社和创新型互联网企业的董事长来说，面对两种模式，你的思维方式有何不同？

曾松：对于一件事是否可以做，核心是成本要低于你的优势。传统模式下，优势是本身存在，企业才会去做，而互联网的优势是创造出来的，成本是动态的，也就是说传统是防守的思维，而互联网是进攻的思维。

对于旅游业，传统模式只负责开一条线路，至于这个线路满足消费者什么需求并没有明确定位，主要是成本驱动的，只关注成本是否足够低，是否可以赚钱。而互联网模式则是需求驱动型的，首先考虑的是消费者有什么需求，有多大需求，他们在哪儿，然后你是否可以提供这个商品，即使暂时不赚钱也可以先做。

《21 世纪》：在公司管理中，你如何运用互联网思维？

曾松：在消费群体方面，百程旅行网紧盯 80 后、90 后，经过电子商务多

---

❶ 资料来源：http：//tech. ifeng. com/vc/detail_ 2014_ 03/13/34722823_ 0. shtml。

年的培育，这个群体已经成为网购的主力。在战略定位上，不同于传统模式的什么赚钱做什么，一哄而上，互联网思维更讲究专注和极致，找准消费者的一个痛点，并将其做到极致，然后再由此延展出更多的需求和对应的产品。所以，百程旅行网目前专注做签证这一单一品类，不急于上线过多的组合产品。在运营上，互联网思维更加注重边际效应，传统模式如果增加一个业务板块还是依靠人，不断地扩容、培训、试岗，太重了；互联网则可以形成模板，直接复制，系统地解决问题，运营更轻，人均效率更高。在团队方面，传统模式是做一个事情要把一个人的潜能发挥到极致，而互联网则是将不同知识结构的人组织起来，相互协作，也就是说前者以个人为核心，后者则在于构建一个多知识结构的团队体系。在供应商方面，因为互联网消费群体需求的个性化和多样化导致供应商必须做出改变，传统模式下，一个供应商负责所有的要素，互联网模式使得供应商也必须是碎片化的，哪个要素能够满足这种个性化需求，我们就选哪家，为服务一个消费者，可能涉及多个供应商，以前是一（供应商）对多（消费者），现在是多对一。

《21 世纪》：未来 5 年，百程旅行网的发展目标是什么？

曾松：从服务人群来看，2006 年到 2010 年，百程旅行网每年服务的消费者为 1 万人次/年，2011 年 2 万人次，2012 年 7 万人次，2013 年 40 万人次，今年准备 100 万人次，未来则希望每年有 300 万人次通过百程旅行网完成出境游。如果每年没有上百万人次的业务量，就无法形成大数据。❶

3. 真正的互联网思维是用户逻辑——访百程旅行网 COO 段冬东

为什么要做 O2O

“百程旅行网源于创始人曾总的梦想，即让中国人的出境游获得更好的服务和体验，同时能够借助互联网提高企业效率。从互联网的角度来说，我们关心的不是短期内企业是否盈利，而是企业的核心价值在哪儿。经常有投资人和记者会问到 O2O 跟市面上的很多公司有什么不一样，O2O 是从产品的设计到制作再到执行以及资源的采购，全部由百程旅行网来做而不是交由第三方或者第三方把产品放到线上去卖，大多 OTA 是流量变现和用户购买的平台，因而他对客户的体验很难进行管控。百程旅行网的逻辑是基于客户需求，反向地来供给产品或服务。我们从卖货逻辑转变为满足客户需求和体验的逻辑，通过更好的服务为客人解决在旅程中遇到的痛点和问题，同时让旅程不再只是一个观光或者仅仅是从 A 地到 B 地的物理挪移，而是通过旅程去拓展人生获得体验。我们在保障客人整个旅程能够达到上述标准的前提下，还是希望以 O2O 的形

❶ 资料来源：http：//w010w. com. cn/htm/wangluopinglun/2014/0428/254125. html。

式对客人的服务体验上进行保障，这就是我们为什么要做 O2O。”

移动为百程 2014 年的重点战略

“我们存留一个 App 必须要有存留的价值。比如说对客户整个出行记录的管理，用过几本护照、去过哪些国家、签证有效期等，百程旅行网的 App 都会提供给客户。现在的签证审核都是当客户把资料寄给某一家服务机构时才会进行，未来我们将推出移动端的新应用产品，继续把审核时间点前移，使交互变得更简单，节省和缩短签证的受理时间。同时，客户还可以及时了解去这个国家的签证率是多少，包括通过 App 查询签证进度、分享签证攻略，以及未来 App 要承载的境外虚拟导游等很多创新。这些都是我们一步一步让它成为拥有长期保留价值的努力。”

“从线下到线上第一个难点就是互联网思维。互联网思维决定企业的商业模型，商业模型决定财务模型，财务模型决定企业架构，企业架构决定人力资源的框架，人力资源的框架决定人才。如果在一个刚性的企业里想要创新很难，因为有太多的掣肘是已经被固化的思维和组织，这就是传统行业转型最难的一步，所以不是走得早或者完备的企业就能更加互联网化。”

资金流是互联网企业生存的重中之重

“今年会根据情况决定 C 轮的融资计划，未来也会有上市选择，但上市不是百程旅行网的终极目的。上市只是百程旅行网用更多的资本更快地去验证百程的模型，让百程旅行网的服务体验和旅游业的整个服务再造得以更好地进行。以前大多数国人出游都是一个奥运口号‘同一个世界 同一个梦想’，我们希望通过百程旅行网的服务和体验让每一个客人能够真正找到他们想要的东西，并且在体验中获得愉悦和收获，这是百程旅行网要做的事情。”[1]

[1] 资料来源：http：//www.lxsnews.com/2014/0707/4525.html。

案例2　铂涛菲诺

——“中国式定制”高端酒店的先行者

一、企业简介

铂涛菲诺（Portofino）酒店是由全球最大的投资基金凯雷投资集团、红杉资本及英联投资共同组建的铂涛酒店集团旗下的高端酒店品牌。它致力于打造城市酒店、旅游度假酒店及酒店式公寓，专注于提供超级客房产品、定制式配套设施及服务，为智慧人群在旅程中提供如铂金般高贵、精致、舒适的思享专属领地（酒店官方网址为 http：//www. portofinohotels. cc/，铂涛菲诺的品牌 LOGO 如图 2－1 所示）。

图 2－1　铂涛菲诺的品牌 LOGO

在铂涛菲诺酒店，人们会邂逅那份久违的安逸，感受心灵的那份宁静与自在，回归最真实的自我，用最真诚的态度面对生活，让精神找到归属。铂涛菲诺酒店品牌的理念首先在意大利著名海港小镇 Portofino 得到印证，那里曾是热那亚四大家族的私家领地，而今也是上层名流、好莱坞明星魂牵梦萦的精神圣地。这个小镇不为国人所熟悉，那是一个很宁静的地方，它强调的是一种洗尽铅华后的人生心态，即经历过世事后对人生意义的思考，我们需要什么样的生活。所以，以铂涛菲诺来命名酒店，是希望这个地方能够让来铂涛菲诺酒店的客人得到心灵上的宁静。同时，意大利是文艺复兴的发源地之一，在酒店这个行业，铂涛菲诺酒店作为“中国式定制”高端酒店的先行者也正引领着酒店行业的“文艺复兴”。

铂涛菲诺酒店的品牌口号是“思享的领地，精神的港湾”，以打造拥有超级客房产品、定制式配套设施及服务的顶级酒店为愿景。它的总部位于广州。2013 年 11 月，铂涛菲诺酒店正式接管了第一家酒店——广州丽柏国际酒店。

铂涛菲诺这个酒店品牌创立不久，便凭借自身强大的综合实力和独具特色的管理运作模式，赢得了各大房地产开发商以及相关行业机构的青睐和认可。截至 2014 年 7 月，铂涛菲诺酒店已荣获多项由专业媒体和机构颁发的行业奖项，包括中国智慧酒店联盟评选的“2013 年中国十大智慧酒店”的称号；和讯网举办的第 11 届中国经济风云榜“最佳高端酒店创新大奖”；凤凰网评选的“最佳高端酒店影响力奖”；搜狐焦点评选的“商业地产最佳服务机构”。此外，在广州举行的中国饭店 2014 年年会暨第十四届中国饭店金马奖颁奖典礼上，铂涛菲诺酒店荣获了“投资方首选国际酒店管理公司”大奖。

一个高端酒店品牌，在创立初期，就获得了行业的认可和赞赏，这与其创始团队的努力是分不开的。铂涛菲诺酒店拥有具有专业化管理水平的创始团队，由华尔街国际资本市场联盟亚太区总裁黄骥（7 天连锁酒店创始人之一）出任铂涛菲诺酒店的 CEO ，卢小丽（拥有超过 15 年的品牌管理与营销经验，曾任世界 500 强及上市地产公司高管，并曾在北美大型上市企业担任高管）出任铂涛菲诺全球品牌总裁，束菊萍（具有 10 多年酒店管理经验，曾任港中旅集团旗下维景国际酒店管理公司的高管职务，并担任全国饭店管理研究专家联席机构副秘书长）出任铂涛菲诺全球发展总裁。

二、创立源起

改革开放至今，万豪、喜达屋、希尔顿、洲际、凯悦等一众跨国酒店品牌在中国遍地开花，可见中国市场的巨大潜质。然而，近两年来跨国品牌酒店遭遇利润瓶颈，各大酒店集团仍然处于“跑马圈地”的状态，经过轮番抢攻战之后，目前几大品牌割据的基本格局已定，短期内很难出现大规模重组。同时，高端酒店市场利润的提升空间比较有限，所以不少酒店更多地在思考如何在新的细分市场分一杯羹，有所突破。

2013 年夏季，全球知名的三大资本巨头——凯雷投资集团、红杉资本及英联投资联手涉足中国酒店业市场，并实现了两大项目的成功运作：将原纽交所上市的 7 天连锁酒店集团私有化并重组成为铂涛酒店集团；注资并新创三个中端酒店品牌以及“铂涛菲诺”这个新型的高端酒店品牌。黄骥表示，“在经过市场调研及大量数据分析后，我们发现中国的高端酒店市场还存在较大的发展空间和新的细分市场，铂涛菲诺的诞生是大势所趋”。

铂涛菲诺集团董事长、首席品牌建构师郑南雁明确表示：我们做的不是酒店，而是品牌和服务。他认为，好的酒店品牌除了基本功能外，最重要的是能够唤醒消费者的生命感、价值感，与消费者形成共振。例如，如果以“品牌”为驱动力进军中高端酒店领域，那么与 7 天连锁酒店截然不同的品牌与营销新玩法，将更有颠覆意义。“时间和机遇不同，市场也在变化。当年 7 天连锁酒店要发展经济型连锁酒店十分需要资金，赴美上市对 7 天连锁酒店有很大的融资帮助，但之后美股市场走低，我们的股价和市值都被低估，即将临近分红，那还不如退市”，郑南雁坦言。“假如只有 7 天连锁酒店，那么即便退市意义也不大。所以大家筹划是否可以根据不同市场需求做多品牌，因为多品牌能使项目开发更灵活，对资本方和经营者是双赢策略。”❶

2012 年 11 月，铂涛菲诺酒店委托北京东道、零点等公司在北京、上海、广州、深圳 4 个城市做调查。结果显示，90% 以上的客户群体表示，省略传统高端酒店中利用率较低、较耗费资源的配套设施及公共区域，专注于打造高端客房的酒店类型正是自己所需要的，弱化利用率较低的酒店公共区域，把酒店的价值集中在客人最需要的客房的打造上，性价比更高，更人性化。95% 以上的客户群体表示喜欢并愿意尝试这样的酒店。❷ 铂涛菲诺酒店做的这个市场调查表明，倾尽全力关注人们最纯粹的住宿体验及内心需求，是符合顾客需求的，是有市场前景的。

而为何会选择将铂涛菲诺酒店定位于铂金思享酒店并在 2013 年这个高端酒店行业整体不景气的情况下推出呢？这就源于该酒店管理公司对行业的认知和对市场需求的把握。

据行业经营数据报告显示，2014 年第 1 季度，由国际酒店品牌管理的酒店的平均出租率为 53. 70%，同比 2013 年第 1 季度下降了 0. 27%，环比 2013 年第 4 季度下降了 10. 71%；平均房价为 597 元，同比 2013 年第 1 季度提高了 5 元，环比 2013 年第 4 季度下降了 34 元；单房平均收益为 323 元，同比 2013 年第 1 季度下降了 3 元，环比 2013 年第 4 季度下降了 89 元。以上数据预示高成本的跨国式酒店管理运作背后，利润的瓶颈渐现。❸

束菊萍指出，“作为商业地产很重要的一环，酒店在一个商圈的发展中一

---

❶ 资料来源：http：//www. time - weekly. com/story/2013 - 10 - 09/131124. html。

❷ 资料来源：http：//www. time - weekly. com/story/2013 - 10 - 09/131124. html。

❸ 资料来源：http：//www. time - weekly. com/story/2013 - 10 - 09/131124. html。

直占据着不可或缺的位置。而为了带动整个商圈板块的升值潜力，开发商往往首先将享誉海内外的跨国酒店品牌拢入规划。然而，作为连锁式的国际品牌，从合作到管理，其价值链当中有不可妥协的统一标准，所以，这些无形的框架在提高了合作者门槛的同时，也注定了其在中国离不开‘填鸭式’的发展模式。”❶ 这也说明，引入国际品牌管理并不一定能够保障酒店的经营状况良好。

根据中国旅游饭店业协会数据，2013 年国内五星级酒店的营业额普遍下降三成以上；STR Global 数据亦显示，上海五星级酒店平均房价已跌破千元，其他二三线城市五星级酒店的平均房价甚至仅 600 元左右，平均入住率更是下滑至 53%。自 2012 年年底以来，由于全球经济的不景气和我国经济发展放缓、酒店业竞争加剧，特别是中央政府先后颁布了“八项规定”“六项禁令”，产品消费异化成身份价值消费的“畸形”发展现象得以改变，依靠背景和关系独享政府客户资源的发展道路一去不复返。面对如此严峻的市场形势，高端酒店也都在谋求转型之路。

综上可知，高端酒店正处在转型期、跨国式酒店管理模式的局限性、中小地产商对高端酒店的需求共同催生了铂涛菲诺酒店这样的酒店形态。

三、发展大事记

2013 年 7 月，铂涛酒店集团正式成立，同时推出高端酒店品牌铂涛菲诺。

2014 年 3 月，铂涛菲诺酒店宣布正式进驻中原地区。建于河南的卓建·铂涛菲诺酒店，是参考欧式的斯特拉斯城堡酒店，毗邻龙形水域龙头区。中原国际盐都盐湖度假小镇的开发建设得到河南卓建置业有限公司、中房集团、铂涛菲诺酒店及清华大学建筑设计研究院的大力支持，各集团公司强强联手，致力于将中原国际盐都盐湖度假小镇打造成中国中原地区的标杆。铂涛菲诺揽获金马三大奖项，荣膺“投资方首选国际酒店管理公司”，再获行业肯定。

2014 年 4 月，铂涛菲诺酒店携手多元集团，打造高端城市酒店。斥资约 2 亿元按国家五星级标准规划建设的多元铂涛菲诺酒店正式落户浙江余姚市，占地约 50 亩，建筑面积约 13000 平方米，成为推动当地高端城市酒店市场发展的新亮点，也是铂涛菲诺酒店进军华东地区的重要开端标志。

2014 年 5 月，铂涛菲诺酒店与综合型珠宝企业华财玉器正式签约，合力打造华南区标志性的高端城市酒店——翡翠假日酒店（铂涛菲诺酒店管理）。这是铂涛菲诺酒店继进驻中原、华东等地区，先后与河南卓建、浙江多元、广

---

❶ 资料来源：http：//www. time - weekly. com/story/2013 - 10 - 09/131124. html。

州银港等多家知名集团与公司建立战略合作伙伴关系以来签下的又一家酒店。此次合作，铂涛菲诺酒店结合当地玉文化，力求打造全新的高端城市酒店，是对铂涛菲诺酒店创新设计和运营管理的一项挑战。

2014 年 6 月，铂涛菲诺酒店签约嵖岈山高端度假酒店双项目——“高端私人定制度假酒店”及“特色旅游度假酒店”，发展战略进一步深化 。嵖岈山风景名胜区是国家级地质公园、国家“AAAA”级旅游区，素有“中原盆景”“地质公园”和“西游记全书”之美誉。而酒店项目正是处于嵖岈山山水景观的环绕之中，其区位优越，交通便利，十分有利于铂涛菲诺酒店增强旅游度假酒店高端品牌的价值体现。

2014 年 7 月，铂涛菲诺酒店成立 1 周年。

2014 年 8 月，铂涛菲诺酒店签约入驻广西阳朔，缔造了当地高端度假酒店的代表之作——阳朔晨光酒店（铂涛菲诺酒店管理），深化了“立足华南，辐射全国，走向世界”的战略部署。

2014 年 9 月，铂涛菲诺酒店落户河源，打造万绿湖畔高端度假旅游酒店。这是铂涛菲诺酒店深化立足华南战略部署的重要环节。其地理位置得天独厚，交通便利，距广州、深圳均在 200 公里以内，距河源市中心近，具有很大的发展潜力。❶

2014 年 9 月，铂涛菲诺酒店签约入驻浙江富阳，打造富春江畔高端休闲度假酒店，再一次迈出了辐射全国的战略步伐。富阳是杭州“交通西进”“旅游西进”的第一站，历史悠久、人文底蕴深厚，是座典型的江南山水园林文化城市和休闲度假旅游胜地。铂涛菲诺酒店签约这个项目，不仅能提高自己的知名度，同时也会助力富阳永安，打造一个具有良好前景的旅游度假目的地。

四、商业模式

（一）核心竞争力

对于核心竞争力这一概念的理解，学者们还存在一定的分歧。但是对于其概念还是形成了一定的共识：核心竞争力是指某一组织内部一系列互补的技能和知识的结合，它具有使一项或多项业务达到竞争领域一流水平、具有明显优势的能力。❷ 这种能力是一个企业所具有的在本行业独特的并且难以复制和模

---

❶ 资料来源：http：//www. time - weekly. com/story/2013 - 10 - 09/131124. html。

❷ 资料来源：李雯，酒店核心竞争力的培育：特色企业文化，载《内蒙古财经学院学报》，2008 年第 1 期。

仿的能力；它可以帮助企业抓住消费者的需求变化，能给消费者带来有记忆的消费体验，进而能够帮助企业拓宽市场，提升进入广阔市场的潜能，是长期利润的源泉。这种核心竞争力在一定程度上是企业在一定时间内积累得到的。

铂涛菲诺酒店关注消费者的核心住宿体验需求、内心感受、精神需求，为智慧人群在旅程中打造一个可以忙里偷闲的专属领地，使其远离喧嚣和纷扰、思想获得自由、精神找到归属，通过设计超级客房产品、定制式配套设施及服务，营造高端、思享、具有独特艺术气息的酒店文化氛围，形成了自己的产品和服务核心竞争优势。

而拥有的核心竞争优势并不能长远地支撑企业的发展。企业核心竞争力的来源是企业自己所拥有的独特的文化和制度。正如铂涛菲诺酒店 CEO 黄骥所说："在铂涛菲诺这个提倡精英团队理念的事业合作舞台上，我们的大家庭将会秉承自由、民主的精神，努力创新，时刻奋斗，开创属于铂涛菲诺的中国式定制高端酒店新时代。"从这句话中可以看出，正是这种"自由、民主、创新、奋斗"的精神感召着员工用自身的努力和智慧与公司共同成长。这种精神培育出了团结、智慧的公司团队、公司文化。这就是企业的核心竞争力，这就是企业不断发展壮大所凭借的力量。

（二）专注于打造超级客房产品、定制式配套设施及服务

铂涛菲诺酒店对城市酒店、旅游度假酒店和酒店式公寓这三种类型都有所涉猎。铂涛菲诺酒店通过合理化的投入和个性化的创新设计，融合所在地的文化特色，成为一个能够为顾客提供优质服务的高端酒店。据介绍，铂涛菲诺酒店的价格为 600～1000 元。而市面上五星级酒店的价格平均在 2180 元左右，国内大概是 1176 元。以低于市场的价格提供优质的产品和服务，铂涛菲诺酒店是如何做到的呢？原来，铂涛菲诺酒店并不是传统意义上的五星级酒店，它着重打造超级客房，不仅降低了企业的人工成本，减免了不必要的开支，并且让消费者花费较少的钱就能得到超五星级酒店的享受。铂涛菲诺酒店要做'中国式定制'高端酒店的先行者，从终端消费者的需求出发，结合商业地产项目和当地的文化特色来做高端酒店的"定制"。

在城市酒店、旅游度假酒店和酒店式公寓中，铂涛菲诺酒店也会依据当地的实际情况，对酒店的产品做出相应的调整创新，融入当地的文化特色，适应项目情况，超级客房产品、定制式配套设施及服务都是重点。

所谓超级客房产品、定制式配套设施及服务，按照铂涛菲诺酒店 CEO 黄骥的解释，它的概念来源于对客房的重点打造和配套设施及服务的定制上。也就是说，富丽堂皇的大堂、规模庞大的宴会厅、许许多多的会议室，比较占空

间的很多公共区域将不再是铂涛菲诺酒店的重点。黄骥称，“因为这些设施涉及的费用都包含在酒店的房价当中，消费者要为这些装饰、装修买单。但是消费者真正接触最多的其实是他自己的客房以及酒店提供的各种服务，所以铂涛菲诺想要做到的是让消费者以接近成本的价格享受酒店最精华的部分，不仅能享受到最好的住宿体验，更能享受酒店提供的定制式服务、人文体验或者更多”。

另外，在酒店客房设计上，铂涛菲诺酒店和酒店设计公司 HBA 合作，并且铂涛菲诺酒店所挑选的是 HBA 公司中最精锐的澳大利亚团队。这个团队之前在中国有三件作品，一个是北京的丽思卡尔顿酒店，一个是上海的华尔道夫酒店，一个是广州四季酒店，现在还有一个是铂涛菲诺酒店。

（三）市场定位

铂涛菲诺酒店的客户群定位于独立自信的智慧阶层、自有格调的都市新贵，他们认同回归自我的品牌价值观，追求生活和事业的平衡，享受人文体验、钟爱精纯的品质，希望在喧嚣中寻觅片刻的宁静，让身心自在，让灵魂找到归属。因此，铂涛菲诺酒店的品牌定位即铂金思享酒店——一家高端的、自在的、智慧人群专属的酒店。

（四）营销管理

现代企业越来越注重企业的营销管理。营销手段早已不再是单纯的传统营销，而是当代各种营销手法的混合，有广告促销，有流行的网络营销、O2O、会员制营销等，一般大企业都会灵活地选择这些营销手段，并与传统营销同时进行，搭配出最适合企业营销的手段。

铂涛菲诺酒店总部设有线上线下相结合的营销系统，传统营销模式与新型营销模式双向结合。在直接预订渠道建设方面，有官网、手机终端、WAP、微信、微博、400 中央客服、短信预订等预订渠道。同时，它也同去哪儿网、艺龙旅行网、携程旅行网、Agoda、Mangocity、淘宝商城等其他预订平台合作推广和销售自己的产品。

对于当前大热的微博营销和微信营销，铂涛菲诺酒店均有涉及。它的网上销售推广实效如何，目前还没有相应的数据可供分析。不过，通过新浪微博营销账号的粉丝和微博数量，可从中得到一些信息。铂涛菲诺酒店的新浪微博账号从 2012 年 11 月 28 日发出第 1 条微博到现在，共发布 599 条微博，共有 328364 个账号给予关注，这其中不乏因在 POCO 社区参加“铂涛菲诺发现之旅”活动认识铂涛菲诺酒店从而成为铂涛菲诺酒店忠实粉丝的人，但是相比一些 OTA 微博几百万的关注量，铂涛菲诺酒店的微博营销显得还很弱小。

图 2－2　铂涛菲诺酒店的微信二维码

（五）扩张与发展

对于酒店在地理空间上的布局，铂涛菲诺酒店首先选择了立足华南，并向旅游资源丰富的中西部发展。至于选择这些城市的原因，据铂涛菲诺酒店全球发展总裁束菊萍透露，“一方面旅游资源相对较为发达，另一方面当地很多也都是具有较高消费能力的城市”[1]。

铂涛菲诺酒店通过以下两种途径进行扩张，一种是建立直营店，一种是输出管理。对于管理输出项目，铂涛菲诺酒店有明确的标准，业主根据铂涛菲诺酒店的硬件标准和手册进行装修，全权交给铂涛菲诺酒店进行管理。

国家旅游局公报的数据显示，2013 年中国公民出境旅游人次达到 9800 万人次，预计 2014 年人数突破 1 亿。中国公民出境游发展趋势如此之猛烈，铂涛菲诺酒店顺势而为走出国门，未来的重点战略部署将会瞄准东南亚、欧美等海外市场，建设项目组建酒店。

五、面临的困难与问题

（一）品牌知名度不高

品牌知名度是形成品牌形象的先决条件。品牌知名度的提升有助于品牌形象的提升。铂涛菲诺这个高端酒店品牌从 2013 年 7 月创立到现在，从扩张速度来看，它正处在初创阶段的推广期和成长期。目前，除了业内对铂涛菲诺酒

[1] 资料来源：http：//house. hexun. com/2014－01－08/161258351. html。

店这个中国自己的品牌有所了解和认知以外，普通大众对其并不了解。与喜达屋、万豪、希尔顿等国际品牌的知名度相比而言，铂涛菲诺酒店还是有一定差距的。这也意味着，铂涛菲诺酒店还需要加大营销力度，开展有针对性的促销活动。这同时是提高酒店入住率、争夺市场份额的要求。

（二）市场竞争加剧

目前，市场上已经有不少同样类型的酒店，也都各自积累了固定的会员群体，如绿地控股集团推出的高端酒店奢华品牌“铂瑞 Primus”；万达集团推出的高、中、低三个档次的“万达嘉华”“万达文华”“万达瑞华”酒店品牌。它们除了有专业的酒店管理队伍，还拥有非常不错的市场发展理念，更重要的是，它们也有要做“中国式定制”高端酒店品牌的决心。并且，部分五星级酒店受经济发展放缓、中央“禁奢令”和反腐的影响，开始调整发展方向、积极转型，并将价位向中端价位靠拢；精品酒店也日益受到欢迎。面对如此情形，铂涛菲诺酒店依靠 7 天连锁酒店所积累起来的 8000 万会员体系，在客源上是有一些优势。但 8000 万的会员体系，是 7 天连锁酒店作为经济型酒店在发展过程中所积累起来的。经过这 8 年，会员们发生了哪些变化，消费观念和行为又有哪些新的特征，这些都是不确定因素，它将给铂涛菲诺酒店带来哪些影响，目前还是未知。

六、未来规划

据铂涛菲诺全球品牌总裁卢小丽介绍，铂涛菲诺产品全年的规划主要注重于现在比较热门的一个环节上面，就是休闲旅游度假。一方面现在休闲旅游度假可以带动国家消费，另一方面休闲旅游度假也是国民生活非常重要的一部分。从铂涛菲诺酒店积极配合当地政府和开发商打造旅游度假酒店也可以看出这一趋向。

铂涛菲诺酒店 CEO 黄骥对于酒店发展前景持乐观态度。他认为，铂涛菲诺酒店所面对的是一个刚需的市场，现在高端酒店的市场格局已经到了重新再定义和整合的时候。在部分地产商开始和国际酒店公司解除合约；而国内很多中小型开发商没有机会购买到国际十大品牌，双方无法有效对接，但是他们又想要做专业化的高端酒店的情形下，铂涛菲诺酒店是有很大发展空间的。“他们很需要我们这样的酒店品牌，这就是为什么我们认为未来三五年，甚至十年，这个领域都是充满着联合的机会的。”

七、可能存在的问题

众所周知，OTA 如艺龙旅行网、去哪儿网等这类公司对酒店业的影响是很大的。酒店经营者与 OTA 的关系比较复杂。一方面，OTA 在酒店经营的严峻形势下为其业务提供支持；另一方面，OTA 又会向酒店收取巨额佣金。OTA 在酒店和消费者两者之间，架起了一道方便快捷的桥梁，使酒店形成了对 OTA 的依赖，进而形成了不公平的竞争环境。OTA 通过采取价格和库存一致性的方式控制了酒店的部分分销权，为酒店提供巨量潜在客源的同时，也令酒店自身网站的直销渠道陷入困境。铂涛菲诺酒店如何通过品牌营销，最大化地运用自主渠道预订优势来对冲第三方合作渠道如艺龙旅行网、去哪儿网对酒店分销权的掌控，这在将来可能会是铂涛菲诺酒店遇到的难题。

同时，对于如何在结合商业地产项目的需求和酒店类型的选择上做最具发展潜力的规划和平衡，通过合理化的投入和个性化的酒店定制，融入文化背景和城市特色，为消费者打造具有优质体验和合理价格的高端酒店，也是考验铂涛菲诺集团管理运营团队的一个重要方面。如何“使这些元素整合后获得最大的化学反应”，把铂涛菲诺酒店打造成当地的地标性建筑，这是机遇，也是挑战。

八、创业者启示摘录

（一）创始人简介

黄骥，现任铂涛菲诺酒店 CEO。26 岁时就出任三九胃泰的中国区产品总监，随后出任三九网络系 IT 公司的市场运营官，曾是当时最年轻的高管之一。后留学海外，曾在欧洲一家世界 500 强的跨国公司任职高管，从事国际贸易与金融投资及能源开发等工作；2006 年受郑南雁邀约后回国，加入了 7 天连锁酒店的创始团队，并出任高级副总裁掌管酒店集团的投资及发展工作；2011 年即 7 天连锁酒店在美国纽交所上市一年半后，与郑南雁联共同创办了瑞卡租车集团并出任首席执行官；2013 年铂涛酒店集团对 7 天连锁酒店完成私有化收购后，出任铂涛集团旗下的铂涛菲诺酒店 CEO。

（二）创始人语录

1. 专访新闻稿

铂涛菲诺酒店 CEO 黄骥：帝国老牌酒店统治中国的状态该终结了[1]

高端酒店市场面临洗牌

《时代周报》：从你最初创立 7 天连锁酒店到现在的铂涛菲诺酒店，你在酒店行业已经浸淫 9 年的时间了，那么这段时间以来，你认为酒店行业有哪些变化？你最显著的感受是什么呢？

黄骥：酒店业最大的变化是业态格局开始在中国真正形成，从无序到有序，因此高中低消费层次都经历着洗牌、重建。最显著的感受是酒店业这个传统业态革新跟不上消费者日益成熟、挑剔、自我的步伐。

目前我们国家打击三公消费，尤其是明令禁止五星级场所进行公款消费的规定等，对五星级酒店的经营来说肯定是有影响的。因此，酒店业的风暴刚刚来临。

《时代周报》：目前酒店业处于萧条的大环境下，那铂涛菲诺（酒店）有没有在经营上明显感受到这个大环境的影响？

黄骥：首先，我们酒店的客户群体并没有刻意去针对公务人员，目前在中国的消费群体，无论是普通消费者还是商业群体，对高品质的住宿需求都是刚性的。其次，我们做了很多成本结构的优化之后，已经把以前五星级酒店的价格和性价比的格局给打破了。虽然我们不是五星级酒店，但是我们在更低更贴近消费者价格的前提下，提供的品质和服务可能比五星级酒店更好。所以这种格局一旦被突破之后，那我们跟市场的匹配度是很高的。可以说在这种酒店业萧条的大环境下，对于铂涛菲诺（酒店）来说反而是一个发展的机遇。

在天河龙口东路的丽柏·铂涛菲诺是我们接管的一家酒店，它长得不像铂涛菲诺（酒店），你需要去体验之后才会在它的酒店服务、品质感里面找到铂涛菲诺的 DNA、元素、态度和主张。像广州丽柏这种酒店，它不是我想要的那种类型的“美女”，那我们就需要给它整一下容，或者说注入灵魂，如把它的服务标准、员工培训进行优化和调整，注入一些我们酒店的核心价值观、带有铂涛菲诺标志的运营物资等。

一方面，铂涛菲诺（酒店）打造我们定制出来的“美女”；另一方面，我们也通过接管方式帮助一些暂时缺乏灵魂的“美女”变成具有内涵的“美女”。

消费者正变得更理性

《时代周报》：所以在你看来，铂涛菲诺酒店的这种模式是一些高端五星

---

[1] 资料来源：http：//www. time - weekly. com。

级酒店转型的一个方向？

黄骥：在本土市场上，我们中国的五星级酒店实际上有很多。对于高端五星级酒店来说，五星级酒店的标准也是束缚其发展的一个瓶颈。因为如果一开始就把自己定位为五星级酒店，并且按照评定标准去走，其实会造成资源的浪费，会造成它实际投入大但仍旧难以满足消费市场核心需求的情况。

这些酒店的硬件设施是存在的，但是缺乏应有的管理和对中国消费、主流消费市场的研究，依然照搬美国或者欧洲的高端酒店的做法，甚至还有从事可能违反国家政策和法律规定的其他多种业态，如东莞模式。目前在酒店的发展进程当中，肯定会有另一种模式让他们实现转型，不可能让这些国有的或者民间的资产白白浪费掉。

五星级酒店未来转型的模式

《时代周报》：你说这种做法迎合了消费者，但是我觉得一旦变路线，这种做法肯定是有损失的，比如说可能会失去一部分追求奢华的客户群，可以这么解释吗？

黄骥：过去的消费者可能会比较盲从大众商品、奢侈品，但是在现在这个拐点上，消费者会向理性消费靠拢。就像在所谓配套很齐全的五星级酒店里面，有些设备我们可能永远不会用到，比如说城市酒店里的游泳池就是为千分之三的人准备的，那剩下的千分之九百九十七的人就需要花额外的钱去为这一游泳池的成本买单，既然这样我们为什么还要守着一个游泳池不放呢？

《时代周报》：你提到五星级的评定标准，铂涛菲诺酒店不去迎合这种标准，但是在不断变化的大环境中，在你看来，这个五星级标准是不是也有其发展的一个趋势呢？

黄骥：这个要看国家旅游局或者国家星级酒店评定机构是怎么看待这一问题的。因为实际上中国星级酒店的评定标准和国际上星级酒店的评定标准是不一样的。现在我们可以看到的比较大型的中间渠道商，他们实际上已经比较认可这种双层系统的存在。所以当你去携程旅行网或者其他平台去选择不同层次的酒店，它会让你选择五星级/奢华、豪华酒店，所谓的豪华酒店实际上就是这种不参与星级评级的酒店的分类。

《时代周报》：你觉不觉得酒店也是创意型的产业？

黄骥：当然。其实人类离不开衣食住行，所以这些方面给人的发展空间也是巨大的。因此在“住”这一古老行业中，由最早的客栈到现在的酒店，一直在不断完善的历史进程当中，这在美国和欧洲市场实际上已经很成熟了。我们也希望在我们的努力之下，中国的高端住宿市场上能出现不一样的东西。这个是我自己的话：帝国老牌酒店统治中国的状态该终结了。

2. 黄骥语录

关于铂涛菲诺酒店品牌的创造

“中国什么时候、哪一天能够做到源自于自己的世界品牌、自己的价值，归我们所有，才能真正把我们的价值体现出来。当然我们只能是以酒店为载体传递这么一个信息，或者说我们做一个先行者去喊出我们自己的声音。”

关于社会责任感

“可是我觉得，既然我降生在中国，老祖宗是中国的，我自己是中国人，那我就应该在自己的祖国发展历程当中，做自己能够做到的一点事情，这就是所谓的社会责任感的一个问题。这种社会责任感主要体现在，不管我的事业能够做得多大，还是多小，至少我做了，而且我能够为我所做的某一个行业贡献点什么，留下点什么东西，我觉得人生其实也不枉过了。”[1]

---

[1] 资料来源：http：//travel. 163. com/13/0910/15/98E1DFAD00064L1N. html。

案例3　金鼠标

——振兴入境游，让世界领略中国之美

一、企业简介

作为一家专注于入境游市场的专业目的地营销策划机构，北京金鼠标信息技术有限公司（以下简称“金鼠标”）的使命就是“振兴入境游，让世界领略中国之美”，其宗旨是“传播品牌，拓宽客源”。金鼠标团队拥有多年入境旅游行业运营、管理和一线接待的从业经验，多年来致力于中国旅游目的地海外营销和入境旅游电子商务的研究和实践，通过北京旅游、新疆旅游、长江三峡、福建土楼等目的地和景区海外营销案例的实践，积累了丰富的营销实战经验，得到了目的地客户的认可。金鼠标的企业愿景是成为全球领先的目的地品牌营销服务商和旅游分销商。金鼠标的品牌 LOGO 如图 3－1 所示。

全球领先的目的地品牌营销服务商与旅游分销服务商

The world's leading destination brand marketing & travel distribution service provider

JSB 金鼠标目的地营销机构 Destination Marketing

图 3－1　金鼠标的品牌 LOGO

金鼠标的核心竞争力是魅力中国网(AmazingChina. com)，魅力中国网是金鼠标精心打造的中国入境游全球电子商务分销平台，旨在为全球来华的旅游者提供一站式旅游资讯与预订服务，为中国入境游产业提供一站式电子采购与交易平台服务，同时为中国旅游目的地提供低投入、高产出、可进行绩效考评的全案营销服务。

魅力中国网拥有全球顶尖的在线分销技术和在线营销解决方案，通过自主开发的 API 平台接口，能快速布置和实施全球化联属营销（Affiliate Marketing)，联属营销分为埋名贴牌、共赢品牌和联盟广告三种合作模式。魅力中国网将致力于整合全球 OTA 资源和海外网络媒介资源，实现中国入境游线路

产品的全球智能化营销。

金鼠标自成立以来致力于打造中国入境游全球在线营销联盟，先后在北京主办过两届中国入境旅游电子商务论坛，并于2014年11月与全球知名旅游研究机构PhoCusWright携手，在美国举办了第21届全球在线旅游美国峰会，面向与会的1600位北美OTA代表推介中国旅游产品与魅力中国网这一全球分销平台，与全球主流OTA建立业务合作关系。

当前，金鼠标已经与亚太旅游协会（PATA）、中国旅游协会、谷歌中国、Facebook、Tripadvisor、Travelzoo以及PhoCusWright等国际旅游业权威机构建立了战略合作关系。

二、主营业务

（一）目的地营销咨询

市场调研：主要包括目的地入境游市场结构及表现分析，主要海外客源市场调研与分析，入境游资源与吸引物分析，入境游行业统计数据分析，目的地游客抽样调查与满意度调研，海外入境游游客对目的地市场感知和品牌认知分析，潜在入境游客源市场及细分等。

战略制定：确定目的市场营销使命、愿景、对象及目标，进行科学的市场定位与品牌形象策划，提炼旅游目的地在国际市场有别于竞争对手的独特卖点和宣传口号，制定一整套国际营销战略。

营销执行：在旅游目的地战略方向和目标既定的前提下，根据前期调研数据和市场分析，将战略目标层层分解，使其成为每个部门可以执行的计划方案并建立与之对应的子目标，以辅助战略实施。

绩效评估：协助建立目的地营销绩效监控与评估参数、工具与操作体系。

（二）入境游产品策划及渠道开发

入境游产品策划：金鼠标的产品策划团队将根据目的地的旅游资源，以国际化视角进行包装、整合，用独到的创意使其成为目标客源地旅游者喜爱的旅游产品，激发旅游者对产品的兴趣，同时提高目的地的知名度。

旅游分销渠道开发：金鼠标目的地营销机构将协助目的地整合地接社、全国入境运营商、海外组团社及旅游网站等全球分销渠道资源，同步销售目的地的关联线路产品。除此之外，金鼠标团队还将用丰富的渠道资源及敏锐的行业观察力协助目的地开发针对目标客源地的特殊渠道，并开展目的地品牌传播与旅游推介活动。

（三）海外宣传品创意与制作

金鼠标的创意团队由一群来自不同国家的极具想象力与创造力的年轻人组成。他们不仅对客源地旅游者的喜好了如指掌，而且能准确掌握目的地客户的需求，给予客户物超所值的创意体验。

旅游目的地国际形象官网建设：金鼠标外籍专家团队将亲赴目的地考察，用地道的语言和顶尖的网络技术搭建符合西方人使用习惯和需求的专业英文旅游网站，全面及时地将目的地旅游景点、旅游资源、文物古迹、风土人情、节庆活动和旅游产品推向全球旅游者，为旅游目的地塑造良好的品牌形象，从而提升国际知名度并有效推动目的地入境游业务的发展。

旅游目的地英文宣传视频：根据客户的国际品牌形象定位，外籍专家团队将用外国人的视角、以外国人的思维方式、用地道的语言进行宣传片的构思与制作，从情感上、视觉上、细节上充分调动目标受众的参与热情，并激发其前往旅游的意愿，从而达到最佳的传播效果。

旅游目的地指南创意制作：金鼠标团队将根据目的地的旅游产品特色，设计出有针对性、带动性且直达人心的旅游目的地指南，激发旅游者兴趣。

（四）海外广告策划与投放

海外广告策划：金鼠标团队将根据目的地的品牌和产品特点以及目标市场游客的喜好，以独特的创意及外国人的视角策划出目的地品牌和产品广告。

海外广告投放：金鼠标团队将在增加对海外媒体了解度与丰富海外媒体资源的基础上，根据目的地品牌、产品特点及希望达到的效果，整合海外媒体资源，为目的地挑选合适的海外媒体进行广告投放，以达到最佳效果。

三、客户案例分析

（一）联合中标2014年北京市旅游发展委员会海外市场营销策划工作政府采购项目

客户名称：北京市旅游发展委员会（北京市政府直属机构）。

案例背景：2013年上半年，北京的入境游客人数呈现下滑趋势。而一些主要旅游客源市场在2012年就已经显示出衰退的迹象。北京市旅游发展委员会决定启动一项基于信息支撑的战略营销方案以应对当前的发展趋势。

招标目的：通过对北京海外旅游客源市场的营销目的地及人群的定向分析，进行营销渠道与方式的策划，完成对北京旅游整体城市形象与北京旅游资源和产品有的放矢地促销，不断完善海外市场促销的方式方法，提高促销的目标精准度与效果。

客户诉求：分析北京现有及新兴的重点海外市场；分析影响北京入境旅游人数的外部因素；2014 年北京市旅游发展委员会总体国际营销及行动方案；北京市旅游发展委员会国际营销及推广活动的投资回报分析。

成绩：经过竞争激烈的招投标程序，金鼠标与亚太旅游协会以联合体的形式摘得此标，根据客户诉求，组织了五个国际专家团队撰写了《北京国际旅游营销战略与行动方案》。

（二）新疆旅游目的地国际形象官网建设

客户名称：新疆维吾尔自治区旅游局。

客户诉求：创意新疆旅游目的地国际宣传口号，提升国际知名度，拓展国际客源。

服务项目：①开发一个多语言版本的旅游目的地国际官网；②创意制作一个英文宣传片；③制作一批旅游目的地宣传折页。

营销效果：金鼠标为新疆维吾尔自治区旅游局创意策划了“美丽新疆，丝绸之路在召唤”的国际宣传口号，并制作了富有视觉冲击力的国际形象官网，网站由英语、简体汉字、繁体汉字、韩语、日语、俄语和阿拉伯语 7 种字体组成，面向国际市场有效塑造和传播目的地形象，为新疆旅游目的地入境旅游业务的发展打下了良好基础。

（三）永定客家土楼入境游市场营销

景区名称：福建土楼、永定客家土楼。

客户名称：福建省客家土楼旅游发展有限公司。

客户简介：福建省客家土楼旅游发展有限公司隶属于永定县政府，负责开发经营已列入《世界文化遗产名录》的永定（洪坑）客家土楼民俗文化村、高北土楼群、下洋初溪土楼群、中川古村落和振福楼旅游景区。

客户诉求：如何定位永定土楼目的地国际品牌形象；如何进行有效品牌传播以提升永定土楼的国际知名度；如何根据国际旅游者需求开发永定土楼线路产品；如何构建永定土楼全球分销渠道，有效提升入境游人数；如何科学评估入境游营销绩效。

服务项目：①打造一个外国游客聚集区（初溪土楼群）；②建立一支专业

的入境接待团队；③制作一本英文旅游产品手册；④出版一本英文目的地指南；⑤制作一个英文旅游宣传片；⑥开发一个英文旅游网站；⑦建立一个全球营销网络；⑧策划一个全球性的品牌营销活动；⑨争取一系列国际性权威荣誉；⑩实现欧美入境游客人数翻番。

营销效果：为永定土楼制订了一套清晰、高效、可执行的全案，经过一段时间的营销活动，已见显著成效。金鼠标团队为永定土楼打造的英文旅游网站获得了“优秀旅游景区网站”的奖项（永定客家土楼的品牌 LOGO 如图 3－2 所示）。

图 3－2　永定客家土楼的品牌 LOGO

四、企业优势

不同于以往的单一品牌形象广告投放，金鼠标团队会协助目的地分析入境游客源市场，定位旅游目的地国际品牌形象，制定国际品牌传播策略，规划入境游产品线路并有效整合地接社、组团社渠道资源，构建全球分销网络。

金鼠标利用魅力中国网的顶尖在线分销技术，整合全球 OTA 资源和海外网络媒介资源，全案策划和执行旅游产品上架、专题设计、技术实施、广告投放并监督广告绩效，出具广告刊例、截图和绩效评估报告。

魅力中国网拥有最全的旅游产品，包含一日游、跟团游、私人游、机票、酒店、汽车租赁等，优秀的 API 可以使平台上的旅游产品在一天内上架到海外 OTA 页面上。

金鼠标旗下的魅力中国网以第三方平台的身份参与合作，不会破坏目的地原有入境游线上线下渠道的盈利模式，反而能有效整合目的地入境游奖励政策，给予渠道更多让利，从而提升渠道参与积极性。

魅力中国网目的地营销绩效管理平台将给旅游局客户开设专门管理账号，以实时监控入境游团队接待情况、协助海外营销决策。

五、创始团队核心成员简介

张进强：金鼠标总经理、Google 品众互动旅游事业部总监、北京第二外国语学院中国闲暇经济研究中心金鼠标工作室副研究员、魅力中国网创始人兼

CEO。先后任职于首旅集团方舟国际旅行社、首旅集团总部培训中心——首旅学园、北京实华开电子商务公司、亚商在线、狼烟网络。2008 年创立金鼠标目的地营销机构，主要从事旅游目的地营销、新媒体传播和旅游电子商务。

曾负责的项目：

发起并主办第一、第二届中国入境旅游电子商务论坛（2008 年、2009 年）

策划、拍摄北京旅游英文宣传片《探秘北京》（2008 年）

负责张家界旅游目的地海外品牌营销与网络营销策划（2009 年）

全案策划“福建土楼全球旅游形象大使”网络选拔赛（2009 年）

负责温岭市旅游目的地国际营销策划（2010 年）

负责福建土楼永定景区华北及海外市场营销策划（2011 ~2014 年）

负责新疆旅游目的地国际形象官网的总策划（2013 年）

撰写北京市旅游发展委员会海外营销政府采购项目行动计划（2014 年）

罗安娜（Anna Ropot）：目的地营销总监，北京第二外国语学院旅游管理专业本科，北京外国语大学国际关系专业硕士。精通罗马尼亚语、英语、西班牙语、法语、德语、汉语、俄语，尤其汉语表达非常地道，且多才多艺，擅长舞蹈，古筝。在中国居住了 7 年，游览了 30 多个中国的大小城市。曾在摩尔多瓦国家电视台工作过，担任出镜记者。在金鼠标主持福建土楼、浙江温岭、新疆旅游目的地海外营销项目。

正是由于金鼠标管理层级是这样一个结构，金鼠标吸收了国内外先进目的地的海外营销理念，使得金鼠标更加趋于国际化，吸引了很多国际游客。但是，金鼠标忽略了自身在国内的宣传，知名度比较小，就连百度、谷歌上关于金鼠标的信息都非常少。一个公司在注重国际发展的同时，也应注重在国内的宣传与发展，做到国内、国外并肩发展，在把我们自己的东西推销给别的国家的同时，也要引进一些国外的东西。笔者建议，金鼠标应当全面拓宽其核心竞争力。从各方面来看，作为一个刚起步不久的新公司，金鼠标已经取得了很好的发展，相信金鼠标会在目的地营销道路上越走越远！

案例4　老虎游

——打造一站式旅游移动端交易平台

一、企业简介

老虎游是专注于提供旅游产品搜索预订的无线端交易平台。通过老虎游App整合上游供应商的旅游产品（包括度假线路、门票、酒店、机票等）与终端用户形成信息的无缝对接。老虎游希望以简单、快捷、透明的互联网精神和用户至上的服务理念解决商家与用户之间的信息不对称问题，服务于旅游消费者，同时帮助传统旅游企业实现互联网营销。

老虎游秉承着开放、共享、共赢的核心理念，以持续为商户创造效益，为用户创造美好旅行体验为目标。老虎游，又称love you，传递的是“爱”的服务理念。老虎游团队立志于为广大用户打造一款最方便的旅游神器。老虎游的宣传口号是“旅游不用愁，就上老虎游”。老虎游的品牌LOGO如图4－1所示。

图4－1　老虎游的品牌LOGO

二、创立源起

2014年8月15日，江苏省泰州市当地主流报刊《泰州晚报》刊登了一篇题为“虎游万里——李虎的创业之路”的报道，讲述了李虎先生曲折奋进的创业之路及老虎游的创立源起。报道内容如下：[1]

---

[1] 资料来源：万娟，虎游万里——李虎的创业之路，载《泰州晚报》，2014年8月15日。

老虎游创始人——李虎

在旅途中，看得越多，感悟越多，心胸会越来越开阔，内在的生命会愈加丰富。最终，你会发现每个人的人生都有另一种可能。从农村放牛娃到饭店服务员，到拥有自己的旅行社，再到旅游移动互联网“老虎游”平台的创始人，这是创业家李虎所走的道路，他的成功缘于坚定的信念、得益于社会与旅游行业的发展。

坎坷打工路

2001年，因父亲身患癌症，18岁的李虎无法支付学费被迫辍学，他从苏北宿迁农村来到南京、上海打工。当年年底父亲去世，悲痛的心情袭扰着这个大男孩，但作为家中唯一的男子汉，又必须振作起来承担起家庭的重担，他深知这是他的责任。2002年，在家务农了半年。2002年6月，李虎收完家中的麦子，再次告别母亲和两个妹妹。李虎受同村发小之邀来到泰州工作，发小很快离开泰州，而李虎却选择独自留下，从此，这个小伙就在泰州深深地扎了根。李虎介绍说，他的第一份工作是传菜员，做了2个月零9天，那时候他第1个月工资仅300元，房租1个月70元。很快，勤奋好学的李虎就当上了酒店的领班。2002年年底，他跳槽到泰州当时生意火爆的丁山酒店，成为一名酒店主管。

2005年是李虎人生的转折点，这一年，他在丁山酒店收获了爱情，这份爱情开启了他职业生涯的另一扇大门。李虎说，“我女朋友是一边在酒店工作，一边做导游，这种既可以游历山川又能赚钱的工作方式让我心生向往，于是我也报考了导游证”。2006年，拿到导游证的李虎把导游作为兼职偶尔出去带带团，长期在酒店做服务的经验，让他在导游的工作中如鱼得水。

进取创业路

兼职导游一段时间后，李虎决定辞掉酒店的工作，专心从事旅游行业。他先后在旅行社从事了导游、门市接待、同行经理等工作岗位。随着经验的积累和时间的推移，他多次成功地自主策划了学生夏令营、夕阳红专列等旅游线路，与当地很多旅行社都建立了合作关系。后来，他创建了——润泰国际旅行社，营业面积200多平方米。随着旅游阳光产业的不断发展和国民生活水平的不断提高，李虎的旅行社的效益保持着良好状态持续增长。

事业有成的李虎并没有沉醉于眼前的成绩，他注意到眼下社会正在快速发展变化，于是决定投身到互联网创业的行列中。2013年，李虎远赴上海，准备投入300万资金创建专注于提供旅游移动互联网搜索预订交易平台——老虎游。李虎表示，老虎游App、IOS版本和手机网页版现在已经上线，微信直接报名已经打通。目前，老虎游正在与风险投资对接天使投资资金，预计500万元，争取2015年完成A轮融资，预计用户将达到60万。

旅游产业发展潜力巨大，2013年的交易额达到3万亿元，而社会化媒体的兴起正是让旅游走入平常百姓生活的推手，旅游成了社会化媒体的热点话题，挑动着现代人对旅游的渴望。李虎认为，由于前几年旅行社的泡沫型增长，随着旅游企业信息化的不断发展、市场的激烈竞争，旅行社要减少一部分，而老虎游的出现，就是整合更多生存下来的旅行社与在线旅游电商进行竞争。他说："我们准备立足于二三四线城市，通过出发地和目的地的切换满足用户周边游、国内游、目的地游以及出境游的需求，改变其他旅游产品移动客户端繁琐的困扰。我们的老虎游更接地气、更直观，我们立志于归还用户一款最方便的旅游神器。"

有些风景，如果你不站在高处，你永远体会不到它的魅力；有些路，如果你不去启程，你永远不知道它是多么的美丽。由于时间短暂，采访最后李虎总结道："一路走来，我认为童年和少年时期的贫穷是我今生最大的财富。我不会被生活和失败击垮。我想成就一番事业，我有强烈的社会使命感和责任感。我一直在努力，无所谓成功与失败，只是享受做事的这份充实。未来要全力发展老虎游项目，争取把它打造成为一个上市公司！实现人生价值。"

在李虎的带领下，老虎游一点点地成长壮大，目前公司已经拥有16名核心成员，其中技术总监张光龙是联合创始人，下设技术团队、运营团队、推广团队以及财务和行政部门。

三、发展大事记

老虎游致力于打造一款旅游神器，于2014年5月20日13点14分正式推出了旅游App，随后又进行了相关的促销宣传活动，使其App下载量和注册用户激增。

（一）老虎游旅游App正式推广

2014年5月20日13点14分，在各界商户的全力支持下，老虎游创业团队倾力打造的旅游App——老虎游正式上线推广（如图4-2所示）。老虎游App支持iOS、Android双平台。老虎游又名"love you"，"love you""老虎游"与"5.20"这个有特殊寓意的美好数字完美融合，迎合了老虎游传递"爱"的服务理念。老虎游选择在这一天正式推广是想借此表达老虎游这个充满朝气的草根创业团队努力为每一位旅游爱好者带来美好旅游体验的决心。

（二）老虎游 App 线下推广活动

2014 年 9 月 1 日，老虎游线下推广活动正式开启。活动地点设在上海市红星美凯龙家居世博会展区内，老虎游品牌吉祥物“小虎萌萌”的身影吸引了很多观众驻足。活动现场，工作人员向参观者派发旅游优惠券、带有小虎萌萌 Logo 的专属水杯等各种礼品。另外，活动还准备了 30 个抽奖名额，中奖者将获得免费农家乐一日游的体验机会。

在扬州区，每周末都会在时代商城定期举行老虎游的推广活动。活动期间老虎游团队会送出各种精美礼品，同时还会赠送最高 100 元的旅游优惠代金券。活动后期还推出了每周一次的疯抢“0 元游台湾”活动。该活动吸引了很多消费者参与，老虎游手机客户端的下载量也有了明显提升。

图 4－2　老虎游手机 App 截图

图片来源：老虎游官方网站 http：//www. laohuyou. com/。

四、主营业务

目前，老虎游的主要业务是度假线路的预订咨询等相关服务，未来老虎游的业务将会扩展到旅游过程“吃、住、行、游、购、娱”的一体化服务。

（一）服务理念及宣传口号

老虎游的服务理念及宣传口号总结如下。[1]

第一，实惠舒心，玩不够。

同类产品您会获得更实惠、更专业的旅游顾问为您提供最便捷贴心的服务！

第二，省心便捷，轻松搞定。

拿出手机随时随地查看线路，致电您中意的商家即可预订您要的出行线路！

第三，量身定制，找本地人。

本地商家与您直接沟通定制属于您的个性化旅游线路，满足您的旅行需求！

---

[1] 资料来源：老虎游微信公共号文章《老虎游 App 神器！——把旅行社装进口袋，随时随地想订就订》。

第四，优质线路，产品丰富。

优选旅游商家发布的性价比高、丰富的产品线路，满足用户国内外出游需求！

（二）主要产品及服务

1. 度假线路产品

老虎游的国内游目的地已经覆盖了北京、大理、桂林、河北、昆明、丽江、天津、西双版纳、云南9个省市。国外游已经覆盖的出发地城市有北京、成都、海口、南京、上海、苏州、延吉7个城市，国外目的地包括韩国、日本、美国、泰国、新加坡、澳大利亚等10多个国家。目前，老虎游共有2600条旅游路线产品。

2. 精品主题游

老虎游根据现有目的地的特征，推出了浪漫海滨游、亚洲邮轮游、水乡古镇游等精品主题旅游；根据时令特征推出了暑期漂流、国庆专题等活动；针对不同目标群体推出毕业旅行、孝行天下—夕阳红、青少年励志等主题旅游。具体主题名称及覆盖目的地见表4－1。

表4－1　老虎游推出的精品主题游及活动描述

主题名称	活动描述
清凉一夏，浪漫海滨	主推海滨旅游目的地，包括三亚、青岛等地
性价比超高的亚洲邮轮线路推荐	亚洲邮轮游，上海出发至韩国、西沙群岛等地
暑期漂流	热门漂流线路，包括黄山、青岛、浙江等地
浓浓水乡情	水乡古镇游，包括西塘、南浔等地
毕业旅行	针对毕业群体，包括厦门、黄山等地
国庆专题	国庆专享超低价，包括国内外目的地
孝行天下—夕阳红	劲爆最低价，旅行线路推荐
青少年励志—夏令营	针对学生群体，包括上海、云南等地

3. P2P当地人导游服务

在互联网发展过程中，去中心化倾向日益明显。微博、微信等自媒体平台的出现，使得“人人都是小记者、人人都有麦克风”，体现的是资讯去中心化。近年来出现的P2P金融、P2P租车、P2P租房都是实体经济借助互联网的去中心化尝试。跟团游不自由，自助游“找不着北”，请当地人做私人导游，费用不高还能加深对当地风土、文化的了解，可谓两全其美。老虎游发现了这一市场需求，在创立之初就开通了当地人服务。与老虎游合作的当地人都是经过严格把关、具备导游从业资格的旅游达人，从而保证了服务的专业性和规范性。目前，老虎游的本地人导游已经有100多名，服务目的地包括南通、上海、宿迁、苏州、扬州等地。

（三）辅助营销平台

1. 老虎游官方网站

老虎游官方网站的网址为http：//www. laohuyou. com/，首页如图4－3所示。其主要功能包括提供在线电话服务，服务电话为4007990808；提供微信公关号二维码扫描关注服务，商家入驻服务；提供老虎游App的微信二维码扫描下载服务。老虎游官方网站扮演的主要角色是商家入驻平台及后台操作入口，也是老虎游App在PC端的推广渠道。

图4－3 老虎游官方网站首页截图

图片来源：http：//www. laohuyou. com/。

2. 老虎游微信公共号

微信最早的出发点和核心就是社交工具，与他人交流沟通是微信用户最主要的目的。根据中国互联网中心发布的报告，网民在微信上使用较多的内容分别为文字聊天、语音聊天，两者使用比例均在80%以上。此外，使用朋友圈的比例为77%、群聊天的比例为61.7%，社交因素在微信应用里表现较强。老虎游充分利用了微信这一迎合时代发展的社交工具特色，于2014年5月开通老虎游订阅号（laohuyou4007990808，老虎游微信二维码如图4－4所示），主要分享和发布老虎游的活动信息、旅游目的地信息，并及时跟大家分享最新的旅游动态、超值旅游线路，是一个面向老虎游关注者的旅游信息共享平台。“老虎游”订阅号发布以后，粉丝关注度迅速猛增，首日就有近千人关注。[1]

图4-4　老虎游微信二维码

（四）业务合作及拓展

目前，老虎游旅游产品的供应商数量已达350多家，覆盖全国60多个目的地。创始人李虎表示，目前老虎游与这些供应商的业务合作主要集中在度假产品的供应上，计划三年内将这一块业务发展完善，后期业务还将扩展到团购酒店、优惠机票、土特产等旅游过程中的“吃、住、行、游、购、娱”一体化服务预订上，主要采取的促销措施还是价格优势即以低价吸引消费者，打开市场。

五、市场分析及挑战

老虎游的目标服务群体是二三四线城市需要跟团游的散客，主要提供的服务是周边游、国内游以及国外旅游产品的搜索、预订及本地人导游服务。

（一）无线度假市场环境分析

目前，老虎游提供的服务主要是老虎游无线端App预订服务。在线旅游无线端度假市场发展潜力大，市场渗透率低，由此来看，老虎游首先切入无线端度假预订这样的细分市场，其定位是十分合理的。

艾瑞的一份报告预测，2013～2016年在线休闲旅游交易额的年复合增长率在35.6%左右，高于酒店预订21.0%以及机票预订20.9%的复合增长率，

---

❶ 资料来源：老虎游微信官方文章《老虎游，首日粉丝近千人关注！老虎家族不胜感激！》。

如图 4－5 所示。同时，在线休闲旅游只占据中国整体休闲旅游市场 7.7% 的份额，预计该比例在 2016 年将达到 13.2%，规模将达到 750 亿元。❶ 国内在线旅游业虽已诞生 10 余年，但其渗透率偏低，这被认为是最大的发展机会。当前国内在线旅游渗透率约为 8%，近 9 成的潜在市场份额释放出巨大的吸引力❷。而度假业务已然成为继机票、酒店业务之后，在线旅游行业发力争抢的另一主战场。

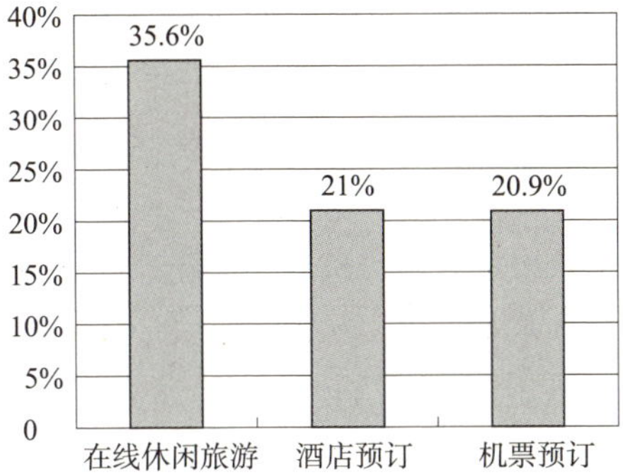

图 4－5　2013～2016 年在线旅游细分领域复合增长率

数据来源：亿邦动力网 http：//www.ebrun.com/20140411/96180.shtml。

2014 年以来，国内领先的在线旅游公司的度假业务的发展速度突飞猛进。2014 年 8 月，去哪儿网的度假和门票业务日成交额峰值已达 1122 万。相比 2013 年，去哪儿网日成交量同比增长达到 41.5%；途牛旅游网 2014 年第 1 季度的财务报表显示，其度假业务同比增长 57.0%。❸ 同程旅行网的度假业务从一开始就是盈利的，并且其营收规模年均增长率超过 100%。除了携程旅行网，去哪儿网、同程旅游网、途牛旅游网以及百程旅行网、在路上、穷游网等纷纷加入了争夺度假市场的战斗，究其原因在于度假在线业务巨大的发展空间。另外，仅有 50 多亿元市值的途牛旅游网，致力于自己开发或者购买打包产品。公开资料显示，途牛旅游网的产品有 20 多万个。尤其是出境游，中国游客出于语言障碍的问题，大多选择跟团，途牛旅游网抓住这种需求跟携程旅行网、去哪儿网、同程旅游网、艺龙旅行网等区别发展，在在线休闲游细分市场中已分得一杯羹。

由此可见，在线旅游度假业务的发展潜力巨大，其市场渗透率很低，尤其是在二三四线城市。而在线旅游由“鼠标＋水泥”转向“手指＋水泥”也是大势所

---

❶ 资料来源：http：//www.ebrun.com/20140411/96180.shtml。

❷ 资料来源：http：//news.ifeng.com/a/20140823/41698189_0.shtml。

❸ 资料来源：http：//www.bianews.com/news/97/n－437297.html。

趋。老虎游正是在这样的市场环境下，选择做无线度假业务的垂直细分市场。

（二）无线度假业务竞争者分析

移动互联网成为各大在线旅游服务商的新战场。无线网络的普及和3G/4G技术的成熟为移动互联网的发展提供了强大的技术支撑，并将在线旅游推向了一个新的发展阶段。部分互联网巨头开始涉足在线旅游市场，淘宝和新浪纷纷开设旅游频道，腾讯出手入股艺龙旅行网，巨头们的染指使原本竞争激烈的OTA 市场变得更加风声鹤唳。

业内人士指出，App 是在线旅游服务商们的必争之地。未来 App 的入口将趋于集中，最终只有 1 至 2 款 App 可以存活，行业成长的红利将被垄断而非分享。在消费决策周期日益趋短的周边游和国内游领域，这一矛盾将更为突出。

根据 Travelzoo 的最新调研报告，亚洲地区的用户通过移动支付购买旅游产品的意愿度为 50%，其中中国最高，达 73%；在移动支付的使用经验方面，国内用户预订过旅游产品的比例为 60%，略低于餐饮优惠券（80%）和电影票（70%）；从移动支付的入口来看，通过 App 客户端支付的占 34%，通过手机网页支付的占 40%，通过微博和微信支付的分别占 17% 和 9%。[1]

劲旅咨询在月度国内旅游类应用（安卓）下载量进行监测的基础上，对国内旅游类 App 进行了细化分类，即从应用功能角度将其划分为预订类、分享类、攻略类和工具类这四大类型，并按照国内主流安卓类应用市场的综合下载量进行排名。劲旅咨询依据月度“国内旅游类应用（App）市场监测报告”，最新发布了 2014 年 7 月份国内移动旅游领域预订类旅游应用（App）下载量月度排名如图 4 -6 所示。

劲旅咨询资料显示，预订类领域 App 中，去哪儿网作为最早开发无线端的服务商，凭借先发优势牢牢占据第一把交椅，下载量达到 11945. 8 万次；分享类旅游 App 中，全球最大的旅游垂直媒体 TripAdvisor 的中文网站“到到网”以 2453. 6 万次的下载量占得头筹；2013 年携程旅行网酒店、机票等业务的无线订单占比为 30% ~40%；而到 2014 年移动端的酒店预订份额首次超过了 50%。去哪儿网和艺龙旅行网大体相当，同程旅游网则宣称其自助通游和酒店的无线订单比例均在 40% 以上。

从无线度假业务功能划分来看老虎游 App 应属于预订类，支持 iOS 和安卓系统下载，目前下载量接近 2 万次，与在线旅游电商巨头的 App 下载量存在很大差距。老虎游对自身的市场定位是二三四线城市，即在其他旅游电商巨头没

---

[1] 资料来源：http：//tech. sina. com. cn/i/2014 -09 -03/09309592720. shtml。

有开辟的市场深耕细作。这就避免了与电商巨头形成正面竞争。

2014年7月国内预订类旅游应用（App）下载量TOP10

（安卓系统）

排名	App名称	下载量（万）
1	去哪儿旅行	12982.3
2	携程旅行	12189.7
3	同程旅游	4906.1
4	艺龙旅行	3203.1
5	快捷酒店管家	2874.0
6	114商旅	1741.0
7	途牛旅游	1738.7
8	驴妈妈旅游	1622.4
9	铁友火车票	1082.6
10	铂涛会	1004.2

备注：以上各App下载量由安卓市场、91助手、豌豆荚、木蚂蚁、应用宝、MM商场、机锋市场、应用汇、安智市场、360手机助手、百度手机助手11个国内最主流安卓应用汇总得出，仅供参考。

监测发布：劲旅咨询—劲旅智库　　监测时间：2014.7

劲旅智库2014　　www.ctcnn.com

图4-6　2014年7月预订类App下载量排名TOP10

资料来源：劲旅网（http://www.ctcnn.com/html/2014-08-25/15030160.html）。

（三）本地人服务市场分析

本地人是老虎游App主推的业务之一，这一业务解决了跟团游不自由、自助游“找不着北”的难题，除了费用合理之外，重要的是能加深游客对当地风土、文化的了解，越来越受到广大游客的欢迎。国内市场上的旅游电商巨头如携程旅行网、艺龙旅行网、去哪儿网、途牛旅游网、同程旅游网等在线旅游机构主攻机票、酒店，解决游客“行”和“住”的问题，聚焦于“在路上”这个阶段。其实，决定旅游体验的是“玩”这个环节，“导游+包车”才是核心的服务。好比外出吃大餐，打车、预订座位是外围服务，就餐环境、菜肴是核心服务。而且机票、酒店预订市场竞争过于激烈，相比之下，私人导游、旅游包车的市场发展空间极大。因此，有不少旅游电商开始提供当地人服务。

打开去哪儿网App，可提供当地人服务的国内旅游目的地有200多个。选择北京，有186位“当地人”提供服务。这些当地人身份标签各异，有“旅行社资深持证导游”、有“北京丫头”、有“租车师傅”，还有“地道北京土著，咨询不陪同”。假日阳光是去哪儿网的供应商（也有自营网站），联络了3000多位持证导游，可在100多个城市提供“私导、包车、酒店、门票一步定制”服务。假日阳光不满足“去哪儿网供应商”的角色，正积极研发、准备推出App。2014年7月，一家北京公司推出的应用“金牌导游”上线。该应用一级菜单给出了5个选项：导游、包车、金牌套餐（导游+包车+用餐）、景点讲解、私人定制。

虽然各大旅游电商纷纷发力P2P当地人旅游服务市场，由于这个市场体量巨大，渗透率低，只要能精准定位目标市场，做好产品和服务，目前大中小型旅游企业都能分得一杯羹。

六、未来规划

老虎游的发展计划是三年内巩固和拓展度假业务，在此业务积累壮大的基础上，不断拓宽服务内容，最终打造成能够提供旅游一体化服务的无线端服务平台。

（一）短期内立足细分市场做好无线度假业务

根据全球旅游业权威研究机构PhoCusWright最新的研究报告，截至2013年，约47%的中国人拥有智能手机。智能手机的便携性为在线旅行服务提供商带来了巨大的机会。公开的研究报告分析指出，2013年中国旅游行业收入约为2.94万亿元，在线旅游占比不足1/10。随着中国旅游市场规模的继续扩大以及游客个性化需求的提升，各具特色的在线旅游网站和App将拥有广阔的市场前景。对于在线旅游来讲，移动App是当下行业的颠覆者。

旅游与移动互联网有着天然的结合优势，移动互联网的崛起和智能手机的普及，让旅游前、旅游中、旅游后的各种需求形成一个循环，几乎全部可以用移动终端实现。这也刺激了行业里中小旅游App纷纷进入市场抢占份额。例如，携程旅行网分别在上海、广州发布了高尔夫App，宣告在中国启动新的业务类型——主题旅游，并推出了第一个主题游项目产品——爱玩高尔夫App。正式进军高尔夫旅游行业，这一动作也被解读为细分市场布局，据报道，携程旅行网未来还将上线马术等App。

老虎游则是看中了一线城市之外的旅游度假市场，希望在未来三年内能尽可能多地拓展上游产品供应商，抢占二三四线城市的消费者市场。当然，由于旅游产业链多元化的需求特征，从趋势上看，老虎游这一细分化的App想要实现所谓的弯道超车，在取得一定用户后，也要开始卖酒店、卖机票，走向一站式服务。

（二）长期打造一站式无线端旅游服务平台

近年来，旅游业正经历着由观光游向休闲游的形态升级，消费者对旅游服务的要求越来越多元化和个性化。伴随着场景的多元化和决策的即时化，用户对手机终端所能提供的服务要求越来越高。截至 2012 年 4 月，AppStore 上的应用数量为 85 万，其中导航类 2.3 万，旅行类 1.6 万，生活类 7.6 万。对于普通用户来说，常用 App 一般不超过 10 个，如何在海量的应用中选择适用的 App 至关重要，能提供全景式一站化服务的平台级 App 能满足大多数用户的诉求。

老虎游团队未来的发展规划正是打造集合旅游“吃、住、行、游、购、娱”的一站式无线预订平台。在酒店预订方面，会以团购业务切入；机票方面则凭借对上游供应商的整合优势，提供具有价格优势的机票产品。另外，还会提供土特产代购服务。

七、发展建议

基于目前的市场发展动态，笔者从战略布局、推广渠道和产品方面对老虎游提出以下几点建议。

（一）布局 OTO，拓宽流量对接渠道

在旅游的细分领域中，就细分化的手机应用本身而言，在走上变现与盈利的道路前，必须兼顾休闲旅行产品、价格竞争力、市场营销、客户服务、开放平台对接等多方面。移动端的普及，使得在线旅游的服务不仅局限于行前（攻略、预付等）和行后（游记），基于 LBS 的行中服务（地图、攻略等）的重要性开始提升，促使在线旅游的信息反馈更加迅速、便捷，尤其是地图和攻略的应用，正逐渐成为新的流量入口。对于 OTA 和垂直搜索类企业，用户更倾向于选择一体化服务应用，基于 LBS 的在线旅游产品有效覆盖了行中服务，具有较大潜力。

未来在周边游、国内游方面，将出现通过某个特定入口（如微信、百度地图等）提供基于 LBS 的一体化本地—远距离生活服务的应用模式。对于旅游企业本身而言（包含线上和线下），布局 OTO 才是避开红海的最佳策略。对于 UGC（用户生产内容）而言，移动端使得攻略（包含如景点通之类的自助导游讲解）在行中使用更加便捷、有效，从而加大用户对于攻略的依赖程度，攻略正日益成为另一个重要入口。老虎游必须看到这一市场发展趋势，在巩固

现有业务的基础上，不断完善服务体系。

（二）投入精力运营微信公共号

根据中国互联网中心 2014 年 7 月份发布的《中国社交媒体互联网用户行为分析报告》，在过去半年中，89.3%的用户使用过即时通信工具，其中使用过 QQ 的用户比例接近 80%，领先于其他即时通信工具；其次为微信，过去半年使用过微信的用户比例为 65%；阿里旺旺、YY/YY 语音、陌陌的覆盖率都在 10%以上，分别位列第 3、第 4、第 5 位。QQ、微信的用户忠诚度较高。微信用户关注的公共账号中，41.5%的微信用户会关注媒体类账号，微信是用户获取新闻资讯的一个重要手段；此外，明星名人、行业资讯的关注度也都在 20%以上。基于微信的普及度和用户特征，老虎游应该充分意识到这一平台的重要性，笔者建议老虎游投入一定的人力去运营微信公共号，后期可以着重开发微信公共号的电商交易功能。

（三）利用微博进行品牌推广和传播

传统媒体时代，人们通过阅读、收看、收听等方式获取信息，即多个人从少数信息源获得信息。在微博这样的社会化媒体出现之后，信息内容的传播是通过人与人之间的"关注"和"被关注"网络，一层层传播开来。这种传播方式覆盖面广、速度快，同时有信任关系的存在，信息的被接受程度比较好。从微博功能的使用情况来看，新浪微博用户对微博主要功能的使用率较高。与整体相比，新浪微博用户活跃度更高。80.3%的新浪微博用户通过新浪微博关注新闻/热点话题，新浪微博已经成为一个大众舆论平台，成为人们了解时下热点信息的主要渠道之一；68.1%的新浪微博用户关注感兴趣的人，60.3%的新浪微博用户主动发微博（分享/转发信息），另外 50%左右的新浪微博用户在微博上发照片、看视频、听音乐，新浪微博已成为他们生活中的一个主要沟通交流平台。老虎游目前已经开通了腾讯微博，但其运营力度不够。在今后的发展过程中，应适当注重对微博账号的运营，一旦有机会就能借助此平台引发及时快速大范围的影响。

（四）打造一款实至名归的旅游神器

在线旅游正处于快速发展时期，这也是很多年轻群体共同的感受。翻看他们的手机界面，携程旅行网、去哪儿网等手机 App 终端多在其中，用手机查机票酒店、订景区门票、订房订车甚至预订各种度假产品，已经成为散客自由行时代年轻一代的消费习惯。旅游 App 已成为年轻人游玩的首选。艾瑞数据显示，2013年的中国在线旅游市场交易规模达2204.6亿元。2015年，中国在线旅行预订市场交易规模将达到3630亿元，但目前中国在线旅游在国内旅游市场渗透率不足10%。截至2014年6月，携程旅行网手机应用的下载量已经超过1.6亿；去哪儿网App成为安卓平台上首个下载量过亿的旅游类应用。随着国内旅游市场的主力消费人群转为80后、90后甚至00后的年轻人，在线旅游的市场渗透率会进一步提升。其中，App应用程序被认为是未来旅游产品预订和销售的主力渠道。Hotwire（穷游网）近日发布的一项研究报告也证明了这一观点，该报告显示，34岁以下的年轻游客更倾向于使用移动设备预订酒店、航班等。

一个成功的旅游App，必须解决三个问题：一是通过产品定位用户；二是通过高性价比的服务和产品增加客户黏性；三是完善用户体验，实现口碑传播效应。其中最重要的原则就是要补足线下服务短板，提升线上浏览体验。线下服务弱，成为很多旅游App的通病。如何搭建消费者投诉并快速解决问题的途径，有效解决消费者关于发票、约定消费与实际消费内容存在差异等高发问题，是在线旅行商需要高度重视的焦点。一般来说，游客在进行App消费时，首先看的是产品信息，包括价格、使用要求等；其次看评价，如果游客消费后给予的评价较差，将直接影响潜在消费者的消费信心；最后，提升线上浏览体验也是抓住游客的重要因素。老虎游可以通过以下方式来打造一款实至名归的旅游神器。

1. 通过热点话题进行推广

通过旅游消费热点，设立热门话题讨论，主动引导目标群体进行内容共享，使其与企业或是目的地产生互动，继而以体验、有奖转发等方式，扩大老虎游App的知名度。例如，老虎游在推出新版App时，可以将线下线上抽奖活动结合起来，在微信客户端对App进行宣传推广。目前，老虎游做了国庆专题、暑期专题，其效果都比较好，后期还应该继续完善各项服务，增加用户黏性。

2. 注重用户体验

为增加关注度，旅游App的设计也需要讲究技巧，可以通过图片墙的方式，将目的地或是企业的美图以图片瀑布流的方式呈现，游客只需点开图片就能了解图片所承载的餐饮、住宿等具体信息。老虎游可以针对目前版本的App向注册用户发放调研问卷，寻求用户的使用体验意见，为后期升级作参考。

3. 注重一站式浏览体验

方便游客也是重要的因素，旅游App需要提供一站式的浏览体验，要涵盖游客在旅游消费的前期、中期、后期的需求。同时，还要注重传统 PC 界面与 App 界面的兼容性，而非将 PC 的设计直接照搬到 App 界面上，影响游客的游览体验；旅游 App 的内容也要区别于生活类 App 的内容，如介绍某种产品，不仅要介绍产品是什么，也要告诉游客与同类产品的差异、交通到达方式等全面的本地生活化服务指南，更好地满足游客的旅行需求。

八、创业者启示摘录

李虎语录

关于困难——办法总比困难多，遇到问题解决问题。在发展的过程中肯定有难题，但我相信我们团队一定可以解决。

关于未来旅游信息化发展——未来肯定是信息越来越透明，互联网不是一个产业，而是一个时代。你要发展必须迎合潮流。

关于行业之中的创新点——旅游产业链是一个很长的链条，每个环节都有机会，市场不仅仅属于巨头，每个企业都有同等的机会，当然每个企业的创新取决于创始人的基因（行业背景）。要我说，是一切皆有可能。

案例5　鹿途旅游网

——真正的旅行专家

一、企业简介

鹿途旅游网是2013年成立的，现为内蒙古乃至西北地区唯一的旅游在线预订平台。鹿途旅游网有机结合了传统旅游线下运营和网络营销，是一家以旅游线路为核心特色的综合型旅游网站。鹿途旅游网是包头市旅游信息中心，由于其业务形式与定位，得到了当地旅游局的大力支持。图5－1为鹿途旅游网的品牌LOGO。

图5－1　鹿途旅游网的品牌LOGO

（一）业务范围

鹿途旅游网目前是专注于为内蒙古西北地区的客户提供周边、国内、国际旅游在线预订的旅游网站，包括周边跟团旅游和周边自助旅游（如景点门票、住宿、温泉），国内长线旅游和出境跟团旅游等。在内蒙古包头地区，鹿途旅游网通过采集、筛选、整合旅游行业资源，为旅游者提供一站式预订、一对一的管家式服务。鹿途旅游网倡导享受、自由、特色的旅游理念，区别于传统旅行社大同小异的旅行线路及拼低价的购物旅行团，鹿途旅游网专注于好而精、个性化定制的“高品质”休闲游、深度游、自驾游、特色游、主题游，将精致、贴心的旅行感受带给消费者。不论是个人旅行还是团队出游，鹿途旅游网都会让您花费同样的钱，享受到完全不同的旅行体验。

另外，传统的出行方式已经远远不能满足客户对旅游的需求，鹿途旅游网针对每位客户的实际情况、不同需求，会提供独有的个性化定制服务。鹿途旅游网率先在内蒙古地区开展了旅行个性化定制服务，为客户提供最适合的旅游计划供其选择，主要有主题游、定制游、团队游。

1. 主题游

主题游可分为适合中老年人的“爸妈乐”、适合新婚夫妻的“蜜月之旅”、适合儿童的“快乐亲子游”，或悠闲舒适，或温馨浪漫，或轻松愉快，每一种主题的每一个细节安排都契合您最根本的需求。

2. 定制游

鹿途旅游网会针对您的时间制订详尽的出行方案，让您不跟团游也能享受到最低的机票、门票、酒店价格。不仅有特色鲜明的情侣客栈、方便舒适的家庭套房，还有当地美食地图丰富您的选择，您可以尽情地在钟爱的景点流连忘返，也可走近当地人的真实生活，感受休假放松的惬意。只要您有旅行的想法，剩下的事情请交给鹿途旅游网。选择定制游，让您轻松无忧出行。

3. 团队游

境外、国内、周边，鹿途旅游网拥有多条适合企事业单位集体出游的独家线路，行程安排合理，线路特点鲜明，景点独一无二，活动丰富多彩，让您的团队在旅行过程中既能得到解压和放松，又能增强团队活力及凝聚力。

（二）企业文化

我国的经济持续高速发展，随着物质文明的不断进步，大众也越来越注重对精神生活的追求。文化就像是一个企业的筹码，让企业在激烈的营销竞争中赢得更多的关注。日本丰田汽车公司、美国 IBM、Walmart、苹果公司、中国青岛海尔电器等许多驰名中外的企业，以及携程旅行网、途牛旅游网、去哪儿网等国内 OTA 都已用事实证明，将文化注入企业的血脉中会让一个企业取得更好的经营业绩并达到更高的管理水平。

1. 企业文化定位

鹿途旅游网官网上对企业文化的描述为：企业的使命是让人们爱自然，爱运动，爱生活；企业的愿景是成为内蒙古地区最专业的旅游电子商务平台；企业的价值观是以人为本、服务客户、持续发展；企业的精神是有效率，有业绩，有团队精神；企业的核心理念是专业、共赢、服务、创新。

2. 企业愿景及宣传语

鹿途旅游网以独有的强大技术力量、专业的人才队伍、超前的时代意识以及贴心细致的定制服务、独家设计的特色产品、灵活时尚的旅游方式立足于市场。让想旅游、爱旅游的人的每一次出行都能成为既经济又有品质的旅游享受，这是鹿途旅游网的最高诉求。

鹿途旅游网的宣传语（SLOGAN）有：要旅游，找鹿途；包头人最信赖的本土旅游在线预订网；生活在包头，旅游找鹿途；鹿途，真正的旅行专家。

二、创立源起

商业贸易意味着相关信息的交互和价值的交换。电子商务简化了信息交换的流程，提高了信息交换的效率。在全球电子商务的交易总额中，旅游电子商务所占份额已高达20%，一跃成为全球电子商务的第一行业。2014年中国互联网络信息中心（CNNIC）第34次中国互联网发展状况统计调查报告显示（如图5－2所示），截至2014年6月，中国网民规模达6.32亿，其中手机网民规模达5.27亿。中国互联网络信息中心发布的《2012～2013年中国在线旅游预订行业发展报告》数据显示，截至2013年6月，在网上预订过机票、酒店、火车票和旅行行程的网民规模为1.33亿，占网民整体的22.4%。而2012年12月底，在网上预订过机票、酒店、火车票和旅行行程的网民规模为1.12亿，占网民整体的19.8%。半年间，在线旅游预订的网民渗透率增长了2.6%，2100万人。市场的快速成长以及巨大的潜力空间都成为驱动在线旅游预订市场发展的动力❶。

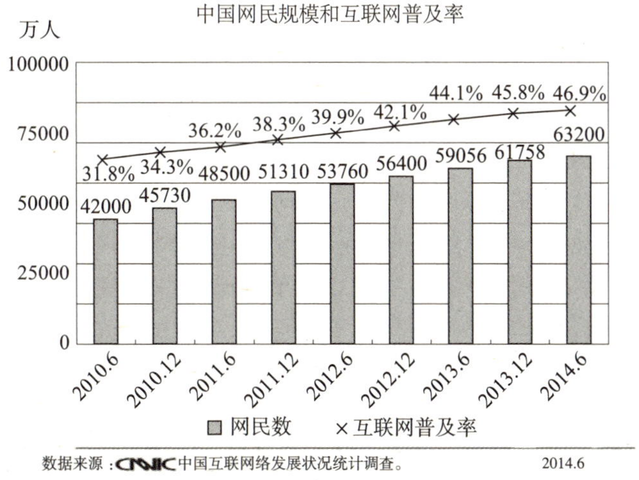

图5－2　中国网民规模和互联网普及率

❶ 资料来源：http：//www.cnnic.cn/hlwfzyj/hlwxzbg/lxgb/201310/t20131022_41722.htm。

鹿途旅游网的创始人兼CEO李守仁自2012年在北京经历了一次创业失利，有过短暂的失落后，就开始到全国各地散心，同时也在思考自己未来的人生规划。李守仁说大约有半年时间，他一直漂泊在中国的各个城市，并见到了在网络上神交已久却素未谋面的朋友。16岁就离开包头，一个人在外面闯荡，这么多年来，走的地方越来越多，离家也越来越远，他反而越来越想念自己的家乡，越来越离不开那片生他养他的土地。于是在2012年春节将近的时候，李守仁毅然决然地回到了自己的家乡——包头。因为他是学计算机技术的，自然比较关注家乡的互联网发展状况，加上自己在外的游历和体验，李守仁认为自己并不是一个喜欢宅在家或守在办公桌前的IT技术男，而是非常喜欢行走于大自然中的。当时，内蒙古的互联网发展缓慢，没有属于当地的比较成功的网站，甚至没有比较像样的门户网站，更别提旅游类网站了。他觉得创业对于自己来讲不仅是一个就业机会，更是实现自我人生价值和目标的一个机会，于是他开始寻找自己的创业团队，创办了当地第一家旅游网站——鹿途旅游网（寓意：包头又名“鹿城”，“鹿”的谐音“路”，和旅游也相符，加之自己在包头起家，故而取名为“鹿途旅游网”）。

三、发展大事记

在中国在线旅游市场上，携程旅行网以在线旅游代理商“一哥”的身份雄踞行业多年，行业将携程旅行网的成功归结为携程模式。携程旅行网的盈利模式主要由网站、上游旅游企业（目的地酒店、航空票务代理商、合作旅行社）和网民市场构成。同时，携程旅行网还将酒店与机票预订整合成自助游和商务游产品。对于商旅客户，携程旅行网还提供差旅费用管理咨询等相关业务。去哪儿网则是一个综合类垂直搜索平台，主要靠访问量或点击量获益。而鹿途旅游网则更像是一个O2O。公司成立至今已经一年多，作为一个创业者，鹿途旅游网的创始人李守仁并没有太多的经验，他强调正是他的创业团队的一步步摸索，才有了如今成功投入运营的鹿途旅游网。与此同时，他们也在借鉴国内外同行的成功经验，并根据公司的实际运行情况做适当调整。从2013年创立之初到现在，公司已经做了大大小小的不少调整，同时公司团队和公司都在不断进步。其中最大的调整莫过于将原来的B2C经营模式改为C2B的服务形式。B2C和C2B的最大区别在于交易中起主导作用的不再是公司，而是消费者，即从企业为客户指定旅游路线、价格、服务等转变为客户指定路线、价格、服务，然后公司和客户双方进行协商交易。这一转变赋予了客户更多自由选择的机会，以客户的需求为先，充分发挥客户的消费自主性，而且能最大限度地满足客户的需要。

鹿途旅游网承办了梅力更露营音乐节和包头市第三届自行车文化节（宣传海报如图5-3所示），通过活动中的宣传和相关微博、网站、社交工具等媒体，对扩大鹿途旅游网的知名度方面取得了一定的成效。

图5-3　包头市第三届自行车文化节宣传海报

四、商业模式

中国市场上近几年也涌现了众多的在线旅游企业，商务模式大致相同却又各不相同。例如，去哪儿网的基本商业模式是按流量收费（CPC），正如去哪儿网总裁庄辰超所说："去哪儿网主要靠客户点击来获取广告费用。"这一模式与携程旅行网做主导的抽取佣金的盈利模式不同，主要是通过客户的广告支出来实现收益的。而途牛旅游网从一开始就选择了差异化的发展道路，主推随团旅游线路和自由行套餐，在整个模式中所扮演的是网络零售商的角色。这三种主要的商业模式各有利弊，虽然对于用户来讲并无较大的差别，但它们具有各自不同的特征。在旅游产品方面，鹿途旅游网具有途牛旅游网的商业模式特征，而在酒店方面又具有去哪儿网的商业模式特征。

（一）核心竞争力

从宏观政策环境来看，国家政策风向的支持能在很大程度上为在线旅游预订行业打造一个良好的产业环境。从本质上说，网上旅行预订是对传统线下旅游市场销售渠道的补充和完善，因此我国网上旅游市场的发展必然依托整个宏观政策环境的支持和引导。我们国家一直都大力支持旅游行业的发展，并将其写入"国家十二五规划纲要"，因此从宏观政策环境来看，是非常有利于在线旅游行业的发展的。从经济环境来看，近年来中国居民收入水平稳步提升，这对在线旅游预订行业的良好发展提供了基础。此外，大数据时代技术环境的提升和网络的普及与升级，也赋予在线旅游预订更大的商业价值，称得上是在线旅游企业在新时代面临的最大机遇。

目前，作为内蒙古首家，也是唯一一家经营在线旅游预订的企业，鹿途旅游网的优势有两个方面：第一，采取互联网和移动互联网相结合的模式，客户可以线上进行产品选购，线下进行支付和体验；第二，采取 C2B 的服务模式，以客户的需求为优先，最大限度地满足客户的需求，赋予客户消费的自主性。与机票、酒店、景区门票等其他基础产品交叉销售将会为旅游企业带来更为可观的利润。

（二）主营业务

经过快速稳定的发展，鹿途旅游网已经形成了以跟团游、企事业单位专项游、长途游、出境游为主体，同时兼顾打折门票、自由行、境外签证、机票、度假酒店等业务的全新发展模式，提供集旅游预订、旅游策划、旅游培训及会议、旅游个性化定制在内的多维度服务，致力于为客户提供高性价比、高质量的一站式全程旅游贴心服务。鹿途旅游网官方网站的首页如图 5－4所示。

图 5－4　鹿途旅游网首页

鹿途旅游网提供内蒙古包头市本地出发至周边、国内、国际旅游在线预订，包括周边跟团旅游和周边自助旅游（如景点门票、住宿、温泉），国内长线旅游和出境跟团旅游，可单订某项产品或任意搭配组合的自助旅游等。鹿途旅游网官方网站中的主题板块及展示的内容和主要信息如表 5－1 所示。

表5－1　鹿途旅游网的主要网站信息

板块名称	主要服务描述
首页	除了周边游、国内游、出境游和景点门票之外，还有自由行和高级定制板块
周边旅游	有周边旅游主题、周边旅游目的地两个主要分类，此外还细分了线路类型、天数等搜索条件
国内旅游	有国内旅游主题、国内旅游目的地两个主要分类，还有特价线路和国内旅游热门目的地的展示
出境旅游	有出境旅游主题、出境旅游目的地两个主要分类，还有特价线路和国外旅游热门目的地的展示
签证办理	分为亚洲、欧洲、非洲、北美、南美和大洋洲六个类别，还有热门旅游签证和热门商务签证的展示
包头酒店	只包含包头地区的一般酒店搜索以及精选酒店和特价酒店
景点门票	主要分为景点门票热销、热门城市景点推荐两个板块
旅游租车	租车业务至今还未有内容展示
旅游咨询	此部分的内容涵盖量很广很多，包含食、宿、游、购、行、展会、节庆活动等各类信息，此外还有各类新闻消息
旅游攻略	分为目的地指南和游记攻略两大类，此部分旅游攻略不限制于包头地区出发的旅游行程，但除了台湾省的一些城市之外，多为较偏远的地区
导游	目前展示的有4位导游，还有“导游经常去哪儿”的类似旅游攻略推荐的板块

（三）公司运营模式和盈利点

网站的盈利模式是维持一个旅游公司运行最核心的动力，目前，鹿途旅游网公司的主要业务是为客户提供在线预订旅游服务。未来，公司将为客户提供专业的深度旅行产品，包括自驾游、自由行的旅游路线制订，并逐步取代传统的旅游服务，赋予客户更大的消费自主性和旅游享受。未来，公司的运营模式将倾向于开发移动客户端，使互联网和移动互联网无缝结合，为客户提供全面的信息化旅游服务。现阶段，公司的主要利润还是客户的旅游服务预订包括企业、团体定制旅行、在线散客预订和旅游相关的大型活动。未来，在主营业务和服务模式转型之后，公司将主要通过为客户提供旅游路线制订，旅游攻略服务等无形资产盈利。

（四）市场定位

鹿途旅游网公司在运营之初就已经将运营的方向定位为提供在线旅游服

务，而不是像其他地区的网站那样，包括在线旅游预订、在线购物、在线订餐等服务。鹿途旅游网公司只做在线旅游预订，而且在后期也是深度挖掘在线旅游预订功能，细化服务来为消费者提供更加个性化的服务。由于公司发展的方向是做旅游路线定制和旅游攻略服务等时尚潮流化的旅游服务，因此，公司的客户群定位为热爱旅游、乐于在网上寻找资源的潮流时尚网民一族，追求个性自由，热衷于自助游的年轻消费者。

（五）营销模式

传统营销是一种交易营销，强调将尽可能多的产品和服务提供给尽可能多的顾客。随着社会的发展进步，传统营销已经了形成比较扎实的理论和实践基础。近几十年来，网络营销在中国发展较快，但是网络营销的理论都是传统营销的基本概念，只是在形式上更加适应网络化环境。姑且称之为传统的网络营销，实际上主要是在宣传上的运作。

1. 中国在线旅游企业营销模式的转变过程

中国在线旅游的发展过程可以大致分为起步期、快速发展和变革期三个阶段。

第一个阶段：1999～2004年，中国在线旅游市场的起步期。1999年，在全球互联网大发展的浪潮下，携程旅行网和中青旅在线等中国第一批旅游网站开始出现。进入2000年后，单纯线上的在线旅游企业意识到自身发展的瓶颈，开始通过一系列的收购行为来实现业务向线下的拓展。其中，携程旅行网收购北京现代运通订房网络、艺龙旅行网并购商务旅游服务公司百德勤及其电子商务网站Lohoo.com的影响最大，代表着在线旅游服务商通过资本收购与传统的分销商逐步融合。为适应国情，中国特有的电话呼叫中心与网络相结合的预订方式开始兴起。第二个阶段：2005～2010年，在线旅游市场快速发展，服务商的业务从单纯的机票、酒店预订逐渐转向多元化和差异化的服务，行业垂直产业链初步形成，各种旅游垂直媒介开始出现。第三个阶段：2010年至今，消费升级带来旅游形态升级，原有的OTA运营模式受到挑战，传统细分市场竞争日益激烈，企业相继探索新的发展路径，以期开拓新的增长空间。现阶段，旅游产业链再次向纵深发展，出现了“线下拓展至线上/线上收购线下”的局面，新一轮并购整合浪潮正在展开。

在线旅游发展的不同阶段，企业采取的营销手段也各有侧重。互联网旅游企业在延续传统的机票、酒店、咨询等业务的同时，应运而生的微博营销、团购业务、微信营销等越来越受到各大企业的垂青与信赖。移动互联网催生行业变局，地图和攻略成为App入口抢夺的胜负手。互联网巨头BAT凭借资本优势频频跑马圈地，几大战略阵营初步成型，行业进入战国时代。而以众信旅游、中青旅和中国国旅为代表的传统旅行社则通过自建门户的方式积极触网，产业融合趋势明显。随着在线旅游市场的规模日益庞大，线上成为不可忽视的渠道。但对于线上服务商而言，服务的线下落地以及对于上游资源的掌控力始终是痛点所在。于是，线下企业通过和线上运营商的合作获取流量，线上企业则通过线下企业获取上游资源，产业纵向融合趋势明显。[1]

2. 鹿途旅游网的传统营销和网络营销

鹿途旅游网不仅得到了旅游业的支持，也得到了当地政府的支持和帮助。鹿途旅游网的营销方式是传统营销和网络营销同时进行。

例如，在鹿途旅游网承办的梅力更露营音乐节和包头市第三届自行车文化节活动中，通过舞台背景、条幅、宣传册等进行企业的宣传，并在电梯、车库、交通站牌等人流集中处进行企业网站及相关活动信息的宣传，这些都是传统营销方式。作为将传统旅游业务搬到互联网的企业，鹿途旅游网在活动中的宣传方面，还充分利用新媒体进行传播，如微博、朋友圈、自己的官网及其他相关网站（如当地政府网站、拉手网、58 同城等），一方面对自己举办或参与的活动进行宣传，二来对自己的企业品牌进行推广，从而取得一定的成效。

（六）其他情况

在信息化消费日趋普遍的今天，经过一年多的调整和历练，目前公司已经成为内蒙古在线旅游的龙头企业位置。作为信息化企业，公司的运营战略是先占领在线旅游预订行业的领先位置，然后进一步做好市场调查和客户反馈的调查，根据实际的市场情况和客户的需求，调整公司的运营和服务。

公司的财务计划与投资决策：目前是股东自投，主要资金用于平台开发和产品研发。此外，鹿途旅游网曾与包头区 58 同城、拉手网、搜房网、小南国餐饮集团等大型企业合作进行拓展团建，不仅在活动中拓宽了自身业务合作范围，而且得到了这些大型企业的支持与协助，并在很大程度上起到了宣传作用。

五、面临的问题

首先，随着起步较早的在线旅游企业的发展以及居民消费方式的变化，越来越多的企业涉足在线旅游领域，近几年更是有很多线下的旅游企业将业务搬

---

[1] 资料来源：薛蓓蓓，邓云程，程远，在线旅游行业变局催生机遇，载《中国证券报》，2014 年 9 月 3 日。

到了线上，进行线上线下业务的补充与配合，因此出现了“百家争鸣”的现象。但大多数起步不太早且是发展中企业，现在旅游电子商务市场正因数目众多的网站崛起而呈现出交叉竞争的焦灼状态。

其次，在线旅游的渗透力并没有达到应有的程度。在线旅游预订行业的用户市场渗透率不高，国内旅游用户多以国内游或周边游为主，年均旅游预订次数较少，因此，对于鹿途旅游网面对的包头地区的客户来讲，居民的消费习惯和态度亟待市场培育和引导。

最后，国内互联网企业介入市场，加剧了行业竞争。例如，百度战略投资去哪儿网，京东、淘宝均推出旅行频道，360 在搜索和支付领域与携程旅行网谋求合作，人人网、腾讯、高朋则通过艺龙旅行网的开放平台介入在线旅游预订行业，这些企业的合作、融合，使得在线旅游企业面临的不再是三国杀的局面了。

（一）目前的阻力

由于鹿途旅游网的创业团队是由对内蒙古旅游行业有资深了解的旅游界人士和 IT 界专业人士组建的，因此在创立的初期，公司在旅游和技术方面，基本上可以做到游刃有余。但随着公司业务的发展，公司缺少移动客户端研发方面的高素质人才来提供相关技术的支持。目前鹿途旅游网正面向社会招贤纳才，来解决移动客户端的产品研发为公司发展带来的阻力，同时为企业后续的发展扩大提供更优质的后台技术支持和支撑。

（二）最大的风险

目前，鹿途旅游网的主要业务是企业、团体定制旅行，在线散客预订和旅游相关的大型活动。由于公司只做预订服务，并不是最终的服务供应商，因此难以感知并掌握客户对旅游服务的满意度，对于合作旅行社提供的服务质量，也难以监控。一旦合作旅行社提供的服务未能达到客户的要求，公司也会受到牵连。综上，客户的感知风险，是目前公司运营的主要风险。

六、未来规划

正如前文提到的，鹿途旅游网是刚刚成立的在线旅游企业，在其所定位的市场中有很大的发展潜力。互联网市场瞬息万变，而作为旅游行业的互联网市场更是变化莫测，一个成功的举措可能使得企业名声大震，而不注意创新抑或不注意及时更新平台、创新管理和营销方式，就有可能使得企业寸步难行。因此，企业以后的定位和规划对于企业的发展至关重要。

（一）公司在创业的过程中最想实现的目标

鹿途旅游网创始人兼 CEO 李守仁在采访中表示，他们在创业过程中最想实现的目标大致分为两方面，一是作为公司负责人层面，二是作为个人层面。李守仁表示，作为公司负责人层面，他想实现的目标就是把“鹿途旅游网”打造成一个内蒙古的旅游品牌，甚至是具有内蒙古当地特色的“中国名牌”，并致力于让其所服务的每一位游客都可以有一次终生难忘的旅行记忆，公司转型后将主打目的地旅行。另外，作为个人来说，鹿途旅游网不仅仅是他的创业项目、他的职业，更是兴趣爱好所在，李守仁表示他个人要实现的小目标就是“把爱好做成事业并且能养家糊口”。

（二）公司未来发展的方向和期望

鹿途旅游网作为一家利用信息技术发展的公司，服务范围与消费人群都不受时间和空间的限制，但目前公司主要提供的是包头市甚至是内蒙古地区的旅游服务。未来，鹿途旅游网会在现阶段定位的市场中占得一席之地，甚至很大的份额，在此基础上，公司的发展方向是为全国的消费者及国外的游客提供内蒙古旅游线路定制和内蒙古旅游攻略服务。公司立志成为内蒙古首家网络定制旅游线路和旅游攻略服务的区域标志性企业。

（三）可能存在的问题及规避方法

公司未来的发展方向是定位于旅游路线和旅游攻略的定制服务，而且这个服务将面向全国甚至国外的游客，因此，最大的难题是服务定制人才的配置。能完成旅游路线和旅游攻略的定制的人，得是对旅游地区相当熟悉，且具备一定旅游经验的旅行者。这些人才，在国内外都是相当稀缺的，其中更多的是长期走在路上的“背包客”。为此，公司计划邀请全国各地甚至国外的资深旅游人士担任公司的合作旅游策划师，策划师可以不用到公司上班，采取 SOHO 的办公形式，只要与公司形成稳定的合作关系，无论策划师是在家休息，还是在旅行的路上，都可以为客户提供旅游路线和攻略的定制。

七、创业者启示摘录

在对鹿途旅游网创始人兼 CEO 李守仁的采访中了解到，鹿途旅游网的企业文化抑或称之为企业定位可主要概括为以下三点：第一，个性解放，鹿途旅游网提供的不仅是旅游的服务，更是个性解放的机会，让每一个热爱旅游的人，抛开一切藩篱，到达自己梦想的地方；第二，热爱生活，每一个鹿途人都是乐观积极的，我们热爱生活，心中充满激情与梦想，在实现自己梦想的同时，也为别人梦想的实现而努力；第三，协作共赢，在鹿途，我们为了美好的愿景努力拼搏不断奋斗，与客户携手创造共赢。

这表达的正是年轻创业者的激情和理想，能将企业放到更高更远的位置来进行规划和调整。创业团队的默契合作与互帮互助成就了现如今的企业，虽然处于刚起步的阶段，但从这群年轻的创业者，尤其是创始人李守仁的生活态度和工作热情来看，鹿途旅游网会有很广阔的前景，同时也有很长的路要走。另外，这群创业者对于企业的定位并不是好高骛远、不着边际的，而是创新地进行角色和市场的定位，相信在以后的发展中，鹿途旅游网会越来越好！

案例6　蚂蜂窝

——将旅游的点滴分享到底

一、企业简介

蚂蜂窝（www. mafengwo. cn）是中国最大的旅游社区，提供全球旅游攻略、旅行点评等综合服务。蚂蜂窝已覆盖全球热门旅行目的地，景点、餐饮、酒店等点评均来自千万用户的真实分享，并帮助过亿旅行者制订旅游方案。蚂蜂窝自2006年上线以来，注册用户持续攀高，2010年正式成立公司并投入运营。截至目前，蚂蜂窝拥有超过5000万的注册会员，经过长年积累凝聚了一个高质量的旅游爱好者群体。凭借自身的优势和口碑效应，蚂蜂窝正吸引着更多的网友源源不断地加入蚂蜂窝旅游社区。图6－1为蚂蜂窝的品牌LOGO和吉祥物。

图6－1　蚂蜂窝的品牌LOGO和吉祥物

蚂蜂窝的公司名称出自这样一段话：此时此刻，谁和你共同关注同一个旅行目的地？世界那么大，我们的下一个目的地在哪里，为什么要去那里？一直以来，我们都非常感慨蚂蚁、蜜蜂社会的团结无私、相互协作与共同分享。当我们离开了现实环境，这种本能其实我们人类也一样具有。这种现象经常发生在旅途中，或是在蚂蜂窝里。这正是蚂蜂窝名字的由来。在蚂蜂窝，你可以交换资讯，分享旅行；帮助或者是获得帮助；交流攻略、美食、音乐、摄影日记等与旅行有关的林林总总。

蚂蜂窝现在的组织架构还是很扁平的，就连上司与员工之间都是直接称呼昵称。蚂蜂窝公司内部不设置隔断，公司的两位创始人在公司没有独立的办公室，平时工作就和员工坐在一起，这样做的目的是希望创造出一个轻松平等的工作平台，大家简单直接地相处：你可以看到你的合作伙伴，你可以看到你的工作伙伴，知道他们每天都在干什么。

和一般的公司一样，蚂蜂窝的部门设置涵盖产品部、技术部，也有市场部、前台等。但是从本质上说，蚂蜂窝还是一个偏技术、偏创新的团队，并且多数员工都在从事和研发相关的工作。蚂蜂窝的员工每天都会产生新的灵感，在做一些项目的产品设计时，这些灵感会被一个个拿出来跟大家分享和讨论。在蚂蜂窝公司设置有一些黑板，员工可以随意去写、去画，包括公司的墙都是玻璃墙，方便员工通过涂、写、画来表达自己的灵感和创意。

二、创立源起及构想

自 2006 年上线运营以来，蚂蜂窝的注册用户量持续攀高，其中大部分用户来自北京、上海、广州、深圳、香港等一线城市，也不乏海外旅居人士。蚂蜂窝的用户热爱户外旅行、钟情于自驾游、拥有专业的摄影技术，因此，蚂蜂窝凝聚的是一个高质量的旅游爱好者群体。截至目前，蚂蜂窝已经收录了国内外众多旅游目的地。依靠注册用户提供的大量一手信息，蚂蜂窝已先后制作推出了各类目的地旅游攻略路书，路书设计精致、新颖，内容涵盖当地“吃、住、行、游、购、娱”各方面丰富翔实的旅游信息，给无数自助游爱好者提供了方便快捷的旅行指南，受到了用户的普遍欢迎。

众所周知，蚂蜂窝一开始也是从网站开始的，然后慢慢转到做移动端。公司正式运营是在 2010 年 3 月份。陈罡和吕刚创业的初衷非常简单，就是觉得中国的在线旅游还存在很大的空间，因为在线旅游是一个信息极度不对称的领域。在 2010 年前后，整个市场对自助游、自由行、移动端的需求并不像今天这么大，但是随着我国国内生产总值的增长，旅游已成为提升生活品质的一个重要消费方式，具有很大的市场前景。第一个机会就是智能手机的用户数量有了飞速的增长，正如今天所看到的。旅游和移动互联网的联系是非常紧密的，移动互联网最先催生的就是游戏和娱乐。纵观整个 IT 行业的变迁，每一次率先激活的就是娱乐，因为它能带来更新的视觉感受。第二个机会就是从 PC 的时代到互联网的时代，在线旅游将被极大地激活。因为旅游实际上是一个信息终端，这里面伴随着旅游者强烈的信息需求。刚才说旅行的本质就是信息不对等，是从熟悉的地方到陌生的地方，去消费、去体验当地的风土人情和美食，如果对这个地方了如指掌那就不叫旅游，那叫回家。正是基于旅游消费的旺盛需求以及移动互联网对旅游行业的颠覆性改造，蚂蜂窝的两位创始人选择于 2010 年 3 月份开始创业。

三、发展大事记

蚂蜂窝于 2006 年正式创立，2010 年开始商业化运作。蚂蜂窝公司的发展可从以下几个角度来说：第一个角度就是整个公司的商业化运营，蚂蜂窝在 2011 年初步完成了 A 轮融资，并在 2013 年完成了 B 轮融资。两轮融资之后，蚂蜂窝的创业团队从最早的 11 位成员扩展到约 180 位。另外一个角度就是最早的蚂蜂窝是旅游社区，从 2008 年年底开始推出旅游攻略，并在互联网上流行起来。2013 年 4 月份，蚂蜂窝旅游攻略下载量过亿，2014 年的数字肯定也是亿这个量级。从 2012 年开始，蚂蜂窝将核心产品定位为旅游攻略。另外在 2011 年的时候，蚂蜂窝推出了第一款应用“旅行翻译官”，专门解决中国人去海外旅行的语言问题，无论是日语也好、韩语也好、西班牙语也好，统统不成问题。在第一款应用发布后，蚂蜂窝在 2014 年的移动端用户超过 4000 万，发展速度非常快。从 2014 年“五一”开始，蚂蜂窝通过大量的 UGC（用户生成内容）完善了整个蚂蜂窝的目的地结构。旅行都要去目的地，无论你去世界上的哪个地方，你都能找到一个目的地，里面有照片、攻略、游记、点评、酒店等。这个目的地的结构从 2014 年 5 月变成一个高度结构化的数据：过去你看到的是游记和攻略，像书一样的结构；今天你看到的是大量贴士和点评这样的东西，也就是说游记里面的内容都可以通过语义分析和数据挖掘的方法去识别，识别针对餐厅、酒店的评价是好的还是不好的，这全是用技术的方法来处理，也算是另外一个角度，即蚂蜂窝内部产品或服务的一个整体升级。

四、商业模式

（一）核心竞争力

蚂蜂窝区别于传统的在线旅游中介如携程旅行网、去哪儿网、百度旅游，它们也有自己的旅游攻略，也会推出类似的产品，但根本区别在于：蚂蜂窝有旅游社区、搜索的 DNA，这使旅行者愿意回到这个平台进行交流和分享；而携程旅行网等多数是商旅的需求，它的价格从某种程度上来说是略贵的，当然它的服务性和可靠性会更强。这如同每天有一个接线员 24 小时为你服务，这个服务是需要成本的，它都会转移到商品里面去。每个公司都有它核心的定位，蚂蜂窝其实是以 UGC（用户生成内容）为核心的一个社区平台，蚂蜂窝希望更多的用户来这个地方交流和分享，蚂蜂窝会将用户提供的内容整理成更实用的信息，然后发布给更多的旅行者，从而形成一个正向的循环。更多的旅行者看到后会乐意带更多的人来这个地方分享，从而产生很好的口碑效应。这是蚂蜂窝和其他很多公司最本质的区别。社区的壁垒是很高的，因为社区要有自己的文化氛围以及大家对社区的归属感，每个人在里面的存在感和成就感都非常重要。

蚂蜂窝会源源不断地产生海量的 UGC 信息，那么第二个核心竞争力就是蚂蜂窝的攻略引擎，蚂蜂窝会通过语义分析和数据挖掘分析的办法去识别这些信息，到底提到了哪些酒店，对这些酒店的评价如何，如大堂的服务、店内有没有中文的标示等。现在大家看到的是蚂蜂窝线上推出的服务，其幕后的工作量是相当大的，所以说对数据的处理能力也是蚂蜂窝非常核心的竞争力。这和传统的 OTA 不一样，OTA 的核心竞争力是对旅游资源的掌控力，如货品丰富不丰富、价格会不会便宜等。蚂蜂窝之所以发展如此迅速，主要依靠的是用户的口碑效应。蚂蜂窝坚信，只要你的服务和产品足够好，产品自己会说话。

（二）主营业务

蚂蜂窝目前提供全球 190 多个国家和地区、6 万多个旅游目的地的旅游攻略、旅游特价、酒店预订、保险、签证等综合服务。

旅游攻略：蚂蜂窝的旅游攻略累计下载次数已超过 2.2 亿次。蚂蜂窝每天会产生海量的 UGC 信息，经蚂蜂窝的攻略引擎自动分类后，有条理地呈现给信息审核团队。信息审核团队再根据结构、美术效果等安排攻略素材的排放，最后生成相应的目的地或主题旅游攻略。

以香港为例，香港的旅游攻略关联了超过 1.2 万篇游记、8 万多条问答数据、28 万多条点评、36 万多张图片，蚂蜂窝的攻略引擎会定期计算和更新这些信息，然后把信息按照酒店、交通、地图、餐饮等进行归类，计算里面信息的丰富程度和可信度，按照信息的价值进行排序，最终由人工进行审核并提交发布。

旅游特价：蚂蜂窝作为旅游流量的重要入口，能够为旅游从业者提供更多的与用户面对面的产品展示机会；另外，蚂蜂窝能够围绕用户，根据用户的需求提供匹配的或定制的旅游产品，即反向定制。

蚂蜂窝每天会通过分析数百万旅行者的行为数据，如下载攻略、对不同目的地的浏览、查看的酒店评论、搜索的机票、翻阅的景点照片等，得出近期大家出行的热门目的地、最关注的航班、热门的酒店等聚焦性的购买需求。根据这些大数据再和供应商的旅游商品服务进行匹配对接，完成特价交易。能形成特价的根本原因，是因为蚂蜂窝为供应商找到了精准的客户，节省了以前不菲的营销推广成本。

酒店预订：蚂蜂窝能够站在旅行者的角度，帮助用户做出旅游消费决策。传统的酒店预订都是按照行政区域来划分，而蚂蜂窝专门为旅行者设计的酒店预订系统，颠覆性地按照旅行者的兴趣区域来预订酒店。蚂蜂窝已经打通了社区游记、酒店点评等相关产品的数据流，连接了结构化数据和旅行服务，用户能够更深入地交流互动、更便利地进行酒店预订。

移动应用：蚂蜂窝 App 的安装量超 4000 万次。蚂蜂窝针对用户旅行前、旅行中、旅行后的整个过程，开发了多个旅游类应用（如图 6－2 所示），为旅行者提供立体化、专业化的服务，覆盖旅行全程。蚂蜂窝原创“旅行翻译官”和“旅游攻略”两款移动应用软件，成功冲击到 App 应用总榜前三甲，单款应用长期占据旅行榜第一位。蚂蜂窝现有的 App 介绍如下。

图 6－2　蚂蜂窝种类繁多的手机 App

（1）旅游攻略 App

蚂蜂窝拥有海量、实时的旅行资讯，攻略团队据此精选制作上千册旅游攻略，覆盖国内外全部热门旅游目的地。

（2）旅行翻译官 App

旅行翻译官 App 拥有 17 种旅行热门语言，8 个旅行目的地口语，13 种国内方言，真人发音语言包免费下载，离线使用，不怕没 WiFi；即时翻译，哪句不会问哪句。旅行中的所有应用场景一应俱全，陪你轻松走遍世界每一个角落。

（3）蚂蜂窝特价 App

蚂蜂窝特价 App——发现每日旅行特价情报。蚂蜂窝专属的旅游特价荟萃，汇集旅游产品低价精品，每天不断，折扣经济，实惠旅游。

（4）国际酒店专家 App

国际酒店专家 App 拥有专业的旅游区域解读方式，清晰的酒店商圈地图显示，长达 8 年的目的地信息积累，全球 190 多个国家和地区的独家酒店攻略。酒店评论来自于蚂蜂窝超过 50 万篇游记的信息萃取，涵盖全球热门目的地的 60 万家酒店，获得多家顶级合作伙伴酒店数据支持，促销、优惠信息同步体现。

（5）嗡嗡 App

嗡嗡是蚂蜂窝打造的记录和分享旅行趣事的专属社区，集中了蚂蜂窝最精彩的旅行分享和全球正在发生的新鲜趣事。嗡嗡是基于地理位置的图片记录和分享，足不出户即可领略世界各地正在发生的精彩。用户可以记录自己的旅行足迹，绘制属于自己的旅行地图，和好友一起分享关于旅行的点点滴滴。嗡嗡用户的 500 万条旅行足迹已经遍布地球上 1542 个城市。

（6）游记 App

快速整理本地相册，智能分类手机照片，挑照片分分钟搞定；页面清新简洁，操作步步引导，功能精简强大，人性化交互；每天随时浏览最热门游记；游记回复即时推送和提醒，一键分享，随时随地和蜂友交流旅行经历；支持全程离线编辑，WiFi 下发布和更新游记，不耗用任何网络流量。

（三）盈利点

蚂蜂窝最大的收入来自 OTA 合作的分成。蚂蜂窝依靠强大的数据分析和用户流量，能为旅游产品的购买者和提供者提供高效的交易平台。蚂蜂窝对接了行业非常成熟的合作伙伴，如 Booking、艺龙旅行网、携程旅行网等。蚂蜂窝用统一的后台管理供应商，在对供应商的选择上，挑选业务成熟度、服务能力、口碑和品质以及产品都非常好的 OTA 作为合作伙伴。

蚂蜂窝未来重点发展的业务首先还是移动端，因为从蚂蜂窝的迅速发展角度来说，蚂蜂窝从移动端得到的帮助最大，这就注定了移动端是蚂蜂窝未来的发展战略中不可或缺的一环，所以会一如既往地在移动端上继续投入。第二个就是强化蚂蜂窝对数据的分析或处理，帮大家做更方便、更个性化的旅游决策，包括更简单的旅游攻略。

（四）市场定位

蚂蜂窝是一个新兴的品牌，服务也算是比较新兴的，能接触到蚂蜂窝的人群也是一个新兴的群体。其实，蚂蜂窝并不排除一些互联网行动能力比较弱的群体，如蚂蜂窝一直把攻略进行 PDF 排版就是为了方便大家打印，可以与父母或者一些对互联网不是那么熟悉的朋友一起分享。

旅游电子商务有很多模式，大家看到最多的就是销售代理等。蚂蜂窝当时决定从信息这个领域切入在线旅游，与蚂蜂窝的一些背景和资源是有关系的。新公司对自己的定位可能和公司的核心创始人有极大的关系，蚂蜂窝的创始人陈罡和吕刚一直身处互联网行业，对互联网很多的产品，包括最早的校友录、BBS，最早的电子商务，到后来的搜索引擎和微博等都是比较熟悉的，另外在线旅游这个行业完全是一个卖方市场，从目前来说，它可以分成三个不同时期：第一个时期是国外的 Expdia，国内是携程旅行网、艺龙旅行网这种，即 OTA 元年，把线下的资源搬到线上；第二个时期就是随着互联网信息越来越多，信息之间有了比较，这时候就出现了新的模式，像去哪儿网这种。但是这两个时代从本质上来说都是卖方市场，因为整个市场上流通的旅游商品还是卖家找来的商品，并不是根据客户定制化的。其实不只在旅游业，今天的汽车、房产，它最后肯定是一个细分化、个性化的趋势，因为人们对服务、对品质的要求越来越高，越来越贴近个性化发展，所以在线旅游的第三个时期一定是以维基百科式旅游攻略为核心的这种个性化时代。个性化旅游和简单的卖方市场流通服务及商品不一样，因为旅游包含了很多个性化的需求，比如说同样去巴厘岛，因为游客的家庭背景、个人兴趣爱好不同，所以整个行程安排和消费趋向也会不同，这就是个性化。这种新的个性化旅游需求实际上是以信息为核心的，而之前是以流通的商品为核心，基于卖方市场模式来运营整个行业。新的时代会以信息为核心来带动整个行业的升级和变化。

图 6－3　蚂蜂窝官网首页快速导航

蚂蜂窝的用户中使用智能手机的用户越来越多（图 6－3 所示为蚂蜂窝官网首页快速导航）。在使用蚂蜂窝的这些用户里面，超过 80% 来自移动互联网。从最新的数据来看，蚂蜂窝的移动端用户已经超过 PC 了。智能手机的主要用户群体——80 后、90 后一代已经成为市场的主流消费群体，他们对旅游产品的需求不是传统的跟团游，他们喜欢以更个性化的方式去体验，对个性化信息有更强的需求。另外 80 后、90 后一代的行动力很强，对语言的运用场景要求也很高。

（五）营销模式

蚂蜂窝聚集了中国最多的旅行用户，其口碑和影响力都是巨大的。大型航空公司、酒店集团、国内外旅游局等，都愿意把产品和服务放在蚂蜂窝上进行推广。另外，蚂蜂窝也逐步开始接入一些 OTA 伙伴，国内如携程旅行网、艺龙旅行网，海外如 booking 这样的预订平台。关于在酒店细分领域，蚂蜂窝的定位是做海外酒店专家。结合前面提到的旅游业三个时期来分析，前两个时期都是卖方市场，包括当前酒店市场的主流商业模式也是一种卖家模式，因为不同酒店的利润率不同，根据这些利润率，OTA 会选择不同的力度来推广和营销酒店；而蚂蜂窝是站在一个更中立、更客观的第三方角度上，通过蚂蜂窝的酒店攻略和真实的酒店点评来帮用户选择一个更适合的酒店。从另外一个角度上说，蚂蜂窝是一个专家模式，是在帮旅行者挑酒店，是完全站在旅行者的立场上做消费决策。蚂蜂窝接下来要尝试的方向就是真正站在用户的立场上，通过 C2B 这样的反向预订方式去打通后端的供应链，一方面为传统的 OTA 节省营销渠道成本，为他们找到更精准的订单，另一方面也能让真正出行的用户得到价格上的实惠。例如，客单价在 12000 元的产品，通过蚂蜂窝大数据的分析和远期的预售，与最合适的供应商进行对接，那价格能做到 6000 多元，打了个对折，销量也高。蚂蜂窝希望能推出更多适合中国旅行者的、高性价比的旅游产品和服务。

（六）其他情况

目前，蚂蜂窝的员工规模有 200 余人，超过 90 人从事和研发有关的工作，有产品设计师、开发师等。做对接和后端产品商务的大概有 10 多人。蚂蜂窝的人员流动不是很大，人员流动大不大取决于两方面，一方面取决于个人的发展，另一方面取决于企业的发展，因为这个行业竞争非常激烈，不是每一个企业都能保持高速的发展。蚂蜂窝的团队文化也十分优秀，企业文化概括来说就是“靠谱又有爱”。

五、面临的问题

蚂蜂窝面临的阻力主要来自两方面：一是资金；二是人才。资金问题相对来说还比较好解决，一方面蚂蜂窝进行了两轮融资，企业的资金储备充足，另一方面蚂蜂窝当前的营收能力很强。关于人才，其实很多行业都是一样的，你要想把事情做好，第一步要制定好战略；第二步就是找对人。蚂蜂窝对人才的需求一直处于非常饥渴的状态，非常希望能找到对业务、对行业有着深刻理解、自身的能力非常强并且和公司的业务能产生协同效应的人才。

六、未来规划与风险

（一）蚂蜂窝未来的规划

就中国旅游信息化来说，旅游社交将成为移动端未来发展的一个重要方向。旅游社交不仅指旅游过程中有结伴的需求，或者在当地有一些需求，还包括你和朋友分享的需求、对自己的记录需求。从某种程度上说，你拍下的每一张照片在5年或者10年以后就变成了你的个人资产。过去的相机虽然和现在的相机像素完全不能比了，但你拿出老照片看的时候你的感受完全不同，而其他人不会有这种体会。所以个人旅游资产也是旅游社交的一部分，这是一个很重要的方向。

而网络空间、博客只不过是阶段性的产品形态，它的本质也是个人资产，只不过个人资产需要不同的表现形式。另外，旅游中的电子商务也是蚂蜂窝未来的主要发展方向之一。

（二）蚂蜂窝未来存在的风险

互联网发展迅猛，处处存在着风险。蚂蜂窝的风险可能会来自是否能快速找到规模化服务中国个性化需求的旅游服务方案，以及能否找到一种路径去批量地、大规模地去服务旅游者，让大家的旅游体验不再是简单的买旅行团产品、预订机票这样单一。通过蚂蜂窝的产品，让大家享受到查得到、买得到而且买得放心这样一个很好的旅游消费体验，这是一个挑战，但假若公司做得不到位的话也存在一定的风险。

七、创业者启示摘录

（一）企业创始团队核心成员简介

蚂蜂窝的创始人是两个旅游爱好者，前新浪员工陈罡和前搜狐员工吕刚。蚂蜂窝最开始并不是商业项目，纯粹是出于两个人的喜好才捣鼓起来的业余平台。2006年，这个简单的社区，没有任何收入，也从未进行过推广。正是这种物以聚类的自然法则式用户发展，让这个业余网站通过口碑相传积累了最初的用户。格局也好，趣味也好，氛围也好，都是由早期用户沉淀出来的，这恰恰是一个社区最重要的基石。2010 年，陈罡和吕刚分别从原公司离职，正式将蚂蜂窝作为一个商业项目来运营。

蚂蜂窝创始人陈罡和吕刚曾是国内最早的自助驴友。陈罡在回忆自己早期的旅游经历时说："第一次去美国，大家对美国的印象都会很抽象。比如白宫能不能进，它什么时候开，会不会跟故宫一样等问题都没法明确。所以第一次去，85% 的人都会选择跟团，交钱图省心，但是第二次去就不用跟团了，这基于对信息的掌握。"这种真实发生在旅行中的细节处理，正代表着中国旅游业演变的一个趋势——比起赶场式游玩，个人开始注重旅途中的心灵体验与冒险感受。如何在旅游产业变革、商业旅游网站层出不穷之时，找寻新的市场机会，成为蚂蜂窝突围的关键。

在陈罡和吕刚看来，旅游是人生的终极需求，只有真正认识到旅游的价值，才有机会成长为一家真正优秀的商业旅游网站。

（二）访谈语录

话题一：蚂蜂窝创业之初最想实现的目标或最想达到的理想

陈罡：我的一个想法是，我觉得旅行是一个特别好的事情，有时候我甚至觉得读万卷书和行万里路真的是有非常相似的、对个人人生产生积极影响的地方。我希望更多的人能享受旅行的益处和乐趣。旅行不应该是一个奢侈的事情，应该是大家每天都能够计划的事情，至少每年能有一些时间让自己去放松、让自己去体验、让自己去其他地方游学也好或者度假也好。我相信这种见闻会让每个人的人生阅历有极大的不同。我希望我们所做的这些事情能让中国的旅行变得更简单、能享受更多的乐趣，希望通过旅行的过程能让大家的幸福指数更高。

话题二：中外在线旅游发展的不同

陈罡：蚂蜂窝的独立发展空间还是非常大的，在美国有一家很成熟的公司叫 Tripadvisor，它其实也是基于点评帮助用户做出消费决策，它现在的市值非常高，100 多亿美元。那作为中国这么庞大的市场，而且也是大家刚性需求的一个新兴在线旅游市场，我认为中国也有中国的 Tripadvisor，这是一个。第二个就是蚂蜂窝是刚刚成立 4 年左右的新兴公司，还有很多的路要走要去尝试，所以说现在就把一些并购、IPO 的时间表说得那么具体也没有太大的必要，其实，互联网公司竞争压力非常大，以活在当下的心态把公司的产品做好才是最关键的。

到到网就是 Tripadvisor 的亲生子女，Tripadvisor 在全世界做得很好，就连中国的一些小酒店也挂 Tripadvisor 的牌子，但到到网在中国的发展没有它在美国那么好，究其原因就是到到网没有做好在中国的本地化工作。我们看所有的公司包括谷歌也好，雅虎也好，都是一样的。中国市场是一个庞大的市场，有一个很高的增长速度，但这个市场的需求和欧洲、美国完全不同。举一个简单的例子，在欧洲和美国没有人需要攻略、没有人说出行一定要攻略，但中国需要攻略。再看蚂蜂窝的成长也是这个原因，大的方向是一样的，但一些用户的需求是非常细的，从本质上说就是要非常注重细节，很多东西是赢在细节而不是赢在战略。这与每个国家的市场发展阶段不同有关，和一个国家的整体经济运行状态有关。作为相对成熟的市场如欧美，他们可能是以单纯的酒店预订为最重要的环节，但对于中国的旅行者来说，观光这个需求还是很旺盛的，所以其实我们也是在逐步过渡。

话题三：蚂蜂窝如何完成产品设计

陈罡：蚂蜂窝依托大数据，从大量游客的反馈里面去挖掘数据，这样更能体现出游客的需求。在蚂蜂窝设计的线路里面，口碑比较好的有美国西海岸的自驾，如怎么安排七天的行程是最合理的。以从旧金山一直到圣地亚哥那这条路线来说，在哪个地方停留或者中转是最合适的，包括去旧金山购物和美食搭配。这些线路有很多达人进行了归纳和总结，我们在尝试把大家口碑很好的行程定制成产品，让其他供应商来评价这样的产品，然后定制出新的旅游服务。这样做相当于有很多免费的产品经理去帮忙踩点，踩好点后生产大众想要的线路。无论哪种方式，最终都需要用户参考其他用户的点评和攻略，然后再定制自己的旅行计划，去真实地体验。

话题四：定制化时代的分层问题

陈罡：定制化时代可能会有好几种用户需求的场景，第一种场景就是用户可以根据别人的攻略、游记和点评来规划，比如说这个餐厅很符合我的口味，这个酒店很符合我的 style，然后自己规划一趟自己的行程。第二种，我觉得可能会走向一种 P2P，比如说是他和达人之间或者爱旅行的用户之间确认信息、沟通信息，在蚂蜂窝的产品里面有个叫问答的产品，这个产品是刚刚推出的，大家都非常喜欢、反馈也非常好的，你可以在旅行过程中提出如香港过境签这样的当地交通问题，实时咨询。在咨询的过程中，就会有当地的人或对当地很清楚的一些人来帮助你，蚂蜂窝就变成一个平台，把这些用户筛选出来让他们能很好地进行对接。这只是一个简单的开始，以后这些旅游达人和当地的指路人完全可以为即将到这些地方旅行的人制定一个适合他们的一个行程。基于 P2P 的方式非常流行，大家都很讲究信息的分享、资源的分享。第三种就是前端旅行者的消费需求和后端的供应链进行对接。其实我们已经在做这种尝试，比如说大家对某一个区域的攻略的浏览量和关注度比较高，我们会根据这些攻略计算出它的意图，再与后端供应链的 OTA 伙伴进行对接。哪个时间点会有出行的需求，对哪些航班会更喜欢，对什么样的酒店会更青睐，根据这些需求我们会定制出大家期望的一些产品。

话题五：蚂蜂窝发展过程中的阻力问题

陈罡：从我个人来说的话，这是我第一次创业，好的一方面就是公司发展速度非常快，所以说我们也算是走对了方向、踩对了节奏。那另一方面来说的话，我以前没有搞过这么大的公司，也没有带领过这么大的团队、处理这么复杂的业务，所以说我们的压力也是非常大的，而且这只是个起点……行业的发展非常迅速，用户的需求也在不断变化，如何更好地去服务目标用户、抓住市场的一些机遇，如何在走得更快的同时保持领先的优势，压力还是非常大的。

话题六：解决人才问题，蚂蜂窝对大学生群体的期望

陈罡：我觉得我们也是从大学校园走过来的，虽然说现在有了很多的工作经验，从企业需求来说，我觉得大学校园给大家建立的其实是一种系统思维的能力，相对于搭建了一个知识体系和架构。但实际工作和你掌握的知识还是有很大的区别。打个比方，可能就是象牙塔里建立了一个空中楼阁的框架，最终是要走入工作、走入社会，通过个人的努力以及团队协作，接地气地把楼阁给搭建起来。更关键的一点，不要一上来就盯着分析师、架构师这些特别宏大的职业目标。每个职位其实都涉及很多具体的内容，提前锻炼好处理具体细节的能力，勤于思考，把工作精力多放在一些具体的实务上，踏实、勤奋、聪明，我觉得这很重要。在线旅游是一个很新兴的行业，如果希望成为一个优秀的职场人士，上述几点要素都应该具备。在这个快速变化的行业来说的话，其实聪明就代表勤奋好学。

案例 7　去哪儿网

——聪明你的旅行

一、企业简介

去哪儿网（Qunar. com）是全球最大的中文旅行平台，其网站上线于 2005 年 5 月，由庄辰超与戴福瑞（Fritz Demopoulos）、道格拉斯（Douglas Khoo）共同创立，由纪源资本（GGV Capital）、梅菲尔德（Mayfield）、金沙江创投（GSR）和特纳亚资本（Tenaya Capital）共同投资支持，总部位于北京（总部地址：北京市海淀区苏州街 29 号院 18 号楼维亚大厦 17 层），其公司使命是聪明地安排消费者的旅行，竭力为消费者提供最全面、性价比最高的产品以及可靠的服务和便捷的技术工具。去哪儿网的企业愿景就是帮助旅游中的用户解决行程中的问题，品牌 LOGO 如图 7 - 1 所示。

图 7 - 1　去哪儿网的品牌 LOGO

（一）企业文化

去哪儿网的企业文化具有理性、冷静的特点，强调更多的是每个人把自己的事情做好，敢于拍砖，敢于大声说话。不像传统企业的金字塔式结构，去哪儿网的内部没有明确的上下级界限，员工看到老板不会觉得很威严、很害怕。当员工不满意时，甚至可以直接“骂”自己的上级，当然这种“骂”不是人身攻击，只是针对事情发表自己的观点，去哪儿网独有的“拍砖文化”由此产生。简单、开放的环境让每个员工都可以大声说话，每个人都可以自由表达观点，同时，如果他人不同意你的观点也可以大声提出来。去哪儿网的“遇到批评三不问”也是多年传承下来的企业文化，所谓“三不问”是指：“不问谁批评的”“不问为什么批评”以及“不问批评的动机”。

（二）组织构架

去哪儿网在2012年下半年调整了高层的组织架构，实行事业部制，包括机票、酒店、无线三大事业部以及新业务部和特殊项目部。机票事业部由杨威负责，无线事业部由谌振宇负责，酒店事业部由者希博负责，特殊项目部由张泽负责。2014年1月，去哪儿网成立目的地服务事业部，由张强带领，在业务方面将会和无线事业部紧密配合。目前，去哪儿网已经成功建立了机票、酒店、无线、目的地及度假五大事业部。刚刚晋级的度假事业部由高兴负责。

同时，去哪儿网孵化出了“去哪儿旅图”“去哪儿旅行”“去哪儿门票”三个业务部门。其中，“去哪儿旅图”主要是用户分享旅行过程中拍下的照片，“去哪儿旅行”主要是旅游的攻略制作、分享和查询，“去哪儿门票”则是免费提供全国各地景区景点的特价门票预订服务。这三项业务归CEO直接管理，与五大事业部相比，孵化出的业务部在团队规模、股权激励、时间任务等方面均有所不同，其团队规模一般较小，并且考察期一般是一年的时间，完成既定的目标后孵化团队即可毕业，成为事业部。此外，业务部通常没有事业部那样的股权激励，往往是目标达成后进行分红。

（三）发展现状

截至2014年3月底，去哪儿网可以对约2600家旅游代理商网站进行实时搜索，搜索全球范围内约73万家酒店、10万条航线、20余万条度假线路、8200个旅游景点，并且每日提供约94000种旅游团购产品。

根据2014年1月的艾瑞监测数据，在旅行类网站月度独立访问量统计中，去哪儿网以3689万人次高居榜首。

2011年6月24日，去哪儿网获得百度战略投资3.06亿美元，百度成为去哪儿网第一大机构股东。2013年10月上市之际，去哪儿网与百度签署了战略合作协议。外界称，百度给去哪儿网带来的不是资金的支持，而是流量的支持。实际上，百度并未在移动端为去哪儿网带来更多的流量。去哪儿网与百度合作最重要一点在于，百度与去哪儿网合作后，不会将流量再分给其他企业，这就使去哪儿网能够更加专注地解决流量以外的更重要的核心问题，如完善产品和供应链的设计等。

一年以来，“价格战”的炮声贯穿了整个在线旅游行业，而在无线端的争夺中，巨头们也在相应地调整战略。仅从营收增长态势来看，一系列调整后，在线旅游未来的王者将在去哪儿网和携程旅行网之间选出，而面对去哪儿网的迅猛发展，携程旅行网现在的动作尚显迟缓。携程旅行网于 2013 年第 3 季度被去哪儿网超越，痛失了保持 10 多年的机票第一把交椅后，并未掀起有效的反攻。相比之下，去哪儿网则始终保持着高速增长。

二、创立源起

对于在线旅游尚处于起步阶段的中国市场，去哪儿网的诞生恰逢其时，随着航空公司相继推出在线旅游服务以实现其自有服务在网络空间的延伸，去哪儿网认识到在线旅游市场中的用户需求已经逐渐变化：中立、智能、全面的比较平台对用户进行旅游产品的选择和决策的作用日渐突出。正是这种需求的增长，促使了公正、中立的旅游新媒体去哪儿网的出现，并凭借其便捷、人性化且先进的搜索技术，对互联网上的机票、酒店、度假和签证等信息进行整合，为用户提供及时的旅游产品价格查询和比较服务，去哪儿网必将肩负起整合中国在线旅游产品及提供高价值信息的全新历史使命。去哪儿网是用户通往全球发展最快、潜力无穷的中国旅游市场以及接触到广大在线旅游消费者的通行证。在未来几年内，中国人将继续保持令人惊叹的消费力，前往世界各地进行商务与休闲旅行。作为中国领先的旅游搜索引擎，去哪儿网已被广泛地认可为旅游媒体行业中的佼佼者。去哪儿网熟悉不断变化的中国消费者，更重要的是，去哪儿网了解消费者的需求，更知道如何有效地将广告主的信息传递给这些独特、高质量的新一代消费者。去哪儿网的目标是协助消费者搜索到最有价值的机票、酒店、签证、度假线路和其他旅游服务。同时，去哪儿网帮助广告主有效地针对这些高质量、具有很高消费潜力的旅游者提供多元的、定位于品牌推广以及促成销售机会的各类广告形式，令企业得以在市场中更精准地定位目标受众并在竞争中赢取先机❶。

几个世纪以来，自由与冒险的追求造就了无数探险家和旅行者。今日，世界的格局骤然变和平了，从沟通到实现，从设想到传播，一切都理所当然，如履平地。现在的去哪儿网人和当年的马可波罗一样，不断进取，不断开拓。

信息的自由传播模式，打破了旅行者的出游方式，世界变得更小。随着宽带网络的不断完善，旅行者对于信息的掌握变得更加强大，在旅行当中，旅行者惜秒如金。在无穷无尽的各类信息中，旅行者渴望在最短的时间内掌握最

---

❶ 资料来源：http：//www. wealink. com/gongsi/jianjie/388201/。

新、最有效的旅游产品信息，因此，旅游搜索引擎越来越显现出其不可替代的重要性，这就是去哪儿网创立时的设想。

三、发展大事记

去哪儿网自创立以来，在发展过程中经历的大事如表 7－1 所示。

表 7－1　去哪儿发展大事记❶

年份	发展历程
2005	2 月，道格拉斯、戴福瑞和庄辰超共同创立去哪儿网。去哪儿网作为中国第一个旅游搜索引擎，使中国旅行者第一次可以在线比较国内航班和酒店的价格与服务
2006	7 月，著名的硅谷风险投资商 Mayfield 和 GSR Ventures 完成对去哪儿网的第一轮投资
2007	9 月，风险投资商 Mayfield 和 GSR Ventures 以及 Tenaya Capital 完成对去哪儿网的第二轮投资
2009	1 月，美国知名的互联网研究公司 ComScore 发布的亚太地区旅游媒体分析报告显示，截至 2009 年 1 月，去哪儿网以其广泛的用户数量和质量，被列为中国第一大旅游媒体，在亚太地区排名第三 10 月，艾瑞咨询发布的数据显示，在中国旅游网站机票业务的季度总访问次数统计中，去哪儿网以 33. 7% 的市场份额排名第一 11 月，去哪儿网在北京宣布完成第三轮 1500 万美元的融资。该轮融资由 GGV Capital 领投，包括 Mayfield Fund、GSR Ventures 和 Tenaya Capital 在内的所有前投资人共同参与
2010	4 月，Google Double Click AdPlanner 发布网络统计数据，在全球最受欢迎的旅行网站中，去哪儿网是前十名中两家中文旅行网站之一，其他九家网站均为上市企业 7 月，去哪儿网荣获 AlwaysOn 2010 年度全球 250 强，是唯一获此殊荣的在线旅行网站 8 月，去哪儿网成功打造了全球最大的中文酒店点评系统，用户酒店点评量突破 100 万条。去哪儿网由单纯的旅游搜索引擎转变成在线旅游媒体
2011	5 月，去哪儿网与中国旅游研究院建立战略合作伙伴关系，双方将在行业发展趋势研究等方面开展深度合作 6 月，中国领先的旅游搜索引擎去哪儿网（Qunar. com）与领先的中文搜索服务提供商百度（NASDAQ：BIDU）共同宣布双方达成一项深度战略合作协议，去哪儿网获得百度战略投资 3. 06 亿美元，百度将成为去哪儿网第一大机构股东 11 月，美国知名研究机构 Experian Hitwise 发布的中国月度访问率数据显示，去哪儿网以占旅游类网站 42% 的访问率继续保持中国旅游网站第一的排名 12 月，去哪儿网荣获 2011 年度中国旅游集团 20 强。去哪儿网无线客户端在苹果中国 App Store 公布的“2011 年最佳产品”（App Store Rewind 2011）中荣膺中国原创旅行类应用软件的冠军

❶ 资料来源：http：//www. qunar. com/site/zh/zhMilestones. shtml。

续表

年份	发展历程
2012	3 月，去哪儿网荣获艾瑞咨询集团颁发的“2011 年度互联网成长力产品服务奖” 10 月，根据中国互联网络信息中心（CNNIC）发布的《2012 年中国网民在线旅行预订行为调查报告》，“去哪儿旅行”是手机旅行信息查询用户安装最多且使用最多的移动客户端 12 月，去哪儿网荣获 2012 年度中国旅游集团 10 强
2013	1 月，去哪儿网完成事业部制的改革，启动内部创业体系激励计划。建立机票、酒店、无线三大事业部以及特殊项目部和新业务部，其中新业务部就是孵化业务部，包括度假、门票、攻略、当地人，其中，度假业务部已经升级为事业部 4 月，去哪儿网荣获 iResearch Awards 金瑞奖和“2012 ~ 2013 年度中国移动互联网旅行应用——最佳创新力奖” 10 月，去哪儿网荣获由中国电子商务协会授牌的“中国互联网电子商务首批诚信示范企业” 11 月，去哪儿网于 2013 年 11 月 1 日在美国纳斯达克上市

四、商业模式

去哪儿网是全球最大的中文在线旅游媒体，其核心竞争力为技术，而搜索比价又是其技术的核心。

（一）核心竞争力

去哪儿网的基本技术为垂直搜索引擎技术，它是针对某一个行业的专业搜索引擎，是搜索引擎的细分和延伸，可以对网页库中的某类专门信息进行一次性的整合。去哪儿网的核心技术为超大规模的实时数据搜索技术，其核心技术实现了在三到五秒的时间内，从数百个数据源获得大量数据、处理并展现给消费者最新的在线旅游产品，并且能够在保证服务速度和效果的前提下，同时为数十万名用户提供查询服务。因此，数据搜索的时效性能够获得有效的保证，而普通搜索引擎对数据的时效缺乏良好的更新能力。正因为如此，在日均覆盖率方面，去哪儿网一度超越携程旅行网等其他旅游网站而排名第一。

（二）主营业务

去哪儿网通过网站及移动客户端的全平台覆盖，随时随地为旅行者提供国内外机票、酒店、度假、旅游团购等信息的深度搜索，帮助旅行者找到性价比最高的产品和最优质的信息，聪明地安排旅行。去哪儿网凭借其便捷、先进的智能搜索技术对互联网上的旅行信息进行整合，为用户提供实时、可靠、全面的旅游产品查询和信息比较服务❶。

去哪儿网的主要业务就是基于用户的需求，在不同阶段去做一些不同的工作。在去哪儿网的发展历程当中，第一阶段是给用户提供关于机票的比价信息，为用户解决无法便捷了解机票信息的问题；之后，去哪儿网开始了第二阶段的业务——酒店；随后，去哪儿网又逐步开发了度假、团购等业务，并从对比领域逐渐延伸到购买领域。

去哪儿网一直专注于在用户的旅游过程中为其解决旅游问题，也就是说去哪儿网一直在专注旅游这个行业，帮助用户一体化地解决吃、住、行、游、购、娱方面的问题，因此，去哪儿网的每一个业务板块都是不可或缺的。

其中，无线端是在线旅游企业近年来最为关注的领域，由于其代表在线旅游未来的主要业务入口，故业内一直有“得无线者得天下”的说法。无论是携程旅行网、去哪儿网还是艺龙旅行网，都在通过价格、补贴等各种渠道争夺无线用户。从总体来看，由于去哪儿网进入无线领域的时间较早，故一直保持着较为明显的先发优势。去哪儿网无线业务收入的增长一直保持极高的速率，从 2013 年的 300%一直跃升至 2014 年第 2 季度的 500%。由此可以看出，一方面用户预订与支付的选择正在迅速靠向无线端，另一方面，在线旅游企业对无线的资源支撑力度很大❷。

无线收入占总收入的比例这一关键数据代表了企业营收向无线端过渡的质量和速度。去哪儿网在 2014 年第 2 季度的财报中披露，其无线收入占总收入的比例已经达到 36%，这应该算是一个令人兴奋的数字，相比之下，该项指标的国际平均水准仅为 20%左右。

去哪儿网在发展过程中经常会做出一些阶段性的调整。例如，去哪儿网早期是做信息的，随着时间的推移，去哪儿网进行了一系列的调整，目前可以为用户提供机票是 SaaS 服务即软件运营，让这个行业内没有技术能力的上下游都可以通过去哪儿网的平台开展在线服务。页面不跳转是 SaaS 服务当中的一个变化，但更大的变化是用户在使用过程中，整个购票和出行的流程都是被系统接管的，从而为后续服务用户提供保障。有一些报道称去哪儿网正处于转型时期，但是在去哪儿网内部看来，这都是一些顺其自然的过程，是其战略发展的一个阶段，去哪儿网并没有转型。

（三）盈利点

去哪儿网的主要营收来自于 CPC（Cost Per Click，每点击一次计费），还

❶ 资料来源：http：//www. qunar. com。

❷ 资料来源：http：//tech. sina. com. cn/zl/post/detail/i/2014 -08 -22/pid_ 8459630. htm。

有一部分来自于CPM（千人成本），相对于携程旅行网以佣金作为主要营收来源的方式，去哪儿网单张机票的营收会低于携程旅行网，但通过艾瑞提供的数据比例来看，2013年去哪儿网单张机票营收的增长速度甚高，相对于携程旅行网的3%，去哪儿网则达到了令人惊讶的46%。其主要原因在于随着去哪儿网机票品牌影响力和认知度的不断强化，更多的用户选择去哪儿网作为其网上购票的入口，去哪儿网在线机票预订市场占有率第一的地位促使去哪儿网对于上游供应商的掌控力和议价能力持续提升[1]。

（四）市场定位

1. 区域选择

目前，包括无线端在内，整个旅游行业中可以在线上进行的业务还不到10%，还有很大的潜能可以去开发，国内的市场足够大，并且有足够多的用户，因此，去哪儿网的市场定位首先是要立足于国内，将国内的市场做好。但是去哪儿网的最终目标是做好旅游市场，因此在稳住国内市场的基础上，去哪儿网在未来也会逐步走向国际市场，以满足更多用户的需求。

2. 用户群体

旅游是一个很大的市场，目前对旅游市场的划分已经非常细致，但是去哪儿网认为所有的旅游用户都是其顾客群体，去哪儿网的目标就是为所有的用户解决旅游中的各种问题。虽然去哪儿网没有将用户划分为多个细分市场，但用户群体还是体现出了一些趋势。例如，在去哪儿网的用户中，女性所占的比例较大，这主要是因为整个旅游行业及整个互联网行业的用户特征均为女性偏多；另外，去哪儿网的用户群体当中，白领占据了较大的比重，这主要是因为这个用户群体比较喜欢尝试新鲜事物，愿意采用去哪儿网这样的在线平台进行比价及预订。

（五）营销模式

1. 市场开拓模式

（1）价格策略

去哪儿网基于搜索引擎技术搭建的信息资源整合平台，使用户可以通过比较旅游产品的价格等信息方便地选择高性价比的旅游产品。去哪儿网在官网上会不定期推出“白菜价”机票、“全网最底价”酒店之类的促销活动，为用户

---

[1] 资料来源：http：//ec.iresearch.cn。

带来了切实的实惠。去哪儿网所采用的价格策略主要面向广大的用户和与其合作的酒店、旅行社及航空公司。

（2）渠道策略

去哪儿网目前已在上海、广州、成都、西安、香港、杭州建立了分公司，负责该地区与附近地区的业务拓展及客户关系管理。在几大城市中建立分公司是去哪儿网布点全国的第一步，这一举措对去哪儿网业务的拓展和客户服务质量的提升起到了至关重要的作用。

（3）促销策略

去哪儿网运用了多种促销策略，包括传统的报纸媒介广告、与多家媒体合作、自身采取的门户广告促销以及去哪儿网与百度“联姻”产生的优势互补等，这一系列的促销策略不仅带动了去哪儿网的进步，也共同推进了在线旅游的蓬勃发展。

2. 市场创新模式

截止到2013年，作为中国全球最大的中文在线旅行网站，去哪儿网月独立用户已达到7460万，用户主要是25~34岁高收入、高学历的时尚白领。去哪儿网将会和市值接近70亿美元的携程旅行网以及同时作为艺龙旅行网控股股东的Expedia成为市场中的三大巨头。面对如此严峻的形势，创新势在必行，去哪儿网的市场创新模式主要从以下几个方面展开。

第一，去哪儿网目前已经与大量酒店、航空公司的内部数据实现关联，未来去哪儿网将为客户提供更为全面的服务。这样的举措需要基于长期合作累积起来的信任，在短期内很难被竞争对手复制。

第二，立足于自身的优势，专注于垂直搜索业务，为客户提供精准的服务。

第三，不断创新，推出新产品和服务。针对合作企业，去哪儿网推出了酒店直通车和酒店旗舰店，以满足其需求。另外，去哪儿网还推出了团购活动，并送出大量优惠券；对于特殊节日，去哪儿网还准备了专门的板块介绍，以提供更加人性化和全面化的产品及服务。

（六）财务现状

旅游业在我国GDP中所占份额举足轻重，相比之下，在线旅游更是潜力无限，尽管目前参与的“玩家”已经不少，但由于行业本身体量巨大，故业内各家均采取“牺牲利润，甚至不惜亏损换未来”的思路，把眼光聚焦于市场份额的扩大。

从去哪儿网2014年第2季度的财务报表中可以看出企业的扩张情形，其最明显的标志就是营收增长了127%，相对于携程旅行网38%的增长和艺龙旅行网24%的增长，去哪儿网无疑表现出了强劲的扩张势头。一般来看，机票业务是综合类在线旅游企业营收的一大支柱，从携程旅行网、去哪儿网、艺龙旅行网三家企业2014年第2季度的财务报表中可以发现，三家的机票营收增长分别为：39%、143%和－1.4%。由此可以看出，相对于携程旅行网和艺龙旅行网，机票是去哪儿网的优势领域。很多人质疑为何去哪儿网2014年第2季度的机票营收增长幅度如此巨大，通过对去哪儿网高管进行访谈笔者发现：去哪儿网在机票营收上的大幅增长主要是因为“单张机票”的营收出现了较大幅度的提升。

除了机票以外，酒店业务是在线旅游企业的另一大营收支柱，去哪儿网2014年第2季度的财务报表数据显示，其酒店营收增长率为79%。2013年，去哪儿网的增长在两个季度内出现过回落，但一直保持绝对的领先优势，由此可以看出，去哪儿网正在协调各项优势资源，并持续在酒店领域加码，力求保持在该领域的市场占有率❶。

从总体来看，虽然去哪儿网的营收是快速增长的，但净利润仍然是负值，处于亏损的状态。去哪儿网负责人表示，目前企业的亏损只是暂时性的，由于企业目前还处在快速扩张的阶段，首要目标是解决用户的问题，因为用户的问题远比企业的问题更重要。同时该负责人表示在占据足够的市场份额后，“利润自然会滚滚而来”。

（七）人员管理现状

1. 企业文化的影响

去哪儿网认为员工对企业文化的理解完全来自于他的直属上级，因此，去哪儿网的内部设置最多不会超过两个层级。在这个过程中，团队领导组（Team Leader）发挥了重要的作用。去哪儿网的文化造就了其平等的工作环境，任何员工都有权力在组群里面公开批评公司决策或上级领导力，被批评者也可以据理进行辩驳。

其实，这是在帮助公司提纯企业文化，同时最优秀、最有想法的员工通过辩驳也凸显了出来。在物色新的管理人员时，去哪儿网会首先关注在组里公开讲过话的人，并且往往是优先提拔这部分人。所以想要晋升就需要有非常强烈的表达自己观点的意愿，还要保证经得起大家的辩驳。让新员工适应这种文化其实很困难，但这是很好的企业文化筛选器。

---

❶ 资料来源：http：//ec. iresearch. cn/reservation/20140303/227723. shtml。

2. 因人设事

去哪儿网提倡因人设事，所有管理模式完全取决于个人能力的最大化。互联网公司最重要的是人本身，一个人如果能在自己非常熟悉的环境中工作，既提高了兴趣，又能充分发挥自己的能力，他所创造的价值会更大。当然，因人设事主要针对高阶员工，如前100名。另外，去哪儿网每个团队的成员都是团队管理者自己招聘进来的，有很强的个人色彩，但去哪儿网从来没有出现过亚文化，这是因为当公司最高层级的文化非常健康、强壮时，就足以消灭任何的亚文化。

3. 招聘原理

去哪儿网非常关注一个新员工进来以后有没有能力拉队伍。A级别的员工往往招聘A级别的员工，因为他们是朋友；B级别的员工往往招聘C级别的员工，因为他要表现自己的管理能力。能够招进来优秀的员工，首先意味着他的职业素养得到了认可；其次意味着他在过去的职业生涯中诚实可靠，才有朋友及优秀的员工愿意投奔他。

4. 冲突的管理

去哪儿网的企业文化鼓励健康的冲突，冲突往往能让问题尽早暴露出来。去哪儿网通常是通过分析问题找到引发冲突的本质，在找到冲突的本质之后，还要善于妥协。很多时候问题不能在一夜之间解决，这时就需要战术性的放弃，进行不断的妥协，这样的做法也是整个公司竞争力的表现。最终来讲，公司是个人的代表，一个公司中最顶尖的10个、20个人的智力水平和妥协能力往往也代表着公司的竞争力。

五、面临的问题

去哪儿网在发展的过程中也面临着一些问题，主要可概括为两个方面：首先，身处于迅猛发展的在线旅游行业当中，去哪儿网认为自己的发展速度仍然较慢，希望以更快的速度、更好的状态前进；其次，尽管去哪儿网的营业收入在持续增加，但企业仍然处于亏损状态，需要发力以扭转当前的局面。

（一）发展速度较慢

尽快在外界看来去哪儿网的发展已经非常迅猛，但去哪儿网人总觉得自己面临着发展太慢的问题，他们认为市场是一个非常大的空间，在线行业这个市场太新了，很多事情需要解决，而去哪儿网总认为自己的发展得不够快、学习能力不够强、整合能力不够完善，因此，去哪儿网在自身的发展过程中不断进行架构调整，以求能够实现更快的发展。对于去哪儿网来说，无论怎样提升，速度永远都不够快。

（二）亏损

虽然去哪儿网目前还在亏损，但创始人庄辰超表示这只是短期现象，企业关注的是长远利益。“去哪儿网的运营思路是在公司现金流保持稳定平衡的状态下最大程度地扩张获取市场份额。轻微的盈利或者亏损都不是目标，由于中国的在线市场目前还处于发展的早期，去哪儿网更关注公司的长期盈利能力，短暂波动不是重点，而要一如既往地关注市场份额。”[1]

六、未来规划

去哪儿网对于未来的布局体现在经营业务拓展和企业文化建设两个方面。在经营业务方面，去哪儿网积累了大量的用户数据，这是其核心优势之一。去哪儿网准备在接下来的时间中充分利用这一资源优势帮助企业更加准确地分析行业情况。关于企业文化的建设，去哪儿网有计划将其精髓整理成册，并向企业文化注入更多的人文因素。

（一）经营业务方面

去哪儿网此前已通过 SaaS 模式积累了大量的用户数据资源[2]，但其野心还不止于酒店资源的争夺。创始人庄辰超坦言去哪儿网下一步要通过数据库内的用户信息为酒店和航空公司进行收益管理与方案设计。由于拥有大量的数据资源和庞大的用户群体，去哪儿网可以充分利用这一优势对行业发展进行更加准确的分析和判断。以帮助青岛航空公司售票为例，去哪儿网基于大数据的分析和利用，帮助青岛航空公司找出了最热门的航线、制定了合适的票价政策，并取得了首航上座率为 97% 的绝佳效果。再如，去哪儿网曾帮助亚朵酒店做过一个全面的分析报告，主要是利用互联网思维帮助亚朵酒店分析其自身拿不到的数据信息。去哪儿网的数据资料主要分成三部分：第一部分先看这个酒店在开业时，整个在线旅游或者酒店预订行业的大趋势；第二部分是看在一年内，这个酒店跟所在商圈平均水平的对比结果，如流量的对比、订单量的对比等，最重要的是将这些数据指标转化成酒店实际入住的间夜；第三部分是从产品的角度分析一个用户到网上去看酒店，在什么场景下更愿意购买这个酒店？

---

[1] 资料来源：http：//tech. qq. com/a/20131102/003498. htm。

[2] 资料来源：http：//ec. iresearch. cn。

越来越多的航空公司和酒店需要去哪儿网帮助他们分析市场、制订营销方案，从长期角度来看，去哪儿网能够利用自身优势帮助这些企业，让用户拥有更好的选择，这对于去哪儿网本身、整个行业以及用户都是有益的。

（二）企业文化方面

关于企业文化，去哪儿网进一步的计划是将企业文化的精髓和价值观整理成册。因为无论外部环境如何变化，企业文化中的精髓部分是不会发生改变的，将这部分内容梳理出来，有利于消除个别员工对文化理念的误解，力图让所有员工都能够正确地看待并认同这一理念。例如，最典型的“拍砖文化”将会有所调整，但其内在的本质“大声说话”这一理念不会改变，只是外在的表现形式需要改变，“拍砖”之后可以问，并且必须要问为何有反对的意见，只有不断沟通，才能让去哪儿网以更好的面貌向前发展。另外，去哪儿网将会在企业文化中融入更多“人”的元素，改变以往理性、冷静的“工程师文化”，使企业文化更加温暖。

七、创业团队介绍

去哪儿网的成功离不开背后强大的管理团队，其高层管理人员大多具备海外留学及从业背景，管理经验丰富，个人能力突出，这为去哪儿网日后的发展奠定了坚实的基础。

（一）创始人兼首席执行官——庄辰超

2005 年 5 月，庄辰超与戴福瑞、道格拉斯在北京共同创立了去哪儿网，就任去哪儿网总裁，领导公司的整体运营。2011 年 6 月，庄辰超出任去哪儿网首席执行官，全面负责战略规划及运营管理。至今，去哪儿网已成为全球最大的中文旅行搜索平台。

庄辰超毕业于北京大学电子工程系。1999 年，庄辰超曾在著名的中文体育门户网站鲨威（Shawei. com）担任首席技术官。鲨威于 2000 年被 TOM 集团（HKSE Stock Code：2383）收购。此后，庄辰超在美国华盛顿工作 4 年，担任世界银行系统架构的核心成员，设计并开发世界银行的内部网系统。2003 年，该系统被专业研究网站和产品易用性的权威公司 Nielsen Norman Group 评为“最佳内部网”❶。

---

❶ 资料来源：http：//www. qunar. com/site/zh/Ours. Team_ 1. 4. shtml。

（二）原创始人兼首席执行官——戴福瑞

2011 年 6 月 24 日，去哪儿网官方确认首席执行官戴福瑞卸任，并由创始人兼总裁庄辰超继任。戴福瑞仍是董事会成员，并继续担任去哪儿网的顾问。

戴福瑞（Fritz Demopoulos）出生在美国洛杉矶。1997 年，曾出任新闻集团商业拓展部经理。1999 年离开新闻集团，参与创建了中文体育网站鲨威（Shawei. com）。在 2000 年互联网泡沫爆发之前，戴福瑞以 1500 万美元的价格将鲨威卖给了香港的 TOM 集团。6 个月后，戴福瑞与 Netease. com 签约，开始负责该公司的商务开发，2003 年离开了该公司❶。

（三）首席运营官——彭笑玫

彭笑玫自 2013 年 12 月起出任去哪儿网的首席运营官，主要负责销售、市场、运营以及企业发展四大业务板块。作为创建初期团队成员之一，彭笑玫于 2005 年 6 月加入去哪儿网，在出任首席运营官之前，曾担任公司执行副总裁，主要负责销售与市场营销工作。

彭笑玫早年毕业于哈尔滨工业大学，后于中欧国际工商学院取得 EMBA（高级工商管理硕士）学位，拥有 10 多年的中国互联网及搜索引擎技术工作经验。在过去的 10 年中，彭笑玫积累了丰富的销售、市场、商务运营经验，历任 ChinaByte 制作人、人民网（People. com. cn）技术主管、Suntendy America 纽约公司总经理、Agenda 高级客户经理等职务。彭笑玫还曾作为鲨威体坛（Shawei. com）的创始成员之一，负责商务合作以及技术实施的相关工作❷。

---

❶ 资料来源：http：//www. qunar. com/site/zh/Ours. Team_ 1. 4. shtml。

❷ 资料来源：http：//www. qunar. com/site/zh/Ours. Team_ 1. 4. shtml。

案例8　山水盛典文化

——中国最领先的文化旅游内容提供商及运营服务商

一、企业简介

山水盛典文化产业有限公司（以下简称山水盛典）由中国山水实景演出创始人、著名旅游演出导演、策划人梅帅元先生发起设立，公司注册资本为5000万元，总部设于北京，主要从事国内旅游演出项目的策划、设计及制作，景区文化旅游的策划和规划以及文化旅游项目的运营管理服务。山水盛典的品牌LOGO如图8-1所示。

图8-1　山水盛典文化的品牌LOGO

目前，山水盛典已实施运营的部分实景演出项目包括中国首家大型山水实景演出——位于桂林阳朔的“印象·刘三姐”以及诸多具有行业示范意义的实景演出项目，如天门狐仙·新刘海砍樵（湖南张家界）、禅宗少林·音乐大典（河南嵩山）、文成公主（西藏拉萨）、菩提东行（山东兖州）、中华泰山·封禅大典（山东泰山）等10台大型山水实景演出和舞台剧场演出，其中4台演出项目所在地已经成为国家级文化产业示范基地，每年接待观众逾400万人次。

山水盛典现拥有在文化演艺行业享有极高声誉和品牌知名度的艺术创作团队，并同多家文化项目制作机构保持着紧密而长期的合作关系，可以向客户提供高效、完整、全方位的文化项目设计、制作解决方案和文化项目经营管理服务。山水盛典始终以包括旅游演出和景区策划、规划、设计制作在内的文化旅游项目开发及运营为主业，致力于整合相关行业资源，网聚行业精英，不断提升文化项目的制作品质及持续创新性，已经成为国内领先的文化旅游演艺行业的综合内容提供商和依托演出项目平台整合文化旅游资源的运营服务商。[1]

二、创立源起

25年前的梅帅元，还在享受着作家的散漫不羁：骑一匹小马，别着一把藏刀，沿着云南红水河一路上行。这段古典骑士般的经历，被他写成小说——《红水河》。他把《红水河》改编成舞剧《羽人梦》，并获得中宣部的“五个一”奖章。他的另外两部作品《歌王》《妈勒访天边》也多次荣获大奖，其中《歌王》获得了文化部的“文华奖”——这是广西戏剧迄今为止获得的最大奖项。但这些获奖作品，在行业之外没有影响力。其原因在于，从创作开始，这些作品就不是以市场为导向的。

出国考察时，他专门去看了美国百老汇的经典剧《猫》《西贡小姐》《美女和野兽》等，不出所料，梅帅元大受刺激。这种刺激除了来自艺术上的震撼，更来自百老汇当日门票一票难求的盛况和剧场里狂热的观众。

那时他经常在漓江边写“八千块”一个的剧本。漓江边有的是风景，点点渔火唱晚，萦绕袅袅炊烟，江畔洗衣的村妇、满树的桂花、成片的梯田、草地上悠闲吃草的牛儿，他还曾亲眼见过渔民养的十几只鱼鹰，合力捕起一条十几斤的大鱼。这些场景，几千年前就如此；再过几千年，它还是那么和谐、打动人心。可否以眼前的山水为舞台背景，以广西流传千年的刘三姐为主题，上演一出桂林山水灵魂的歌舞表演？请中国最顶尖的制作团队创作，甚至请张艺谋来做导演？他为自己的这个想法兴奋了好几天。

1999年，梅师元拿着自己用小说语言写就的策划书找到广西省文化厅相关领导，他的这个想法不仅得到了领导的支持，还获得20万元的启动资金。这是一个造梦的过程，支点就是这20万。梅帅元辞去壮剧团团长职务，开始大胆尝试。他到北京找到张艺谋，这种“此山、此水、此人”的全新演出观念，很快打动了张艺谋：电影拍过，戏剧也导过，可是让山水参与其中的演出，没有过！对于所有的参与者来说，这都是一个挑战。

“自己也像做梦一样，究竟要做成个什么东西？当初是不知道的。究竟能不能做成？也不知道。资金问题、设计问题、技术问题，难度都极大，没有标准可循，没有模式可借鉴。”梅帅元需要考虑很多难题，而首要问题，就是资金。

“找钱”的曲折过程，可以写成一本厚厚的书。2000年前后的社会资本远不像今天这么充裕，包括电影在内的整个文化产业都相当低迷。他不知道找过

---

[1] 资料来源：http：//www.shan－shui.com/。

多少投资商、签过多少合同，有人投资后又中途撤资。“我必须沉住气，怎么也得演出来”，他的状态和坚持影响到周围所有人。

创作过程极为艰难。关于到底该怎么演，主创团队提了很多创意，如在水面上架玻璃桥，用高科技的潜艇等。梅帅元坚持要在渔人捕鱼的竹筏子上演，这是最能体现当地特色的道具。在高科技的演出手段最终无法实施后，张艺谋不得已地说：“我都沦落到来玩竹筏子了。”从1999年到2003年年底，整整5年，这台演出才最终完成。作为总制作人和策划人，从某种意义上说，这台演出是梅帅元在桂林所积累的生活经历的一种表达。

这场演出的火爆程度，超出了梅帅元的预期。7000万的投资在开演两年内收回，此后的演出收入几乎全是利润。

梅帅元及其山水盛典文化团队又相继制作、运营了鼎盛王朝·康熙大典（河北承德）、文成公主（西藏拉萨）等大型剧目。这些文化项目不仅代表了旅游演出行业最新、最高的艺术创作水平，而且极大地推动了演出当地的经济发展，在业界形成了巨大的影响力和品牌知名度。❶

三、发展大事记

2004年3月，全国第一部全新概念实景演出《印象·刘三姐》在桂林阳朔首次公演。❷

2005年3月，《印象·刘三姐》荣获“国家文化产业示范基地”荣誉称号；7月，《印象·刘三姐》荣获2004年中国演出盛事奖；11月，《印象·刘三姐》获首届文化部创新奖。

2006年10月，全球最大的山地实景演出《禅宗少林·音乐大典》在河南嵩山首次公演。

2008年4月，大型实景演出《大宋·东京梦华》在河南开封首次公演；9月，《禅宗少林·音乐大典》荣获“国家文化产业示范基地”荣誉称号；10月，革命圣地大型实景演出《井冈山》在江西井冈山首次公演。

2009年7月，大型草原实景演出剧目《天骄·成吉思汗》在呼伦贝尔大草原首次公演；9月，世界上第一台以高山奇峰为舞台背景，以山涧峡谷为表演舞台的山水实景演出《天门狐仙·新刘海砍樵》在湖南张家界首次公演。

2010年4月，大型实景演出《中华泰山·封禅大典》在山东泰安首次公演；6月，大型实景演出《道解都江堰》在四川都江堰首次公演；10月，

---

❶ 资料来源：黄秋丽，梅帅元：山水文化“造梦人”，载《中国企业家》，2011年5月12日。

❷ 资料来源：http：//www. shan - shui. com/。

《禅宗少林·音乐大典》名列国家首批文化旅游类重点项目，《天门狐仙·新刘海砍樵》名列国家首批文化旅游演出类重点项目，《禅宗少林·音乐大典》在首届中国国际文化旅游节上成功入选由文化部、国家旅游局联合公布的35台国家文化旅游重点项目（旅游演出类）首批名录；11月，《中华泰山·封禅大典》获得第五届中国文化创意产业创意大奖的“2010中国创意产业杰出贡献奖”；11月，《天门狐仙·新刘海砍樵》获首届中国国际文化旅游节“影响中国文化旅游的一部旅游演出”的唯一金奖；11月，《印象·刘三姐》获首届中国国际文化旅游节“影响中国文化旅游的一部旅游演出”的银奖；12月，《大宋·东京梦华》荣获“国家文化产业示范基地”荣誉称号。

2011年5月，山水盛典在北京成立；6月，全球首部皇家文化主题、演绎康熙大帝传奇经历的大型户外实景演出《鼎盛王朝·康熙大典》在河北承德首次公演。

2012年1月，梅帅元获聘首批文化财富专家委员会专家；6月，在中国财经峰会上，山水盛典荣获2012年行业最具影响力企业奖，梅帅元荣获“2012中国商界影响人物”奖；8月，《鼎盛王朝·康熙大典》荣获“国家文化产业示范基地”荣誉称号；9月，大型佛文化主题演出《菩提东行》在山东省兖州市兴隆文化园首次公演；10月，大型史诗音乐剧《文成公主》剧场版在北京国家大剧院首演；12月，中国首届旅游演艺行业联谊会在北京召开，并成立中国旅游演艺联盟，梅帅元当选中国旅游演艺联盟首任轮值主席。

2013年1月，梅帅元荣获2012年“中国文化产业年度人物”，山水盛典荣获文化产业最佳商业模式与高成长企业评选成就奖；2月，《鼎盛王朝·康熙大典》获得2012年“第二届京华旅游新榜样评选”最佳实景演出奖；3月，经亚洲艺术家联盟、中国与世界文化财富中心旅游演艺评价机构评选，梅帅元入选中国十大旅游演艺总制作人；6月，山水实景演出的经轮在纽约时代广场旋转，山水盛典的一系列作品在美国纽约核心绽放；7月，山水盛典的商务演出新产品——多媒体歌舞秀《锦宴》在广西南宁会展中心首演；8月，大型史诗音乐剧《文成公主》实景版在西藏拉萨首次公演；9月，全国第一台实景影像话剧《草庐诸葛》在湖北隆中首次公演。

四、商业模式

（一）核心竞争力

1. 专业化的高素质团队

梅帅元的核心团队有深厚的文学功底，对于中国文化的理解和提炼更有优势。梅帅元有100多万字的小说、诗歌作品。20世纪80年代，他是广西最活跃的作家之一。1985年，他与诗人杨克共同提出了“百越境界”的理念，成为广西文坛第一个被外界关注的声音。作家、剧作家张仁胜是梅帅元团队的核心人员，从20世纪80年代起，他和梅帅元、女作家林白、人民文学出版社前社长聂震宁、作家东西等都是相熟的朋友。山水盛典制作团队主要成员涵括中国当代文艺行业各个领域最为顶尖的艺术家和创作人员，包括谭盾、易中天、严文龙、张仁胜、李六乙、伊天夫、郭文景、张骁等。

“做每一个项目的时候，我们会用一年到一年半的时间，把这个地方的文化研究透了，找到它最具代表性的东西，挖掘它、整理它，最后把它完成。”因为这样的班底，大多数表现中国文化源头的演出项目，最终被梅帅元团队获得。❶

2. “轻资产”的发展道路

印象系列的作品，从策划、创意到后期制作，全部是“铁三角”张艺谋、王潮歌、范越完成。而山水盛典走的是整合文化资源的模式，即“轻资产”道路。团队主要负责前期演出的策划和部分创意，然后根据不同的项目，选择和不同的导演、艺术家合作。《禅宗音乐大典》是和谭盾合作，黄豆豆担任舞美，易中天担任顾问；《泰山·封禅大典》《成吉思汗》是和北京人艺著名导演李六乙合作。这种开放体系和“轻资产”的发展模式，更利于规模扩张。从2003年至今，山水盛典团队已做了10台演出，其中8台已经上演，平均1年1台，实属高产。演出的资金投入也是巨大的，每台几乎都要上亿元。投入最少的《印象·刘三姐》和《道解都江堰》，也要7000万。尽管票房都没能重现《印象·刘三姐》的辉煌，但预计4年左右就能收回成本。山水盛典和大景区之间进行了票务捆绑，以传统有影响力的项目带动新项目的发展，利用新项目补充老景区的不足，2012年的《印象·刘三姐》项目收入超过3个多亿。❷

（二）主营业务

山水盛典提供文化和旅游演出行业的各项服务以及文化项目的运营管理、产品开发、衍生资源合作开发等服务，具体包括：①文化和旅游演出行业的各项服务：文化项目设计、制作；文化（旅游演艺）项目总体设计、策划、组织、开发音乐、舞蹈、灯光、舞美、造型、剧本、视频内容等艺术创作和承揽制作；②文化项目运营管理服务：依托山水盛典现有项目的成熟经营管理经

❶ 资料来源：黄秋丽，梅帅元：山水文化“造梦人”，载《中国企业家》，2011年5月12日。

❷ 资料来源：黄秋丽，梅帅元：山水文化“造梦人”，载《中国企业家》，2011年5月12日。

验，向客户提供旅游演出及其他类似文化项目管理服务；③文化项目衍生品开发：结合旅游演出项目特色进行旅游工艺品、影视、音像制品等设计开发及生产、销售、广告制作、发布依托实景演出的项目，承揽广告制作、发布、文化传媒策划等服务；④文化项目衍生资源合作开发：依托实景演出项目已有的合作关系，开发经营项目周边的衍生资源；演员培训及教育。

（三）盈利方式

在山水盛典，不仅有实景演出，也有室内演出，同时还为景区做整体开发方案和后期管理服务。在盈利模式上，也从单一的制作盈利向全产业链盈利模式转变。目前，山水盛典与景区的合作模式很多元化，有的是由山水盛典控股，有的是山水盛典参股，也有票房分成、知识产权授权、衍生品开发等模式。

山水盛典从开始单纯的演出项目策划制作，逐渐延伸到文化项目衍生资源的开发中，如与房地产商合作共同成立公司进行旅游地产开发，山水盛典占有一定比例的股份，在这一过程中，输出山水盛典的品牌。

目前，山水盛典正在组建自己的投资基金，未来将主要在文化旅游资源方面进行投资，并进一步开发山水盛典产业链中现有的衍生资源。不论是与山东兖州市政府合作开发兴隆文化产业园，还是自主投资打造室内演出《锦宴》，并依托于此直接投资建设文化园区“锦园”，都显示出山水盛典长远的考虑。显然它已不满足于配角的角色，开始在旅游景区的开发中扮演主角，直接介入旅游地产和文化综合体的建设中。

山水盛典借鉴华谊兄弟的工作室模式，一方面给予艺术家创作的空间，另一方面对艺术家也有产量的要求，公司搭建了人力资源、财务管理、法律服务、融资等服务平台，并对投资、财务控制、营销等其他方面拥有决策权，双方各有权利、义务，又各有空间，这样既保障了艺术家的创作水准，也解决了艺术家不擅长解决的问题，从而保证了市场的接受度，并获得盈利。

（四）市场定位

山水盛典最初从市场的角度，希望作品做完后所有的老百姓都喜欢看，但经过沟通研究发现，文化企业应该有一定的引领感，不能一味迎合观众，旅游演出一定要经得起历史的沉淀，随波逐流的作品很容易被淘汰。

演出市场的消费主体年龄在20～45岁，大多是70后、80后甚至90后，而目前旅游演出的创作主力大多年龄在50岁以上，那么艺术家必须要了解这些年轻观众在想什么，首先要让他们接受内容，不能老把自己当作“教科书”。

例如，山水盛典在湖南张家界的山水实景演出《天门狐仙·新刘海砍樵》

讲述的是人和狐狸的爱情故事，与美国魔术大师大卫·科波菲尔的魔幻团队合作，在高潮时增加了一段魔幻效果。喜欢这台演出并在微博上留言反馈的大多是年轻观众，他们的传播效力会对这一旅游产品产生更好的推广效果。

（五）其他情况

山水盛典成立于2011年，为民营私企，旗下有桂林广维文华旅游文华产业有限公司、广西中元山水旅游文化策划有限公司、郑州市天人文化旅游限有限责任公司、兖州帅元文化旅游有限责任公司、张家界天元山水旅游文化有限公司、泰安市泰山封禅大典文化发展有限公司、四川都江堰丰年旅游文化有限公司等成员企业。

五、面临的问题

（一）各类实景演出相继跟风，缺乏特色

国内掀起了各类实景演出相继跟风的现象，根据目前公布的情况，湖南有关部门准备在张家界一带，推出5~6台投资上千万元乃至上亿元的大型旅游演艺项目；山西将在太原、大同、五台山、平遥、晋南打造不同主题的演艺节目，构建山西旅游演艺市场的“五朵金花”；而宁波也在积极谋划旅游演艺项目的新思路。

虽然实景演出在中国大量兴起，但目前许多实景演出存在以下问题：一是并未把地域特色和文化特色体现出来；二是票价偏高；三是并未选择在热点旅游目的地上演，没能实现演艺与旅游的联姻。

（二）市场无序竞争

由于各地相继推出各种实景演出，甚至在一个地方出现多场类似的实景演出，如西安就有《仿唐乐舞》《长恨歌》《长安夜宴》《梦回唐朝》《长安乐舞》这五个实景演出。这些演出大多形式相近，内容相似，因此市场出现无序竞争，削价竞争严重、演出质量不高等问题相继出现。山水实景演出也是如此，不少演出逐渐出现演出质量下降的现象。

（三）破坏当地生态自然环境

山水实景演出要对自然景观进行改造，大规模地使用灯光、音效等将对当地的自然环境产生破坏，影响当地动植物的生长，从而破坏自然生态环境。

（四）山水实景演出无法发挥其艺术特性

由于山水实景演出通过收取门票来获得经济效益，可能在某种程度上被异化为经济附属品，在追求经济价值的过程中，丧失了其作为艺术品的本性和创造性。同时，经济效益的驱动可能会对当地的文化、历史等的保护产生一定的不良影响。

六、实景演出的下个十年

记者两年前采访梅帅元时，曾问到实景演出行业正处于什么样的发展阶段，他的回答是初级阶段，尚未真正产业化。这次采访，记者再次提问，他的判断仍然如初，但他同时指出，以演出作为核心吸引力的文化复合体已经出现，并会成为未来10年实景演出的重要发展方向。事实上，从涉足实景演出开始，梅帅元的角色就是复合型的。他参与创作，既是制作人，也是投资人。参与投资是他和大多数艺术家最大的不同之处。如果有人找他谈合作，除了当地文化，他最在意的是当地的游客数量。因为游客的数量，基本决定了演出前景。

梅帅元对《印象·刘三姐》的投资，有破釜沉舟的意味。而其后他参与的泰山、嵩山、张家界等项目的投资，则是对项目前景评估之后的主动选择。有些项目，山水盛典只负责策划、制作节目，还有些项目，则要受托负责演出后的运营管理，并收取管理费。

但这只是梅帅元口中的“模式”之一，事实上，他越来越重视实景演出的产业链延伸。“就像一条链子，最漂亮的珠子是实景演出，是用来吸引人的，同时我们还要做很多其他珠子，把它们串起来。”梅帅元说，这就是他想做的文化复合体，以演出作为核心吸引力吸引人气，同时将演出与旅游、地产、广告等多种业态进行复合。

“单纯的演出所承载的任务过重，需要复合体来分摊投资成本，而且复合体带来的综合收益也远比单纯的演出收益高，只靠卖门票过日子的时代已经过去。我们希望多一些文化复合体，并能够快速成长起来，互相之间能很好地联动，这样行业才能更快地发展。”梅帅元说。他认为，目前来看，收益比较快的是将演出与地产作为一个复合体，以演出带动人气，聚集商机，从而拉动土地升值。这种复合体在国内已经很多，并且形成了多种模式，如“演出＋旅游景区”模式、“演出＋影院＋商业地产”模式、“演出＋博物馆＋商业地产”模式等。“比如，我们为河南嵩山做《禅宗少林·音乐大典》时的设计，就是在演出成熟后，围绕演出进行复合体开发，包括禅院、素斋馆、禅修体验基地等多种业态，现在已基本形成了一个新景区。”

梅帅元把自己的团队定位为内容提供商，但同时也是一个载体和平台，可以进行多种资源整合。梅帅元非常喜欢的《天门狐仙·新刘海砍樵》准备在室内剧场做成舞台版本，进行世界巡回演出。“同时，它还可以开发成动漫产品，因为剧中有一群很漂亮的狐狸。所以，实景演出还可以这样延伸，不做地产、不做酒店，就做演出产品的横向开发，一样可以形成很好的产业链条。”

2014 年，梅帅元还有一项重要任务，就是带领实景演出走出国门，在越南打造一台充满越南文化风情的实景演出，为此，他考察了 4 年。“东南亚地区很有市场。首先，他们在文化上与中国文化有血缘关系，而且东南亚的游客市场也比较成熟，国际游客非常多，消费能力比较高。但后来由于东南亚地区局势一直不稳，我们认为风险比较大，就暂时搁浅了。”梅帅元说。

现在，他认为时机已经成熟了，经过 10 年的发展，国际游客对实景演出的接受程度已经很高，以《印象·刘三姐》为例，几乎一半的观众来自欧洲，而《天门狐仙·新刘海砍樵》每年60 多万名观众中，有25 万人是韩国人，该演出已经成为韩国游客团到张家界必看的演出。“中国人创造的实景演出已经赢得了国际游客的喜欢，给国际旅游演出市场增加了一个新的品类，完全有实力在国际市场上分一块蛋糕。”梅帅元说，“这在某种意义上来说，我们在国际旅游演出市场上已经赢了。”❶

七、创业者启示摘录

（一）人物简介

梅帅元，中国山水实景演出创始人，著名旅游演出总导演、总策划，国家一级编剧。历任广西壮剧团团长、广西杂技团团长、广西政协常委，现任广西戏剧家协会副主席，系享受国务院政府特殊津贴的广西优秀专家。现主持山水盛典下全部文化项目的设计、策划、制作和运营。

主要获奖情况：全国少数民族戏剧创作金奖、广西文艺创作铜鼓奖、文化部文华奖、文华剧作奖、中国曹禺戏剧文学奖、中宣部精神文明建设“五个一工程”奖等。

主要常规戏剧及音乐作品：大型壮剧《羽人梦》、大型民族歌剧《歌王》（合著）、舞剧《妈勒访天边》（合著）、儿童音乐剧《太阳童谣》、歌曲

---

❶ 资料来源：李婧，梅帅元：实景演出下一个十年向何方，载《中国文化报》，2014 年3 月22 日。

《乡村社戏》等。

主要文学作品：小说《红水河》及其他上百万字的小说、散文、诗歌。

主要常规策划、导演作品：南宁国际民歌艺术节《大地飞歌》（1999年）、第七届中国戏剧节闭幕式晚会《国色天姿》（2001年）、亚洲博鳌旅游论坛闭幕式晚会《欢乐漓江》（2002年，中国桂林）等。

黄兴，女，山水庆典文化产业有限公司CEO，曾在北京多家著名律师事务所担任创始人及高级合伙人近20年。多年来一直对外商投资、文化传媒、公司证券、并购重组等方面的资本及法律业务有较为深厚的理论研究和丰富的实践经验。曾先后为中国神华集团有限公司、EXXON石油、通用电气公司、山东鲁能集团、大唐发电集团、中金海石油投资有限公司、中国国际金融公司、国航集团财务有限公司、凤凰卫视等多家金融机构的基金设立和公司的产权并购重组、融资、上市发行及不良资产处置提供服务，并曾先后参与数十家公司A股首次公开发行、增发、配股、资产置换及在香港创业板发行上市的证券法律服务。对文化创意产业的发展、与资本的结合及商业模式的创新有自己独到的思考和理解。

（二）创业者语录

梅帅元：实景演出最重要的一点，是要在瞬间聚合起巨大的资源。

梅帅元：文化旅游除了山水观光之外，最核心的还是到晚上的时候游客们能找个地方娱乐，找个地方欣赏一下本地的城市记忆、地方记忆、民族记忆，或者是国家记忆。

梅帅元：旅游就是玩儿，什么东西好玩儿很重要，我们怎么创意，怎么吸引游客到这儿来，有很多办法，我做的只是演出这部分，我希望有一些更好的方式。

黄兴：创意驱动、产业联动、地区带动。文化是一种驱动力，有时候文化项目带来的收益中得利最大的不是文化企业，而是资源如土地的持有人，文化产业只有与其他产业联动，才能产生规模效应。

黄兴：文化公司首先要尊重艺术家，更多地考虑如何为他们服务好，同时，也要考虑艺术家如何与市场对接。如果艺术家太过天马行空，完全按照个人喜好，肯定不会被大众消费市场接受；但如果太迎合市场，又失去了文化的引领作用，如何在两者之间找到一个平衡点，这就需要建立起有效的机制。

黄兴：资本是有形的，文化是无形的，在文化和资本融合的过程当中，一定是文化来引领资本，资本来推动文化、推动企业的发展，但是不能一味地只求资本，忘记了文化。

案例 9　TouchChina

——让旅行不再复杂

一、企业简介

（一）公司现状

TouchChina 于 2008 年由沈卓立、张碧仿以及薛文丞创立，三位创始人因为对旅游的热爱才创建了该公司。TouchChina 是一个包罗万象的旅游地陪游系列应用，它会告诉你在旅游目的地有什么好玩好吃好看的，为热爱旅行的人提供可信赖的随身攻略和私人导游。由于 TouchChina 提供的城市导游、景点导游和旅行工具的手机软件设计精美、功能实用、内容贴心，屡获殊荣。TouchChina 已成为国家博物馆、恭王府、周庄等知名景区的官方合作伙伴，更被苹果公司评选为 2011 年度最佳旅游软件。目前，TouchChina 以一个目的地一款应用的方式仅在苹果 App Store 上就已经推出了 60 多款相关应用，其中 40 多款是城市导游应用，其他则是景点类导游应用和城市地铁导航应用。[1] 另外，TouchChina 的香港导览已经在大陆访港游客中获得了相当高的美誉度。截至 2014 年 9 月，TouchChina 的日活跃用户数量达 50 万，总激活用户达1500 万。[2]

（二）组织架构及愿景

公司的架构与一般的商业公司类似，以扁平型组织结构为主，主要包括产品部、技术部、市场部以及业务部，目前公司拥有员工 20 多人，虽然人数不多，但是精英荟萃。TouchChina 以“让旅行不再复杂”为口号，以“每到一个景点都会用景点通做导游”为理念，旨在为游客提供一种贴身式的服务，以便游客更好地了解当地历史、文化和周边环境。

---

[1] 资料来源：http：//it. sohu. com/20120512/n342995015. shtml。

[2] 资料来源：TouchChina 官方统计数据。

二、创立源起

TouchChina 的创立源于对创业梦想的坚持。从开始的构想，到后来的实施，再到接下来的调整与适应，每一点改变都代表着 TouchChina 的成长与进步。

（一）创业设想

TouchChina 的最初创立源于 CEO 沈卓立自身的一个需求，当时沈卓立正在 Sun Microsystems 担任技术传教士一职，由于每天都能接触到新的技术，周游列国为不同的客户讲解，也有机会对专业人员演示技术。在游历各国的过程中，沈卓立发觉旅游领域存在太多的信息不对称，游客无法事前对旅游景点周边进行详细调查，“如果每到一个景点都要收集全面的资料，恐怕旅行的乐趣就没有了。”于是，他便萌生了将移动互联网技术与旅游相结合的想法，希望游客每到一个景点都会有“导游通”做导游。

（二）开端经历

沈卓立将旅游和移动互联网结合的想法最初并没有合适的施展平台，直到 2008 年 iPhone 的横空出世，这让沈卓立看到了机会。他迅速学习了 iOS 的编程语言，并找到在雅虎做地图设计的合作伙伴薛文丞，一个写代码，一个做地图，在 2009 年 10 月份推出了 App“故宫”。“故宫”App 中有详细的地图、文字及语音介绍，给用户提供全面的故宫游览线路图和景点讲解，内容比故宫里面的文字展示板丰富得多，而且省去了游客租用语音讲解器的麻烦。这款售价 2.99 美元的 App 很快赢得了几千份的下载量，沈卓立发了一笔小财，但更重要的是，他看到了做导游 App 的市场潜力。恰巧在 2010 年年初，iPhone 计划在中国做广告宣传，“故宫”作为代表性应用入选广告拍摄，随后出现在 iPhone 的电视广告中，这再次刺激了沈卓立的创业神经。契机在 2010 年 3 月来临，Sun Microsystems 被甲骨文收购，沈卓立当时所在的技术传教士的职位可能就没有了，恰巧当时“故宫”App 的反响比较好，当这个商机摆在沈卓立面前的时候，他开始真正走上了全职创业的道路，创办了 TouchChina。

（三）开始切入市场的形势

2010 年春节过后，沈卓立开始全职运营 TouchChina，最开始公司只有 50 万元启动资金。大概有半年到一年的时间，沈卓立和他的团队通过做外包来支持团队运营，当积攒了6个月的资金后，他毅然决然地放弃外包，全力投入到自己的产品上来。因为“故宫”的成功，TouchChina首先延续从景点切入的操作方式，陆续推出了“九寨沟”“西湖”及上海世博会导览、清华导览、北上广地铁路线等30多款App，下载成绩都很不错。另外，TouchChina对自身产品做了进一步的细分。例如，在“故宫”中，用户可以选择2小时、4小时、6小时3种游览路线，并可以随时查找到周边的厕所、小卖部等信息；“北上广地铁路线”可以向用户精确说明行程耗费的时间是多少，对赶时间的人来说非常实用。就是因为这些细致的心思，TouchChina形成了良好的用户体验，在没有什么宣传动作的情况下，仅靠口碑推广，TouchChina就可以稳步向前发展。

在做完单个景点导览之后，TouchChina开始尝试城市导览，城市导览最突出的特点是集成了很多景点的详细导游，有精美的景点地图，也有生动的语音故事，同时还集成了游客在旅游过程中所需的各种信息。现在上线的城市共有9个，有北京、上海、香港、澳门、天津、苏州等[1]。其中，香港导览是第一个也是所有城市导览中最好的，这个导览集合了在香港吃喝玩乐的应用。例如，从香港城市导览可以进入海洋公园，后者的文字介绍、开闭馆时间、趣谈时间等各种细节，都无缝地集成在导览里边。针对香港购物游客多的特点，嵌入了诸如海港城这样的购物热点地区。另外，还内嵌了汇率换算的模块，相当实用。

三、重要转型及其原因

随着现代科技的发展，手机的功能也越来越多、越来越强大。由过去简单呆板的手机软件升级到灵活多变、种类丰富的软件系统，目前已发展到了可以和掌上电脑相媲美的程度。移动网络用户的急剧增加，使得App市场不断扩大，各种App研发企业如雨后春笋般涌现出来，同时行业间的竞争也是不断加剧。作为旅游类应用的新起公司，TouchChina创立之初的想法是做文化咨询，更多的是体现在文化方面，如怎样丰满游客的行程，如何与游客分享和景点相关的有趣故事等。当公司通过文化咨询得到足够多用户的信任时，就开始考虑游客实际存在的需求了，如帮助游客买到更便宜的门票、让游客吃到当地最有特色的小吃、体验到最有特色的酒店等，根据用户的这些商业需求，加入电商、广告等商业化的元素，自然而然地将文化咨询转型为一个商业服务的项目。

---

[1] 资料来源：http：//finance. sina. com. cn/chanjing/b/20120413/225311822738. shtml。

TouchChina 在创立早期长时间地偏重解决用户“行中”的游览需求，忽视了用户“行前”的需求和“行后”的反馈。这样的服务与携程旅行网等 OTA 巨头存在很大的差距，尤其是往移动端延伸时这种差异更为明显，这也是公司在成立初期一直想要突破的方面。经过不断的探索和发展，TouchChina 目前已经能兼顾用户在“行前”“行中”和“行后”的各种需求。整个市场的定位有了新的延伸。

另外，TouchChina 在给用户提供大量旅游信息资源的同时，也存在着隐形的弊端，即用户在进入网站进行信息搜索时，无法快速地提取有效的信息，这是提高用户回头率以及增加新用户的一大障碍。因为 TouchChina 主要做一些比较分散的景点导游、分散的地铁城市、分散城市的导游。这样点状的分散信息，不能让一些进行线性旅游的用户享受到完整和连贯的旅游信息，这必然会影响用户使用这个网站的频率。为了克服这一困难，TouchChina 组织了专业的团队，请他们用专业的知识为用户在众多信息中筛选出有用的信息，为用户提供结构化的、更加权威的资讯数据，即把之前分散的东西做一个整合。

对于 TouchChina 来说，比较大的转型是从收费到免费的转变。创业初期，为了维持公司的运行，TouchChina 的应用都是收费的，0.99 美元到 2.99 美元不等，但是当时的收入并不足以支撑公司的运营和发展，所以公司选择做外包和做 TouchChina 系列产品同时进行。2011 年以后，公司决定专注于产品开发，团队经过 6 个月的努力研发出数个旅游类产品，并得到了足够的投资来支撑公司的运行，于是开始了用户免费使用 TouchChina 产品的历程。

四、商业模式

沈卓立强调，TouchChina 的产品绝非简单的信息展示，而是可以智能化、个性化地进行导游服务。“做这个产品的宗旨是从用户需求出发，我们提供的是管家、保姆式的服务。”沈卓立说，他们刚刚推出了可以帮助游客做旅游计划的新功能，由此看来，TouchChina 俨然像一个旅行社，但不同的是，它的“导游”是隐形的，而用户是自主的。

（一）核心竞争力

首先，虽然语音导游设备很早就出现了，甚至是很多博物馆的标准配置，但是在新的移动互联网环境下，TouchChina 的产品赋予了语音导游产品新的生命力。

第一，服务更加方便快捷。过去游客要想了解景点内容，往往需要租用景区的语音导游设备，但在租用过程中会面临很多问题，如需要向景区交付一定的押金，但是设备质量也不能得到保证，还有一些人是有洁癖的，基于卫生方面的考虑会不太乐意租用设备。如今TouchChina所提供的导游软件使用户拥有了属于自己的导游设备，只要打开手机就能使用，更加方便快捷，同时也打消了游客在卫生方面的顾虑。另外，TouchChina以智能手机为平台，基于GPS定位和多媒体播放功能，能随时随地为游客提供所需要的服务。

第二，更加追求个性化服务。与传统的较为单一的语音导游讲解服务相比，TouchChina所提供的导游讲解更能满足游客的个性化需求。公司提供的导游内容是由景点专家和旅游达人精心准备的。目前，TouchChina的导游语音服务已经涵盖了杭州西湖在内的国内40多个景点，累计下载量超过了100万次。

其次，虽然公司产品能够为游客提供食住行游购娱各个方面的信息，但它又跟其他提供生活服务的产品不一样，如在餐厅选择方面，大众点评可能提供一万家餐厅，而TouchChina产品所推荐的都是比较有特色的餐厅，像麦当劳、必胜客肯定不会放进去的，所以在内容的选择上，TouchChina更多的是针对细分市场，从细分人群的需求出发，满足其个性化需求。

最后，现在大多数移动端的旅游类产品还只是网站的延伸，而不是从移动这个角度来设计。TouchChina整个团队的精英都是移动互联网行业出身。因此，不论是产品设计还是开发，都会更加符合手机用户的使用习惯，而不是仅仅将原来网站上有的内容在手机上显示出来。例如，TouchChina在设计产品时，会留有很多扩展余地，可以从某一个景点介绍处增加用户评论，还可以让所有用户通过评论该景点进行互动，也可以在此处添加景点攻略，将攻略和路线很好地结合起来，这种设计理念会令产品更加符合移动端用户的使用习惯。

（二）主营业务

目前公司的产品布局已经比较清晰：一个是城市和景点的合集，另一个是地铁和工具的集合，通过地理位置、城市、用户喜好定位，所有的产品都是为解决用户信息不对称的问题。其实，团队在一开始用了大量时间做景区的导游，包括故宫、迪士尼乐园等著名景区，在覆盖了100多个景点以后，又开始做以城市为平台的信息服务，将城市中吃喝玩乐的信息都包括在里面。沈卓立发现市面上类似的综合信息产品的时效性很差，基于此，他希望TouchChina能够挖掘出不同的东西来，一开始是以景点、城市为基础慢慢积累，把所有的景点做成合集也就是景点通，然后再把城市的框架收拢在一起。例如，产品线里的《冬日暖游》就是这样生成的一个产品。《冬日暖游》采取了全新的设计和内容展现形式，TouchChina的编辑团队将目的地城市的必玩景点、特色美食、实惠购物街区以城市主题旅游攻略的方式进行重点展示，为旅游者的出行提供参考。沈卓立介绍，相比之前 TouchChina 的城市导游系列，这款软件将东南亚旅游的各类攻略和兴趣点信息，以城市主题旅游攻略的新颖形式，通过精心编排汇聚成了一本掌上旅游指南。血拼必读的购物清单、背包客的床、最佳摄影地指南、悠享曼谷夜生活等都是一些具备特色的旅游攻略，从游客的不同身份、切身需求、独特体验以及消费心理出发，为其量身定制旅游线路。后来 TouchChina 不断扩展其业务，增加了地铁通，为游客提供国内 21 个城市的地铁信息，包括出口位置、换乘、首末班时间、厕所位置，并实时推送地铁故障信息，还可为游客提供到站提醒服务、地铁通、实现站点定位及到站提醒功能。

（三）盈利点

TouchChina 主要是在景点通、城市通、地铁通中接入一些商业化的产品，通过提供目的地的一些产品来扩展业务。但 TouchChina 目前尚未在产品中加入货币化元素，不过对于今后的盈利模式，沈卓立并非没有思考，他坦言更看重本地 O2O 模式。“目的地的吃喝玩乐、纪念品的购买等消费是比较多的。在这个领域还是会有比较多的模式能够走到盈利这一步。”他此前曾透露，目前公司利润主要是帮助一些知名景点开发相应的旅游应用而收取的外包服务费[1]。

（四）市场定位

1. 细分市场

TouchChina 主要针对的是对互联网比较熟悉的自由行用户。为此在做产品时是利用场景来设置的，也就是说，对于同一景区，产品在不同时间段呈现出的内容可能是不一样的，这很容易获得自由行用户的青睐。

2. 区域选择

第一，它必须是一个受欢迎的目的地。第二，它要有可被挖掘的自身特色，不只是纯商业化的。例如，去香港旅游的人，不如去购物的人多，所以就要针对购物做些定制化的东西。再如苏杭，文化底蕴很足，可以围绕文化来做 App。当然，也有个人的喜好因素在内，由于沈卓立是在江南长大的，所以创立初期 TouchChina 在华东地区做得比较多一些。

---

[1] 资料来源：http：//it. sohu. com/20120512/n342995015. shtml。

（五）营销方式

口碑营销：有发展就会有激烈的竞争。TouchChina 自己的行事作风是不做自己都不用的产品。当提到自家产品时，沈卓立底气十足，“我们的一贯风格是不会让大家失望的”，正是基于此，TouchChina 通过良好的口碑营销获得了不错的成绩。另外，TouchChina 也会通过户外广告进行宣传，如在一些著名景区门口或者售票处放置易拉宝等平面广告图来扩大宣传。

网络营销：TouchChina 主要与百度进行合作，当游客到达景区或者目的地后，对导游软件产生需求时，就可以在网上搜索到 TouchChina 非常全面的服务。

（六）其他情况

1. 公司规模

目前，TouchChina 的员工数目不超过 30 人。公司对员工不仅提供不错的薪资待遇，而且能给予极具创造性和主动性的员工足够大的上升空间，这样一来，公司能快速成长起来。

2. 财务现状

TouchChina 主要靠风险投资的支持维持运营，目前的资金是十分充足的。TouchChina 公司的产品目前是免费的，其重心放在了产品和内容的升华上。

3. 人员管理

“我觉得人真的很重要，人对了，事对了，钱就不是问题”，沈卓立说道。“在创业公司，每个人心中都有一杆秤”，沈卓立坦言：“我是比较幸运的，我的合伙人配合得比较好。”因为兴趣，团队走到了一起。

TouchChina 的队伍结构是以老带新，在这个地方不大却整洁温馨的家里，每个队员都有着共同的期冀。对于沈卓立本人来说，从一个资深的技术人员到一个公司的创始人、管理者，这是一个很大的角色转变，“我觉得一开始很难，很多人多少都有理想主义思想，但是大多数人都在犹豫是否来挑这个头，如果你把这个大旗扛起来，义无反顾地往前走，很多与你理念相同的人就被聚集起来了，一个比较有战斗力的团队也就形成了”。正是因为这样，TouchChina 团队才会极具生命力，并且员工流失率非常低，这是非常值得骄傲的。

五、面临的问题

目前，TouchChina 所面临的问题主要有两个方面。未来能不能将产品更多地推广到一些小的店铺、景区，或者为更多的目的地旅游者所认可，这对于公司来说是一大挑战。目前，TouchChina 主要是通过加强与上下游之间的合作来克服这一困难。例如，TouchChina 选择与百度直达号进行合作，当游客去往故宫门口时，看到精美宣传，就会刺激游客对于产品的需求，通过百度搜索“故宫导游”就会出现景点通所有的相关服务，这样一来，就可能会有更多的游客使用产品。

还有就是人才的缺失，一是缺乏产品方面的人才，尤其是那些能根据所需要的场景做出分析，能够提炼出用户的痛点并且将其转化为产品和服务的人才，对于公司来说是非常重要的。二是缺乏懂景区和目的地需求的人才，他们能够很好地与景区或者是目的地进行沟通，将公司的方案传递给景区并且能够与景区或者目的地产生共鸣并进行合作或商业拓展。三是缺乏了解细分市场旅游需求的人才，对于 TouchChina 来说，就是将一些旅游元素组合起来为自由行用户提供喜闻乐见的产品，但现在公司并没有足够的产品来满足游客越来越个性化的需求。

六、未来规划

（一）发展目标

沈卓立认为，同质化是竞争内在的原因，“如果仔细去做，一定能找到不同点，如果找不到说明对行业的理解不够深。面包旅行、在路上都做得很好，但他们的切入点是拍照分享，TouchChina 只做信息提供商，所以公司目前并没有意向把这个产品做成社区。旅游是一个有社交需求的产品，但由于周期有间断性，无法形成长时间的关系社交，做好工具性的产品、完善用户体验是 TouchChina 目前最大的方向。”同时，公司还会不断充实各个部门，更加注重与供应商之间的商务合作，公司会派驻一些人到主要的旅游目的地，与当地进行长期合作。

对于未来的发展前景，沈卓立表示自己很看好旅游市场与移动互联网的结合，这一块正好填补了之前的空白。但他同时表示移动互联网领域相比传统行业缺乏合作精神，基本处于赢家通吃的状态，移动互联网是很有可能改变旅游生态的，如果不利用好资源，太可惜了。传统行业如旅行社之间经常会有很好的客户共享分流合作，可以做很好的产业链整合，所以他也希望大家的心态能更开放，以打开更大的市场。

（二）实现路径

由于整个旅游行业正在飞速发展，整个行业领域也越来越开放，TouchChina希望未来能和产业链比较完整、发展平台非常大的企业进行合作。这些企业通常已经和商家建立了渠道，如艺龙旅行网已经开放了GDS，现在很多酒店预订平台都是通过接入艺龙旅行网的平台实现。

（三）可能存在的问题

整个目标的实现过程必然会遇到种种问题，其中最大的问题就是获得用户的问题。这主要表现在以下几点。

首先，要实现景点信息的整合，就必须积累足够数量的用户，而作为刚刚起步的新公司必然要面临推销渠道的问题，产品的质量最终是以用户使用率和用户增长率来衡量的，这就需要有多种销售和推广渠道。这也是所有做移动互联网创业的公司都会遇到的挑战。

其次，旅游本身就是一项季节性较为明显的活动，导游软件的用户数量也同样会随着季节的变化而变化，那么怎样让用户在长时间的间歇后还能想到你的产品，在自己的朋友旅游时推荐你的产品，或者怎样让旅游者知道你的产品并钟情于这个产品，是TouchChina在实现商业化过程中要深度思考的问题。

最后，在这个市场竞争更多的是靠用户使用率，即通过用户的亲身体验判断服务的质量，并最终做出选择。这种极其主观的衡量方式，使得公司在设计产品时很难搜集到全面的信息，也很难生产出能够满足所有用户需求的产品。这是导游软件市场发展不成熟的一个表现，也是Touch China目前努力发展的方向。

（四）规避方法

首先，要找到适宜推广的公司合作，通过双赢的合作方式要求合作伙伴帮助宣传，以增加产品的知名度，这是解决问题的第一步。其次，要实现产品智能化，要求旅游应用类公司充分研究用户的喜好，设计适销对路的产品，提供更加全面的服务。同时积极搜集用户使用产品后的各种真实反馈，以便及时认清产品的缺陷，然后不断改造升级，这是提高用户回头率的重要手段。最后，果断地进行创新，创新是一个企业在激烈的竞争环境中生存下去的唯一途径。例如，TouchChina有一个独创点，就是把景点所有的详细信息集成到城市里面，这在目前来说是独一无二的。如果还能多一些更加实用的创新产品，必然会得到广大用户的青睐，这样企业目标的实现也就水到渠成了。

七、创业者启示摘录

（一）公司创始团队简介

沈卓立——TouchChina 的 CEO，1977 年出生于浙江省湖州市，1995 年进入清华大学自动化系学习，2002 年获得嵌入式系统领域工学硕士学位。毕业后加入 Sun Microsystem 中国工程研究院，历任 Java 工程师、项目经理。2005 年开始担任 Java 技术传教士（Technology Evangelist），负责客户端领域的 Java 技术推广，所谓技术传教士就是全球跑，跟全球的技术人员交流 Sun Microsystem 的最新技术。在这段时间里，沈卓立产生了在智能手机平台提供旅游资讯服务的想法，2009 年在 iPhone 上推出了移动导游“故宫”，获得广泛好评。2010 年创建 TouchChina，开始自主创业。

张碧仿——TouchChina 的联合创始人之一，是沈卓立的大学同学，他原来是苹果亚洲市场的推广经理，现在负责 TouchChina 的对外推广。

薛文丞——TouchChina 的创始人之一，曾经是雅虎移动互联网产品的资深界面设计师。目前，TouchChina 产品所有的界面，包括精美的故宫地图都是在他的领导下完成的。薛文丞加入 TouchChina 团队正是源于沈卓立对他设计的赞赏。在一个风雨交加的日子，沈卓立与张碧仿直接找到他在温特莱的雅虎总部办公室，最终，这个在兼职创业期的伙伴毅然决然地加入了沈卓立的创业队伍，“在一个很特殊的时候找到了一个和你志趣很相同的人实属难得”，沈卓立说道。

鲜文敏——TouchChina 产品的内容主管，曾任搜狐旅游频道的主编，她和她的内容团队都是旅行达人，他们把自己的旅行经验全部融合到了公司的产品中。

（二）创业者启示摘录

沈卓立把旅游比作一棵大树，TouchChina 是从树叶开始做的，将来会过渡到树枝、树干，由分散到整合，其最终的目标是城市整体导览。在他眼中，创业是一件很神圣很严肃的事情，沈卓立强调：“我们只会推荐最好的东西，永远不会强迫销售给用户任何东西。”

“其实创业失败是一个常态，创业成功是一个非常态。”沈卓立正带领着这群有梦想的年轻人走向那个非常态，“要有担待，勇于面对困难，要主动，脸皮要厚”，这是沈卓立对创业者说的话，从喜怒形于色到保持最佳状态，他带领的团队势必在激情和信仰的刺激下越走越远。

案例 10　途牛旅游网

——要旅游，找途牛

一、企业简介

途牛旅游网（www. tuniu. com，品牌 LOGO 如图 10 – 1 所示）是由其创始人兼 CEO 于敦德和联合创始人兼 COO 严海锋在 2006 年 10 月创建的，是南京途牛科技有限公司旗下的网站，公司总部位于南京市徐庄软件园途牛大厦。途牛旅游网的产品丰富多样，是面向全国市场提供在线旅游预订服务的 B2C 电子商务网站。途牛旅游网利用互联网优势，整合旅游产业链，通过呼叫中心与业务运营系统服务客户，开辟了创新的在线旅游预订模式。公司现有的管理层有 CEO 于敦德、COO 严海锋、CFO 杨嘉宏、CTO 汤峥嵘等核心成员。途牛旅游网“让旅游更简单”为使命，为消费者提供由北京、上海、广州、深圳等 83 个城市出发的旅游产品预订服务，产品全面，价格透明。公司“三大阳光保证”口号为“阳光行程、阳光价格、阳光服务”。诚信是公司三大核心价值观之一，公司一直致力于建立合理的经营流程，视诚信为生命线，并且认为诚信是提升效率、降低协作成本的关键。几年来，公司每年聘请国际著名第三方审计机构进行审计，不断完善内控体系，内控水平持续提升。2010 年 1 月 4 日，途牛旅游网全面启动“7 × 24 小时全天候服务”，客户可以随时随地享受途牛无微不至的贴心服务和深切关怀。全年 365 天 24 小时 400 电话预订，并提供丰富的后续服务和保障。

图 10 – 1　途牛旅游网的品牌 LOGO

目前，途牛旅游网可提供 32 万余种旅游产品供消费者选择，涵盖跟团、自助、自驾、邮轮、酒店、签证、景区门票以及公司旅游等，已成功服务累计超过 660 万人次出游。同时基于途牛旅游网全球中文景点目录以及中文旅游社区，可以更好地帮助游客了解目的地信息，妥善制订好出游计划，并方便地预订旅程中的服务项目。

途牛旅游网自创立以来，连续多年保持 300% 的发展速度，2012 年的销售额达到 20 亿元左右，效率提升 1 倍，并已实现单月盈利。2014 年 5 月 9 日，途牛旅游网成功登陆纳斯达克，股票代码为 TOUR。途牛旅游网将继续秉承企业使命，以业界和消费者给予的荣誉作为前行的动力，进一步提升产品与服务品质，打造更优秀的旅游产品，为更多消费者提供出色的旅游体验。[1]

二、创立源起

“在线旅游市场里，相比酒店机票的预订服务，专做旅游线路预订的很少。”途牛旅游网 CEO 于敦德认为，做的人少就意味着有机会。尽管携程旅行网、艺龙旅行网等在渠道、产品资源等方面的优势为后来者树立了强大的竞争壁垒，但是途牛旅游网只做旅游路线，对这一细分市场进行深耕细作，仍然是“广阔天地，大有可为”。

2006 年 10 月，因为对旅游比较感兴趣，而且看中了当时国内旅游市场每年 1 万亿元以上的大蛋糕，刚走出大学校门没多久的于敦德选择了创业，并将目光瞄准了在线旅游预订市场。

今天的在线旅游业用 10 年时间走过了传统旅行社几十年的路。在线旅游预订行业的先驱是携程旅行网和艺龙旅行网，它们的成功源于对传统旅游分销模式的创新：“互联网 + 呼叫中心”的应用颠覆了传统的门店销售模式，无孔不入的“会员卡派送 + 互联网营销”打响了品牌的知名度，携程旅行网和艺龙旅行网迅速在散客旅游市场占据了绝对的优势。

在线旅游市场里，做旅游线路预订的很少，很多有实力做在线旅游的旅行社也没有成功做起来。途牛旅游网首先对其失败进行了分析，认为原因有两个：首先，旅行社不善于利用互联网做有效推广；其次，在线服务和已有门店产生了利益分割问题。

社区的本质是人聚集扎堆的地方，开始的时候是具有相同兴趣的人往一起凑，慢慢地人越来越多。等到人多到一定程度，就会发生兴趣分散，不同兴趣的人群是否能继续聚集起来呢？

---

[1] 资料来源：http：//baike. sogou. com/v7637944. htm。

于敦德认为应该更加注重细分市场。当时专注于旅游线路产品的预订网站还比较少，而且旅游线路产品和途牛旅游网的路线图产品非常吻合，旅游线路产品在这里可以得到最好的呈现。途牛旅游网只深入做旅游路线预订，一方面效率和服务水平可以得到保障，另一方面客户的体验比较好，回头客比较多。回头客多了，不仅人气不会散，利润也能聚集变多。只做旅游路线产品预订，虽然从某种程度上限制了企业在其他方面大展拳脚，但使企业能更专注于一个方面做透做深，这样可能会做得更好。目前，途牛旅游网的客户数量有 10 万人左右，已经具有一定的市场和规模。

三、发展大事记

2009 年 1 月，新版网站上线。

2009 年 3 月，旅游产品线上线；获 Gobi Partners（戈壁合伙人有限公司）数百万美元的 A 轮融资。

2009 年 4 月，与 DMG 战略合作，开始在北京、上海、南京的地铁投放视频广告。

2009 年 9 月，开始在公交车视频媒体投放广告，同时新版论坛成功上线。

2009 年 11 月，开始在楼宇视频媒体投放广告，并成功获选 2009 红鲱鱼（Red Herring）亚洲科技创新公司 100 强企业。

2009 年 12 月，开始在公交车车身媒体投放广告。[1]

2010 年 1 月，全面启动“7 ×24 小时全天候服务”。

2010 年 2 月，荣登 2009 电子商务风云榜，并获美国顶级风险投资机构 DCM 数千万的 B 轮投资。

2010 年 5 月，获“企业信用评价 AAA 级信用企业”称号；途牛天津分公司于 5 月 4 日隆重开业。

2010 年 6 月，全新旅游预订电话正式启用，途牛深圳旅游网正式上线。

2010 年 9 月，途牛成都旅游网正式上线。

2010 年 10 月，途牛武汉旅游网正式上线。

2010 年 12 月，荣登 APEC 峰会“2010 中国中小企业价值榜”，同时获首届中国休闲创新奖两项大奖：“2010 年度中国最佳旅游供应商”“最受欢迎自由行线路设计网站”；途牛重庆旅游网正式上线。

2011 年 1 月，途牛宁波旅游网和途牛西安旅游网正式上线。

---

[1] 资料来源：http：//team. tuniu. com/。

2011年3月，途牛无锡旅游网正式上线。

2011年4月，途牛完成C轮由红杉资本、乐天集团、DCM、高原资本等联合投资的约5000万美元融资。

2011年6月，途牛沈阳旅游网上线。

2011年9月，与建设银行联合推出首张纯旅游类银行联名卡。

2011年11月，创立5周年系列活动启动，并推出全新的iPhone、Android途牛手机客户端。

2011年12月，获“最佳在线旅游度假产品预订网站”称号。

2012年3月，获“英国旅游专家旅行社”称号。

2012年4月，入选2012“加拿大优先合作旅行社”。

2012年5月，乔迁“途牛大厦”。

2012年6月，入选“江苏互联网十年风云榜”，获“最具活力互联网企业”奖、“2012中国消费市场最具影响力品牌”成长潜力奖。

2012年8月，获“年度最受欢迎旅游类商城”称号。

2012年9月，通过美国质量认证（AQA）国际有限公司ISO9001：2008质量管理体系认证。

2012年11月，第二届供应商年度大会在南京召开。

2012年12月，获“2012年度第十一届中国企业成长百强”亚军、“第三届中国休闲创新奖－休闲创新卓越贡献奖”。

2013年1月，获“中国年度最佳雇主（2012）”殊荣。

2013年3月，获“南京市商务工作优秀企业”称号，并在“中国出境旅游风云榜”中获评“中国出境游最佳在线旅行社”。

2013年4月，获第八届中国出境游风云榜颁奖礼“中国出境游最佳在线旅行社”奖，并荣膺金远奖“最具品牌突破力企业”称号。

2013年5月，获2012年度在线跟团第一佳绩，同时途牛N－Booking升级V2.0上线推广使用。

2013年6月，“途牛”获评南京市著名商标。

2013年7月，首推境外WIFI“牛无线”产品。

2013年8月，获评互联网企业信用评级最高AAA级。

2013年9月，获“5A级旅行社”荣誉称号，完成D轮由Temasek、DCM等联合投资的约6000万美元融资。

2013年10月，获“金耳唛杯－中国最佳呼叫中心”荣誉。

2013年11月，获2013“网民最喜爱十一黄金周旅游线路”奖项。

2013年12月，获“美通社2013企业传播奖——最佳传播实效奖”、

2012 ~ 2013 年度“最佳诚信在线旅游服务商”。

2014 年 1 月，获“2013 年度最受欢迎旅游类网站”奖。

2014 年 2 月，获“2013 年度在线旅游行业——最具影响力品牌奖”、新浪“年度在线旅游预订创业公司”奖、人民网“最佳在线旅游服务商”等大奖。

2014 年 3 月，林志颖到访途牛总部进行参观交流，携手林志颖及壹基金召开“志爱途牛，壹路阳光”公益项目启动仪式；“途牛学院”正式挂牌成立，标志着途牛旅游网的人才培养体系进入了一个更具深度的领域。

2014 年 5 月，正式在纳斯达克挂牌上市，股票代码为 TOUR。成为继携程旅行网、艺龙旅行网、去哪儿网之后，美股市场上的第 4 家中国在线旅游类上市公司，也是美股市场上第一支专注于在线休闲旅游的中国公司。

2014 年 6 月，途牛哈尔滨、郑州、长沙、济南、青岛五地服务中心开启。

2014 年 7 月，途牛特卖频道正式上线。

四、商业模式

（一）核心竞争力

1. 渠道

渠道对于网站而言，就是产品的丰富程度，途牛旅游网除了跟团游、自助游等基本产品之外，还有特色产品、景点门票、海内外邮轮等业务。

2. 品牌

途牛旅游网从网站的竞价排名到公共交通传媒以及电视传媒的全面覆盖，在消费者心中树立了良好的品牌形象，提到途牛旅游网，顾客就能想到“要旅游，找途牛！”的广告语。同时，途牛旅游网也成为旅游预订行业中具有很强竞争力的一个品牌。

3. 用户

在旅游预订行业，途牛旅游网入行比较早，在消费者市场中拥有众多的客户，这已成为途牛旅游网一个巨大的竞争优势。

4. 产品

种类丰富：精选出性价比高的优质线路，组成丰富的产品线，满足潜在游客的国内外出游需求。

性价比高：同类产品选择途牛旅游网更实惠，数百位专业的旅游顾问帮您筛选出市场上高性价比的旅游产品。

量身定制：专业旅游顾问团，丰富的产品线，满足您量身定制的个性化需求。

双重保障：售中、售后跟踪服务以及质检，旅途中出现任何质量问题，我们帮您维权到底，使您的权益得到切实保障，选择我们，您的出游便有了双重保障。

（二）主营业务

途牛旅游网在市场较大的空间中找到切入口，利用互联网思维，实现了企业的快速发展，表现出其商业模式的巨大潜力，并且通过不断提升产品和服务，向更广阔的市场延伸发展。

目前，途牛旅游网提供了涵盖跟团、自助、自驾、邮轮、酒店、签证、景区门票以及公司旅游等旅游产品供消费者选择。途牛旅游网凭借一站式预订的模式、全面严谨的行业资源筛选整合，为消费者提供旅行社、酒店、门票、签证等全系列管家式服务。

除了以上主要产品，途牛旅游网还有两款产品，即“路线图”和“拼盘”。“路线图”是一个用来做游记的工具，网友可以按照天数把行程很直观地进行组织，途经的景点可以利用景点库的资源选择出来，每天包含几个景点，一个行程包含几天，这样一个完整的游记就出来了。

“拼盘”是根据一个主题，把一些景点组合起来，添加非常方便，只要把文章粘贴上去，然后利用景点选择器选择一下景点就可完成。

途牛旅游网官网上提供的特色服务包括“牛人专线”“牛无线”“牛到家”“牛人定制”“牛人顾问”“同聊团”6 项，如图 10－2 所示。其中，“牛人专线”是途牛旅游网倾心打造的独家品牌，由资深旅游团队从众多旅游产品中挑选出的性价比极高的精品线路。“牛无线”则是途牛旅游网推出的一款无线

图 10－2　途牛特色服务

上网设备，满足了游客全球旅游随时上网的需要。“牛到家”为出国游客提供上门服务，服务内容包括签约、收团款、收出入境材料。“牛人定制”是为满足游客个性化的需要推出的私人定制服务，专业化的服务保证行程安排的品质。“牛人顾问”可以提供快速便捷的咨询服务，及时为游客解决旅游过程中的各种突发问题。“同聊团”是途牛旅游网手机客户端中的一个聊天工具，在这个聊天工具中游客可以与同个团期或者有同样出游意向的旅友进行交流，以便解决出游前后遇到的各种问题，提高出游体验。同时，还有专业的管理员解答相关问题。

（三）市场定位

途牛旅游网面对的是大众消费群。途牛旅游网把更大心思花在产品和服务上，力求让客户最简单、最便利地找到适合的路线；增强网络数据的实时更新，确保客户可以清晰地看到所有旅游路线的订单数量、最新订单、热点订单、老客户评价等，以此作为出行参考。同时还制订了回访制度，对所有订单进行逐个回访，确保服务质量，所有的回访记载公开透明地显示在网站上，分 5 项内容依据客户的评价进行打分，并最终盘算出每个产品的满意度，以便于跟踪晋升质量以及便利后续客户选择。根据数据，客户的总体满意度达到了 97%。

（四）营销模式

途牛旅游网的主要客户群是白领阶层，他们有一定的消费能力，经常上网，对网络交易的信任感很高，其出行前通过网络搜索，比较不同的在线旅游网站，找到潜在兴趣网站进行咨询，而大多数主动咨询的客户都能顺利完成交易。于是，采用网络营销中的竞价排名成了途牛旅游网打开知名度、带来源源不断的销售线索和订单的重要营销手段。

据了解，目前途牛旅游网投入的网络竞价排名营销费用占了总预算过半的份额，而传统推广方式花费的营销费用仅占总投入的 30%。2007 年是途牛旅游网运营竞价排名营销的第一年，在没有积累、没有品牌的情况下，取得了超过百万元的盈利，客源中有 60% ~70% 是冲着竞价排名而来的；2008 年，竞价排名营销的效果更为明显，为途牛旅游网带来了近千万元的盈利。

途牛旅游网的新广告——途牛旅游网与林志颖父子合作拍摄的广告片也起到了一定的宣传效果。“爸爸去哪儿”节目，不仅是亲子活动，也加入了拍摄地点的风土人情，这也和旅游 OTA 相吻合。品牌推广是重点，消费者初次在众多在线旅游产品中做出消费决策时，通常会将自己对企业的形象作为重要参考标准。因此，借此广告来树立途牛旅游网的形象显得尤为有意义。

当然，只有营销是远远不够的，不断追求创新才能走得更远。途牛旅游网致力于精准传播，打造企业卓越品牌。

（五）其他情况

经过 8 年的发展，途牛旅游网目前已拥有员工 2000 余人。截至 2014 年 8 月，途牛旅游网提供北京、上海、深圳、南京等 20 家分公司出发地旅游产品的预订，包括周边自助旅游（如景点门票、住宿、温泉等），周边跟团旅游，国内长线跟团旅游，海南、云南、广西等自助旅游（如往返机票、酒店等），以及包括港澳、马尔代夫海岛在内的出境自助游。

途牛旅游网的大部分员工是 80 后，年轻人充满热情和活力，并且由于公司文化营造的是一种活力四射的氛围，因此更有利于员工创造力的发挥。

五、未来规划

随着途牛旅游网上市，中国的在线旅游市场在 2014 年受到了资本市场的热切关注。

2014 年 8 月 12 日，途牛旅游网发布了上市后的首个季度财报。上市 3 个多月来，企业受到了投资人的关注和认可，业务也在第 2 季度里突飞猛进，取得了不错的成绩。途牛旅游网会专注于在线度假，并且在在线度假的各个细分领域发挥途牛旅游网的规模、品牌、供应链优势，做市场的领先者。

（一）跟团收入同比增长 86%，居在线休闲旅游榜首

途牛旅游网第 2 季度总交易额为 9.8 亿元，同比增长 77%，跟团游、自助游业务的交易额分别为 7.0 亿元、2.8 亿元，同比分别增长 86%、59%。途牛旅游网跟团游业务始终位列行业之首，其中出境游、周边跟团游增速表现突出；自助游部分，国内自助、邮轮产品增速更为明显。

随着人均 GDP 的增长和国民消费的升级，途牛旅游网的旅游业务数据呈现出来自三方面的强劲增长：一是自费出行的出境长线游客增长迅速；二是来自二三线城市的旅游需求增速超过一线城市；三是一二线城市周边游增长迅猛。

2014 年第 2 季度，途牛旅游网上线了特卖平台，同时加强品牌投放，还新开了 5 家服务中心，扩大了市场领先地位，在移动端表现出色，无线流量占

比超过35%，订单数占比超过30%，并且还在不断增长。

产品丰富度提升、区域拓展和品牌投放，在途牛旅游网加速扩张市场份额的战略中起到了关键作用。数据显示，途牛旅游网在2014年第2季度跟团SKU数量从首次公开募股时候的10万扩展到20万，自助游SKU数量从10万扩展到12万种。在产品采购上，加强了出发地本地资源采购、部分线路目的地直采；2014年第2季度，途牛旅游网拓展了更多出发城市，从IPO时候的64个城市拓展到83个城市，从而覆盖了更多的客户；通过电视、户外广告等渠道的持续投放，途牛旅游网提升了品牌认知度，同时流量大幅提升，特别是来自移动端的流量的增长。

业务的快速发展得益于途牛旅游网在旅游细分领域的专注以及多年积累的客户服务经验和出色的执行能力，同时途牛旅游网也看到行业在快速的发展，扩大自身的市场份额，是目前首要的目标之一。

（二）移动流量和订单占比猛增，特卖贡献更多流量和新客户

2014年第2季度，途牛旅游网移动流量和订单占比增长迅猛，无线流量占比超过35%，订单数占比超过30%，特卖产品人气度的上升起到了推升移动流量的作用，原因是越来越多的用户倾向于在移动设备上查看特卖信息。

途牛旅游网是最早提出旅游特卖平台战略的企业。通过上线特卖平台，途牛旅游网提前抢占了整个中国旅游行业市场总额5%左右的爆款和尾货销售市场，特卖将继续吸引更多的新用户和流量。

在线旅游竞争日益激烈，途牛旅游网及早发现了不断增长的度假行业尾货市场空间以及线下传统模式销售尾货的低效率，通过上线特卖平台，借助途牛旅游网巨大的用户规模及在线流量，帮助供应商降低库存风险，同时满足了时间相对宽裕但对价格敏感的用户的度假需求。虽然特卖平台上线不久，但已经占领了行业中的领先位置，并且使途牛旅游网和供应商的关系更加紧密，带动了无线流量的增长。

（三）游轮预订同比增长86%，加大库存抢占市场份额

目前，中国乃至亚洲的邮轮旅游还处于初级阶段。2013年，亚洲仅有0.05%的人口会选择邮轮出游，该数据在北美和欧洲分别高达3.2%和1%。随着大众生活水平的提升与出游观念的成熟，普及度较低的邮轮游市场将是各大旅游机构抢占的另一新兴领域。

2014年，途牛旅游网的邮轮业务因其高速的发展而备受瞩目。从预订情况来看，2014年上半年从途牛旅游网预订邮轮产品出游的人数同比增长在

242.6%左右，其中以日本、韩国方向最热门，日韩邮轮在邮轮预订中占比高达 85%左右，欧美方向邮轮产品预订情况也持续走高。

（四）加快区域拓展、招募旅游顾问，服务更多客户

在客户服务持续提升方面，途牛旅游网也同样以拓展市场份额为首要考虑。加速扩展区域服务中心与出发城市，新建特卖平台、分销平台，培训和扩展旅游顾问团队，丰富产品库存，优化无线端页面操作及新增团友互动功能，以上的多维度举措为更多的途牛旅游网用户提供了升级体验，使途牛旅游网在扩张规模、抢占市场份额的过程中更显领先优势。

2014 年第 2 季度，途牛旅游网在 5 个出发城市新开了服务中心，全国的服务中心达到 20 个。以后还将新开更多的服务中心，以进一步改善用户体验和提高渗透率。此外，2014 年 6 月，途牛旅游网分销平台建立。通过扩张线下服务中心和推出最新在线经销平台的方式，途牛旅游网将继续向二三线城市拓展业务，加强区域中心的采购、营销功能，实现服务落地。

为支撑途牛旅游网在行业中高客单价产品的客户服务质量，途牛旅游网的旅游顾问团队再次“扩容”。和 IPO 招股书中提到的超过 400 名专业旅游顾问的数据相比，2014 年第 2 季度，途牛旅游网依然在加大培训、扩展专业旅游顾问团队，现有的旅游顾问已经超过 500 人，为之后的旅游旺季做好了客户服务的准备。

六、创业者启示摘录

于敦德是 80 后的杰出创业代表，现任途牛旅游网首席执行官。早在东南大学读数学系时，于敦德和低一届的金融系严海锋同在学校网站先声网工作，并成为很好的合作伙伴。2004 年，于敦德加入博客网，任技术总监，负责产品和技术管理工作；2005 年，任职于育儿网，担任首席技术官。2006 年 10 月，于敦德和严海锋共同创立途牛旅游网，途牛旅游网以“让旅游更简单”为使命，为游客提供优质、便捷的在线旅游预订服务。

“我们一直比较顺利，没有走什么弯路。一旦定下目标，所要做的就是坚持。”在回顾途牛旅游网的发展历程时，于敦德如此说道。

在创立途牛旅游网之前，于敦德的工作经历助力其成了一名资深的互联网产品经理。虽然当时在线旅游相对成熟的机票酒店等市场诱惑颇多，但于敦德坚持休闲旅游的方向。“我们没有分散精力，这件事挺难的，因为要舍弃很多诱惑。”

“我们希望通过我们的工作让大众旅游更加简单，游客不需要在线下冒着酷暑严寒东奔西走，去线下对比价格和性价比。”这是于敦德在途牛旅游网创业之初的设想。

2006年，市场上休闲旅游的概念尚未普及，携程旅行网等在线旅游巨头主要以机票和酒店的预订业务为主，休闲旅游仍是一片蓝海。当时在景点介绍和旅游攻略社区做出一番成绩的于敦德，在选择变现的方向上毅然决然地选择了休闲旅游。

最初，途牛旅游网为旅行社提供展示平台，消费者直接与旅行社签订合同，途牛旅游网赚取佣金，主要是旅行社代理商的角色。随着途牛旅游网的流量逐渐增加，在转型不足1年的时间，途牛旅游网已经为合作旅行社带来了1000万元左右的预订额。不过，新的问题也产生了。例如，旅行社的预订电话在晚上或者周末无法回复，旺季时旅行社无法为途牛旅游网带来的用户提供更优质的服务。

出现的这些问题无法让于敦德实现“让旅游变得更加简单”的目标，同时途牛旅游网遭遇了资金短缺的危机，于敦德和严海锋只能通过朋友筹集了几百万元救急。时值2008年金融危机，途牛旅游网却获得了戈壁合伙人有限公司数百万美元的A轮投资。❶

此时，于敦德决定不能完全靠旅行社提供服务，必须自己服务客户。途牛旅游网将原来的平台模式改为自营模式，尝试“互联网+呼叫中心+落地”的业务模式：通过采购旅行社产品，消费者与途牛旅游网签订合同，途牛旅游网提供上中下游服务。

这种线上线下的“一条龙”服务对一家互联网公司提出了更多要求和挑战。“客户在途牛（旅游网）购买了产品，碰到任何问题都可以直接联系我们。”于敦德称。这其中包括航班延误、钱包丢失、酒店问题、地震、海啸等种种突发状况。在于敦德看来，这不仅是建立了一个平台，而是建立了一整个服务体系。

此后，途牛旅游网的业务逐渐走上正轨。在2009年获得DCM近千万美元的年投资后，途牛旅游网当年销售实现3倍的增长。此时于敦德也逐渐意识到，在线旅游行业品牌和服务认知度对用户的影响之深，他开始重视广告投放效果，于是便有了“要旅游，找途牛”这一脍炙人口的广告语。

如今，途牛旅游网的线下服务中心已经遍布20个城市，未来1年还将继续在几十个城市新开服务中心。旅游出发地也将突破100个。现在，途牛旅游

---

❶ 资料来源：http：//www. fortunechina. com/business/c/2014 -09/02/content_ 218632. htm。

网更加注重用户的个性化需求，推出了无限流量境外上网的“牛无线”，一对一客户专属 VIP 旅游服务的“牛人顾问”，以及上门服务的“牛到家”等服务。

目前在线旅游市场发展火热，机票酒店行业的年化增速是20%左右，在线旅游已达到34% ~35%，但是在线旅游的渗透率与机票酒店相比，渗透率偏低，2013 年仅有7.7%。于敦德称：“休闲旅游行业总的来说是一个打包产品，相对不容易形成恶性价格战。我们已经占据了先发优势，希望接下来能专注于此并扩大我们的优势。”完成上市后，于敦德对途牛旅游网未来的规划是进一步提升服务品质，同时向二三线城市进一步扩充，增加移动互联网方面的投入。途牛旅游网团队的总体风格是低调、务实、开放。同时与其他的互联网公司相比，途牛旅游网更加注重员工的健康。于敦德本人坚持每天运动，同时在公司内发起健康运动文化，帮助员工减肥、戒烟、强壮体魄。在于敦德看来，“身体是创业的本钱”。

外界对途牛旅游网的 CEO 于敦德和 COO 严海锋这两位 80 后创始人的评价分别是：于敦德更加理性谨慎，逻辑性强；严海锋更富有冲劲和激情。这种互补型的创业搭配，在管理方面如虎添翼。于敦德认为，这一代 30 ~40 岁的创业者中，很难总结出共性。正是每个人不同的特色，才能产生更多可能的组合来创造奇迹。

案例11　唯恩私人度假

——发现新旅行，体验心灵之旅

一、企业简介

唯恩私人度假简称唯恩，是一家提供定制化私人旅行整体解决方案的专业服务商，为都市新锐精英阶层提供高品质旅行度假体验。其品牌宣传口号是“心旅行，新体验”，倡导个性化、深度体验的心灵之旅。唯恩以“颠覆—创生”的思维理念，致力于打造中国定制化旅游电商第一品牌（网址为 http：//www. vanevacations. com/和 www. vane. travel，品牌 LOGO 及宣传语如图 11－1 所示）。在这一平台上，消费者可根据个性化需求自主选择旅游目的地、旅游时间与期限、旅游景点等。通过简单易用的互联网交互系统，基于个性化需求为客户创建旅行基础方案。用户可以自主选择旅行线路、天数、个性化飞行方案、签证、酒店以及每一个目的地个性化服务。唯恩专属旅行策划师会为客户提供全程管家式顾问服务，从方案优化、行前准备到旅行过程中的生活管理，让客户彻底享受无忧的旅行服务。

图 11－1　唯恩的品牌 LOGO 及宣传语

唯恩认为旅行的意义并不在于“去过哪里”，而在于“和谁去”以及“如何度过”珍贵的假期时光。唯恩专注于让每一位顾客都能在度假过程中体验到非凡舒适的感受与心灵放松。唯恩的使命是“打造品质生活，储蓄生命资产（情感、回忆、梦想、幸福感），为旅游者设计人生回忆”。

唯恩专注于提供定制化服务，追求永恒。首先，唯恩充分利用定制理念来打造私人度假业务。在唯恩，定制的理念不仅仅是独立操作行程等简单的概念，而是将旅行的文化内涵融入客户生命价值的过程。客户作为最终的受益者，得到的是生命资产的积累和储备，在从容和磅礴中隐喻华美的人生质感。人生有两笔资产，一笔是财富资产，另一笔是生命资产，如果仅仅会管理财富资产，那么生命资产就可能会出现赤字和亏损。其次，无论产品或服务，永恒的理念都体现在每一处细节，唯恩为顾客设计美丽的人生回忆，希望游客在唯恩的精心安排下，心灵得到释放，感受万千精彩，品味生命真谛。

二、创立源起

唯恩创始人张强热爱旅行，喜欢边走边想边看，就职于公关公司多年。张强行走在路上，开始了对生活的深入思考并产生了无数灵感。他渐渐喜欢上这样的心灵之旅，但随着工作压力的加大、年龄的增长，没有办法静心为自己策划能与内心产生共鸣的旅程，仅依赖于旅行社又找不到相关产品，而自由行的弊端也不少。在与同事朋友的交流中，张强发现很多人都有相同的困扰，于是他开始尝试帮助别人策划方案并制作全程攻略指导手册。在张强的用心服务下，接受服务的朋友从他设计的旅游行程中收获颇丰。张强起初只是把这种服务当作帮朋友忙，大家反馈给他的是感激，甚至有人主动付费给他。这样的个人经历让张强感觉到私人旅行度假是有市场的。

在张强的带领下，2014 年 6 月 27 日，唯恩在天津利顺德酒店隆重揭幕，以“颠覆—创生”的思维理念，首创“搬积木”的定制化旅游电商平台，让消费者根据个性化需求自主选择旅行主题风格、目的地、时间与期限、景点、交通与住宿方案等，并全程为消费者提供高品质的旅行服务。唯恩私人度假的出现，彻底颠覆了行业的传统思维模式，它基于互联网思维模式，重新创生了旅游行业全新的服务体系。目前，唯恩虽然无法服务大范围的用户圈，但是专注于已有圈子的客户和基于唯恩会员俱乐部的社交扩展效应，其服务业务已经足够解决唯恩现阶段的生存和短期发展问题。

三、市场定位

唯恩专注于提供国内外旅游目的地的私人度假服务，其客户群定位是都市新锐精英阶层，目前主要沿袭净价模式，只收取服务费。唯恩以官方网站为主体，辅助微信、微博、博客等线上推广方式以及传统线下宣传活动进行全方位营销推广。

（一）专注于私人度假

随着消费需求的个性化发展趋势，私人定制已经在服装、箱包、珠宝、游艇、汽车等领域风行。在旅游行业，更多消费者开始注重体验性、休闲性，“走马观花式”的旅游方式已经无法满足旅游者的需要，由此定制旅游这一消费方式在国内各大城市逐渐兴起。一次旅行不仅可以使身心放松，更能够交到一群志同道合的朋友，这是选择旅行的意外收获。在中国，有这样一个高净值人群：资产在600万元以上，每年的消费金额超过150万元。这个群体的人数超过270万。私人定制旅游使整个旅行具有了更多意义，如寻找自我，感受心灵与自然的融合，增进感情；再如促成生意，认识更多志趣相投的人。基于这一市场大环境，唯恩把握住市场契机，选择提供专业定制化旅游服务。唯恩从一开始的服务定位就很明确，做私人度假。

在唯恩新浪微博的一篇博文中，唯恩解释了私人度假与旅游观光、主题旅行的区别。

旅游观光：行程紧而密，没有自主的度假安排，重在有限的时间内走最多的景点。上车睡觉、下车拍照的“赶集式”旅游方式，普遍感受：累！

主题旅行：集合了团队的计划性与自由行的充分自主性，又摒弃了团队游“赶集式”的走马观花与自由行之前要做太多功课的弊端。集聚众与分享、主题创意、收获幸福、梦想与回忆为一体，以您和您的旅伴为主要服务对象，按照主题设计的旅程，充分发挥深度体验的优势，独立的小规模聚众旅行模式。

私人度假：明确的旅游目的地，前往心仪的城市或乡村，住进喜欢的酒店，尽享美食与购物的乐趣，或是打高尔夫、滑雪、蹬山、钓鱼、泛舟、躺在海滨的沙滩上晒晒太阳，或是走在山涧的小路上呼吸一下清新的空气，以消除平日的劳累，注重充分地放松与休闲，让时间变慢，与家人或亲朋共享美景与天伦之乐。

一般来讲，私人定制旅游指的是旅行策划机构根据客户的特定需求，从路线方式和服务着手为客户量身打造的具有浓郁个人专属风格的旅行，为顾客提供“一对一”式的高品质服务。

私人定制旅游的理念就是“我的旅行我做主”，游客可以为自己的旅游计划提出个人要求，包括旅游时间、目的、交通工具、住宿等，旅行服务机构在完全了解客户的需求后，谨慎、迅速、有效地满足客户的个性化需求。

相较于传统的旅游方式，私人定制旅游更舒心、更方便。通常情况下，旅行的线路都是由旅行社事先规划好，游客选择的范围有限，只能被动地接受。而私人定制旅游则是化传统的被动为主动，在游客提出条件后，旅行社才按条件筹措。另外，相比传统的组团旅游方式，私人定制旅游的最大亮点还在于一单一团，也就是说私人定制旅游并不需要很多人报名，即便只有一两个游客，也能出去游玩一趟，这使得旅游既自由又私密。与团队游相比更显舒适，行程顺序安排也富有弹性；与自助游相比，内容更饱满，同时能避开外界的干扰，充分地享受旅行。

（二）客群定位：都市新锐精英阶层

行业内人士估计，未来的旅游市场将会是三分天下：第一种是传统旅行社，大约会有 30% 的市场份额，以老年人居多；第二种是自由行，年轻人居多，他们预算不多，喜欢穷游，大约占 20% 的份额；第三种就是定制旅行市场，以 30 ~ 40 岁的人群为主，预计占市场份额的 50% 左右。[1] 唯恩目前的客户群体定位正是 32 ~ 45 岁的都市新锐精英阶层。一般来讲，由于设计一次旅游所需要的成本比较高，定制出来的旅游服务的价格自然也相对高一些。例如，一单北欧 10 天私人定制健康旅行至少需要花费十几万元，这并不是一般人能够承受的消费。所以，目前选择私人定制旅游的客户多为具有一定经济基础的精英阶层，其中很大部分是成功商务人士。

定制旅游的消费者的主要特征可以概括为以下三个方面：一种是侧重行程中的物质享受，偏好于更高品质的服务的选择；另一种是力求旅游的独特性，如去具有独特地理特点的地区旅游甚至去参加跳伞等体验式活动；还有一种类似于疗养的旅游，客户会根据不同地区的气候特点选择目的地，从而进行专门的健康养生类体验。

不过，私人定制旅游并非完全意味着奢华消费，而是一种更加完美的生活方式。“贵”也并非是私人定制旅游的标准，眼下一些旅行社也有许多亲民的定制服务。随着定制内容的改变，收费也会改变。对“吃、住、行、游、购、娱”选择的不同直接影响了私人定制旅行成本的高低。唯恩的产品和服务并不是盲目地追求高端，而是将旅游产品的定制分为不同的档次，以此扩大定制旅游人群的范围，使得普通的白领阶层也可以享受专属的私人定制旅游。

（三）产品及盈利模式

创始人张强表示，唯恩未来主要致力于开发具有独家性、稀缺性的度假体验类产品，以区别于普通观光类目的地产品。此外，关于度假村和酒店方面的需求，唯恩将在网站第二版的升级中细化其内容选项，会跟全球精品酒店直接合作，与专门经营精品特色度假酒店的销售平台合作。目前，唯恩正以每周 70 ~ 80 条目的地碎片化产品的出品速度在覆盖目的地，后期将会推出各种丰富的旅行创意供用户选择。

对于盈利模式，张强表示未来唯恩官方网站的所有单项产品都将沿袭净价

---

[1] 资料来源：http：//www. time - weekly. com/story/2013 - 10 - 09/131124. html。

模式，只赚取服务费，而服务费将不按照比例收取，仅按天数收取，成人每人每天 90 元，其中儿童、婴儿不收取服务费，时间上将按照抵达目的地的当天开始算，截至离境之日结束。第一天旅途完全不收取服务费，这样的收费方式对于客户来说也极具吸引力。

（四）营销方式

1. 唯恩官方网站

唯恩官方网站是唯恩对接用户、提供服务的主要平台，也是在线营销的主要渠道，网站首页以简洁精美的图片形式呈现，十分唯美。唯恩官方网站提供精选目的地推荐和完全自主化定制服务。一方面，网站首页会应季推出当季最美 TOP 5 的旅游目的地。例如，2014 年 9 月唯恩选取的当季最美目的地及其主题是乐不思蜀·洛杉矶、西藏·秘境重生、世界中心·呼唤爱（目的地为澳大利亚）、蔚蓝海岸·法南的浮华声色（目的地为法国）、爱琴海·爱未央。点击进入各个推荐的旅行目的地后，游客可以自主选择旅行人数，包括成人、儿童、婴儿、出发日期、出发城市、目的地停留天数（如图 11－2 所示）。针对每个精选目的地，唯恩会提供住宿和交通选择。另一方面，针对有旅行计划的顾客，只需注册成为唯恩会员，就可以登录唯恩推出的“十分钟定制私属旅程”页面，根据自己的意愿提交定制行程单。对于首次注册的用户，唯恩

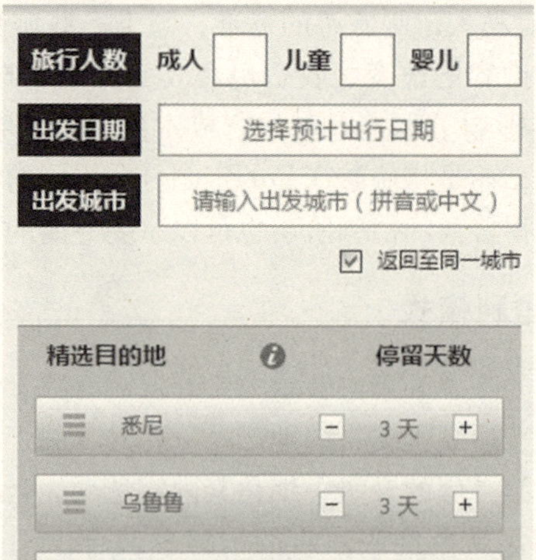

图 11－2　唯恩推荐目的地行程定制页面

会提供价值 200 元的定制体验券，并且当客户成为注册用户后，还可以通过完善资料、邀请好友等功能赚取积分和定制体验券，定制体验券可以直接抵消服务费，而积分可以兑换成不同种类的优惠券。客户将得到更多实惠。

2. 新浪博客

新浪博客也是唯恩传递品牌理念、提供服务信息的分享平台。从 2010 年 9 月至今，唯恩新浪博客的博文数有 28 篇，访问量近 7000 次。其博文涉及的内容包括旅行游记与攻略，根据主题可划分为情感、亲子、血拼、自然、爱心、智慧、健康、公益、运动、艺术等。通过新浪博客平台，唯恩向客户传递唯恩的服务理念、对生活的思考。同时唯恩新浪博客也会配合唯恩的各项活动，定期发布相关活动信息，让客户了解唯恩所提供的服务和活动行程安排。

3. 微信公共服务号

唯恩微信公共服务号 vanevacations 的二维码如图 11 –3 所示。唯恩希望通过这个平台让客户获得旅行创意和度假灵感。其公共账号目前已有的功能模块包括发现、主题、出发。其中，“发现”模块包括“想去远方”和“度假灵感”两个子模块，“出发”模块包括“旅行札记”和“我的私属旅程”两个子模块。2014 年 9 月，唯恩微信公共号推出了“跟着大牌看世界”首期主题活动——“秘境重生· 藏尼行”。未来，唯恩的微信公告号还会不断推出各种精选文章和主题活动。

图 11 –3　唯恩私人度假微信二维码

四、核心竞争力及服务特色

唯恩的核心竞争力首先体现在拥有专业的、高素质的策划团队，然后是基于此的领先服务理念和高效运作模式。

（一）核心竞争力

1. 专业策划团队

唯恩国际化的计调团队由来自航空、酒店、旅游、国际关系、文化、传媒、创意等领域的复合型人才构建，且拥有丰富的旅游策划经验。唯恩提供全程360度“旅行生活管家”服务，在客户出行前、出行中和出行后均提供悉心的照料与关怀。唯恩官方策划的主题旅行方案，均由唯恩资深度假产品经理专业开发，并邀请客户参与采风之旅（俱乐部会员专享）。在行程中，唯恩用严格的质量控制管理方法，确保行程中的每一个时间点、每一处服务细节都恰到好处；行程后，俱乐部将为会员组织不同形式与风格的派对，分享彼此的乐趣。

“唯恩的旅游策划师大多有海外学习和海外长期工作生活的履历，并且热爱旅行，我们对策划师的基础要求是：精通英语及至少一门其他外语，热爱旅行，要是一名生活家才可以。同时进入公司之后，有旅行策划专业的培训，我们不接受达人兼职做我们的策划师，所有策划师都是全职专业的旅游策划。管家式服务主要分为行前和行中两部分。行前，主要体现在提供全面细致的行前准备服务，我们不是呼叫中心模式，而是首问负责制，一对一服务。行中，提供咨询的行前管家不会参与旅行，主要配合当地的各级接待完成客户与目的地服务商之间的衔接协调工作，远程服务。如果客人要求全程陪同，我们也可以做到，但需要客户承担全部管家费用。”

——唯恩创始人张强在接受《旅游界》采访时的语录

2. 领先度假理念和服务体系

唯恩与传统旅行社最大的不同之处在于对旅游的理解上。唯恩倡导深度体验与充分享受，而传统旅行社只注重“到此一游”，唯恩在“去哪里”与“何时去”的基础上更加强调“和谁去”与精神获得。唯恩全系产品均以“主题+主人+主线”的思路独立开发，有精准的兴趣和需求细分，并遵循“品质、文化、独特体验与心灵感受”的产品原则。

3. “体验与分享”的俱乐部式运营模式

唯恩是以会员为基础的俱乐部运营模式。原则上，唯恩只为其会员提供独一无二的品致主题旅行与度假服务。唯恩环球旅游俱乐部致力于打造品质生活精英们的专属精神家园和交流平台，是独一无二的环球高级社交圈。唯恩的会员来自全球不同的国家，有着不同的文化背景，但是却共同拥有一颗热爱生活的心，他们热爱旅行、热爱生命，喜欢用行走去感悟生活，用自然去滋养生命。唯恩为全球广大追求品质生活的会员架起了一座友谊之桥。

（二）唯恩的八项特色服务

唯恩致力于开发和策划最优质的私人度假与主题旅行产品，拒绝“赶集式”的旅游观光。不论游客是独自一人，或是二人世界，还是三五成群，唯恩都会按照游客的出行目的和旅伴设计行程、目的地活动。以下详细介绍唯恩的 8 个与众不同❶。

1. 会员俱乐部

唯恩俱乐部为品质生活精英提供了一个专属的交流平台。通过旅行，品味生命真谛，放眼世界，感受万千精彩，拓展人脉资源，结交精英力量，共享回归与放松的乐趣，创造更多机会与价值。在这里，客户除了可以享受到快乐旅程，更可以结交更多的朋友。

2. 倡导“跟谁去”和“精神获得”

在传统旅游“去哪里”和“何时去”的基础上，唯恩私人度假通过精心设计的行程与文化主题，倡导加强旅伴之间爱好、修养、价值观的沟通。特定的旅伴决定着旅行的意义和心情，唯恩让游客与真心朋友、事业伙伴、人生伴侣与家人共享美好生活。

3. 倡导分享

唯恩旅行策划师来自五湖四海，文化背景各异，兴趣习惯不同，他们倡导会员无私分享，感恩互助。唯恩并不会将旅行策划为绝对商业化的产品，而是将旅行感受作为一种人生感悟和美好心情分享并传递给更多的人。所以在唯恩，商业销售并不是作为一种任务，而是一种自然的感情传递，而唯恩旅行策划师，就是传递美丽心情的使者。

4. 倡导主题性文化创意

唯恩十大旅行主题，覆盖全系产品。另外，每个主题的产品还分为多种旅程风格，游客可以根据自己的爱好选择特定的风格和主题的假期，这样细致化的产品设计会更加符合游客的个性化需求。

5. 倡导度假投资

唯恩设计的度假旅游行程，对于游客而言不单是一种消费，更是一种投资。让游客通过有限旅费的投入，收获生活态度的转变，收获一路幸福的回忆，让游客的精神资产增值。精神上的收获是无价的。

---

❶ 资料来源：根据唯恩新浪微博《唯恩私人度假？与旅行社有何不同?》内容整理。

6. 重视旅行体验

区别于传统旅行社走马观花式的观光，进旅游购物店、乱加自费景点等灰色操作，同时为避免纯“驴友”式自助背包出行时的语言障碍、租车难、定酒店难、买机票难、人生地不熟等问题，唯恩全程配备经验丰富的旅行生活管家与专业目的地接待，全程严选精品酒店，且地道的膳食安排与适度的膳食自理相结合。在行程计划之内，游客想怎么玩就怎么玩，想怎么吃就怎么吃，唯恩绝对不会带游客去旅游购物店，但唯恩当地服务专员会给您提供最地道、最省钱、最经典的购物攻略与秘籍，让游客尽情体验购物的乐趣。唯恩革除了传统旅游弊端，还原度假本质，注重度假体验，全程精心服务，全面个性关怀。

7. 倡导精心设计

旅行中的每一处细节都能体现出唯恩的独具匠心和人性关怀，行程安排经过唯恩策划师团队的反复推敲和多次实地考察。唯恩拒绝“倒团”操作。唯恩每年都会为设计下一年度的新产品而推出不同风格的采风之旅，而且还会邀请会员共同参与主题设计。

8. 倡导旅游主题文化多样性

除了唯恩的十大主题，唯恩还为游客提供量身定制的个性化度假方案策划，或是自由行计划、各种精彩专题以及度假交友特别行程等。

（三）唯恩主题活动案例

2014 年 8 月，唯恩精心策划了一场“秘境重生 · 藏尼行”的主题活动，此活动得到了西藏旅游局、尼泊尔旅游局的大力支持。此次主题游的旅行时间是 8 月 25 日至 9 月 6 日。旅行目的地包括“心中圣地”拉萨，“雪域圣湖”纳木错，“后藏”日喀则，“世界最高淡水湖、神灵的水源地”羊卓雍措，“世界上最能感受到幸福的城市”加德满都，“几乎与一切美好传说都相关的神奇之地”博卡拉和“联合国人类自然遗产保护地”奇瑞国家公园。

在传统的跟团游中，很多人被匆匆地安排到纳木错逛一圈，拍两张照片，游客难以真正领略到纳木错的神奇。唯恩创始人张强认为“直面内心的旅程，是每一个旅行者都需要的，旅行是一个自我发现的过程，它的意义不仅在于让人们看到世界，更让人们看到自己在世界中的位置。一次真正的旅行，会令自己感动，从而将其回忆永存”。由此唯恩在此次旅行中设计了一款经典之作“星雨落幕纳木错”：安排游客在纳木错住一晚，看日出、日落，看漫天繁星，享受心灵与自然融为一体的“心旅行”，充分体现了唯恩“心旅行，新体验”的宣传口号。

此次活动另外一个大的亮点就 80 后旅行梦想家刘秀媛也参与其中，作为《正大综艺》“最大胆”的外景主持，她总是出现在不为人知的原始部落，在镜头前进行各种冒险，疯狂的蹦极、大嚼昆虫大餐……都让人印象深刻。李秀媛已经成为无数 80 后心目中关于旅行的一个经典符号。而她参与本次活动，也正是因为藏尼行的旅行创意和唯恩的定制理念极大地吸引了她。此次主题活动的成功举行，从前期策划、旅行安排到整个行程结束，都充分体现了唯恩策划团队的专业服务能力和唯恩的品牌理念。

五、面临的机遇与挑战

国内私人度假市场业务的迅速增长给唯恩的发展带来了机遇，而行业内的现有竞争者和潜在进入者纷纷发力私人度假市场，也给唯恩的发展带来了挑战。在机遇与挑战面前，唯恩需要冷静思考，同时需要积极采取应对措施。

（一）定制旅游市场业务增长迅速

2012 年 3 月，中国旅游研究院与携程旅行网联合发布了《中国休闲旅游客户需求趋势研究报告》。这份报告基于向全国七大地区的 50 个重点旅游城市中具有代表性的景区发放的超过 3 万份现场问卷做出的。根据报告显示，观光游览和度假休闲已成为两大主要旅游消费市场，占到总体的 80% 以上。北京联合大学旅游学院副院长张凌云认为，我国旅游市场为二元结构：一方面，国内大众旅游市场需求旺盛，更多的中低收入人群将去周边地区旅游作为一项生活开支；另一方面，出境旅游消费持续升温，已经超过了入境旅游收入，高端旅游消费市场已经形成。[1]

在满足大众旅游需求的同时，深度体验、主题度假、会议奖励、邮轮游艇等有潜力的高端旅游产品能够推动中高收入阶层释放旅游消费潜能，促进消费。随着我国旅游市场的成熟，消费者能够享受的旅游服务越来越多，而以往只是小众的许多高端旅游方式已经广为人知，我国旅游市场已经逐渐与世界接轨。

唯恩把握住市场契机，找准了私人度假旅游这一潜力巨大的宝藏，不断探索，推出了十大定制主题，这些主题分为不同的旅程风格，涵盖全球最美主题私人度假目的地，包括情感·温馨与浪漫、亲子·全家乐悠游、纵情·沉迷与奔放、自然·透明与回归、爱心·公益与环保、文明·灵修与探索、智汇·商

---

[1] 资料来源：http：//www. tssqkk. com/article/6434。

考与游学、健康·避世与养心、运动·高球与自驾、艺术·品味与鉴赏。

（二）市场竞争者层出不穷

目前，国内的高端私人定制旅行社数量不多，但都初具规模，主要有鸿鹄逸游、世界邦、假日阳光环球、发现旅行等。这些专业的私人定制旅行社可以囊括的地域包括亚洲、欧洲、大洋洲、南美洲、北美洲甚至南北极，只要航班可以抵达的地方，定制旅行几乎都可以囊括在内。定制旅游的业务范围也十分广泛，目前国内各大定制旅行网可以定制的主题有豪华游艇之旅、直升机旅游、摄影之旅、极地之旅、环保之旅、海岛蜜月、婚礼假期、古堡会议、高尔夫假期、酒庄品酒之旅、奢华钟表之旅、时尚之旅等。未来唯恩在定制化旅游市场可能的竞争者有以下几个。

1. 鸿鹄逸游

鸿鹄逸游是携程旅行网旗下高端定制的旅游品牌。2012 年 9 月，携程旅行网将私人定制旅行社太美收编旗下，重点推广高端旅游品牌“鸿鹄逸游”，并打造了豪华游产品“逸品游中国”系列 和“环游世界”顶级游系列。携程旅行网还与香港永安旅游、台湾易游网合作创立了“鸿鹄逸游”系列品牌产品。据携程旅行网 CEO 范敏介绍，目前，携程旅行网已开发了千余条自由行线路和产品，可以到达海内外 200 个旅游目的地，全国 60 多个主要城市都可以预订出发。

太美以提供“365 天 +360 度的品质生活服务”为基本理念，面向追求品质生活的人群，提供主题性、个性化与标准化相结合的产品，其中包括旅行产品与活动产品。私人定制旅行的五大特色包括：专业、高效的旅行顾问团队；Travel 2.0 的旅行方案设计；丰富的互动式出行前服务；注重细节的旅行行程中服务；完善贴心的旅行后会员服务。太美私人航空服务公司是太美集团最新发起的专项服务公司，致力于为太美黑卡会会员及中外品质生活人群提供无与伦比的环球及区域性环游的私人包机旅行产品及服务。

2. 世界邦

世界邦旅行网于 2012 年年底创立，团队集结了国内各大著名互联网公司与出境旅游行业的精英。创立伊始，便得到雅虎创始人杨致远、腾讯早期投资人王树等业界知名天使投资人联合著名风险投资基金重金注资。世界邦旅行网区别于传统旅游论坛与媒体，致力于打通境外服务提供商与旅行者之间的传统壁垒，搭建帮助千万旅行者实现高性价比、高品质出境自助游的新型旅游社区和电子商务开放平台。

与携程旅行网、艺龙旅行网相比，世界邦旅行网很“文艺”，既是高品质出境自助游的新型旅游社区和电子商务平台，又是旅游论坛与媒体。世界邦旅行网帮助用户定制旅行规划很用心，主要提供两种形式的服务：一是由资深旅游达人打造的旅游产品，不仅包括旅游路线酒店等的规划，还包含签证的办理；二是在顾客没有中意的旅游产品包时，甚至没有想好目的地的情况下通过让顾客完成一套问卷（包括理想的旅游区域、人数以及旅游的目的、体验期待等），并进行电话沟通，为用户定制出行方案。

3. 假日阳光环球

假日阳光环球的创始人吴天斌是在线旅游行业的“多次创业者”，将前期创业项目卖给艺龙旅行网之后开始涉足私人定制旅游，目前主要为有需求的公司提供海外客人的境内接待服务。

假日阳光环球利用自身在旅游行业的资源积累，将酒店、机票预订与导游预约、包车等线下资源打包，在境内外 100 多个旅游目的地城市提供“包车 + 导游”的特色服务，并将去哪儿网等在线旅行网作为自己的推扩渠道之一。此外，假日阳光环球还会提供导游个人照片、景区旅游视频等素材，帮助客户进行选择。假日阳光环球将以往自助游定房、订机票、定景点、找导游、包车等行为集纳到一张订单并配备私人旅行管家全程提供服务。

4. 发现旅行

发现旅行，一个来自互联网公司和传统旅行社的跨界团队，提供全程省心的一体化自由行服务，专注于制定有主题、有深度的行程，致力于为游客提供最佳出境旅行体验。让游客不再受制于团队游的各种要求，拥有自己的闲散空间，更有专业团队定制专属于自己的《发现秘籍》目的地指南，免去游客自己做攻略的烦恼，保证出行的无忧和顺畅。

5. 途牛旅游网

2006 年创立的途牛旅游网主营跟团游，沿着“特色”和“小团”自然而然地切入定制旅行。虽然途牛旅游网的体量远远小于携程旅行网、艺龙旅行网，但产品的丰富程度并不逊色。2013 年，途牛旅游网的产品线由跟团游（超过 10 万库单位）、自助游（超过 10 万库单位）、旅游定制服务及景点门票（包括国内外 1000 个景点）构成，产品涵盖跟团、自助、自驾、邮轮、酒店、签证、景区门票以及公司旅游等。但定制旅行并非途牛旅游网的主攻方向，甚至没有在网站首页明确展示定制旅游这一服务。

6. 飞驴湾

2012 年 12 月底，由国内领先的自助游资讯及预订平台驴妈妈旅游网强势推出高端旅游定制品牌“飞驴湾”。其将视角深入到特制游的“蓝海”范畴，旨在探寻与众不同的高端旅游发展之路。其受众定位在中国的高消费人群，首发产品共推出了12条特制游线路。以自助游为核心的驴妈妈旅游网深度洞察游客个性化、差异化的发展趋势，曾先后组织了“2012 VIP高尔夫巡回”“百人千岁北海道高尔夫之旅”等高端定制团。驴妈妈旅游网推出“飞驴湾”品牌，是其大力拓展高端游市场的一次全新、大胆的尝试。

以上企业有的专注于做高端私人定制旅游，有的是部分业务涉及定制化旅游这一市场。目前来看，我国定制化旅游市场发展潜力巨大，但渗透率不高，目前企业的专注领域各有侧重，因此市场竞争态势相对缓和。未来，一定会有更多的旅游巨头切入这一市场，也会有其他传统旅行社进入，这些对唯恩未来的发展都将形成潜在竞争。因此，唯恩需要加快市场定位和布局，一方面要拓展合作伙伴，引入更多产业链资源，另一方面要不断引进新的人才，做好核心业务，在业内形成良好口碑，树立国内私人度假旅游电商第一品牌的良好形象。

六、创业者启示摘录

张强，资深策划人，2010年获得澳大利亚弗林德斯大学国际经济与贸易关系专业硕士学位，专注于经济体的国际竞争力研究，大学期间主修新闻专业，辅修商业美术。硕士求学前夕，曾就职于美国奥美国际公关公司，负责客户的全案营销策划与品牌管理工作，具有品牌包装、产品下线以及社会化事件营销与活动策划方面的专业经验。2010年，张强创办唯恩环球旅行，主要致力于整合有效的目的地公共资源和关系，以旅行为载体，为企业用户提供专业的国际交流项目、商务考察、会议与奖励旅游、高级社交活动的全案策划与执行服务。下面是张强参加旅游创业家协会主办的活动时的演讲语录。

从电影《私人订制》浅谈对私人度假的看法❶

可能是受之前新闻的影响，本来对这部电影热情不太高涨的我，在接到这篇约稿之后还是决定要去一看究竟。基于初衷，我还是很好奇这部影片会讲述什么样的内容，毕竟我是个名副其实的定制从业者。私人定制旅游，但我更习惯叫它“私人度假”，原因之一就是我不想让人们在“订制”和“定制”之间存有一些无意义的纠结心理，太矫情！也有人问我“旅游”和“度假”有何不同吗？其实二者属同一概念，只是我个人认为，前者更偏向行为方式，而后者更偏向一种生活方式。

---

❶ 资料来源：《旅游创业家》微信公共号。

直入主题，我想从私人度假的过去、现在和未来三部分来谈谈我自己的理解与看法。

土豪的过去，极具中国特色的“富豪俱乐部”

现状：“高端私人定制旅游”等一系列概念，在中国已经热了有一阵子了，不是什么新鲜词儿，排头兵是业内最早挥舞高端定制旅游大旗的“太美”以及它的“黑卡会”，基本上直接就给这一业态形式烙上了“高价”“奢华”“高门槛”的标签，极其不接地气。我个人认为，与其说是私人旅游定制机构，还不如就直接叫极具中国特色的“富豪俱乐部”，后继跟风者不少，如“PALA 私人定制旅行机构”等，都是以创始人自身的社会资源及人脉邀约名人成为同行者为主导，其做法就是，首先，选择一些新鲜而小众的目的地，依旧串成路线，遵循团队操作的模式出一个价，通常高得惊人；其次，大肆对产品进行文案包装，然后在特定社交圈推广成团（因为小团价高名额少，一般成团几乎不费力，参团的人抱着各种社交目的，一般报团前都要打听一番都谁去）；最后，交代秘书报名办手续，出发前一定少不了行前派对，说白了就是因为这些名人们平日里根本忙得没时间看出团通知，而搞一次牙祭，吃喝间一聊就都明白了，服务商收了那么多钱，得体现出私人定制的感觉！怎么办？花大价钱去数码印刷店印一本行程手册，高端啊，所以一本不会低于人民币 200 元，装帧和设计均可媲美月饼盒，而内容无外乎就是出团通知书里那些事儿，基本上供游客在行程中随时参阅，即使这样，这些非富即贵的客人还总有在出发前忘带了的，所以后来服务商为了不花冤枉钱，都改成在机场送团时发。结果自不用说，一场土豪式的旅行就此展开，而结论呢？我个人认为归根结底就是个精品小团，定制不足高端有余，要点只有一个字，贵！哪怕说是去尼泊尔灵修这种极其柏拉图式的产品，也是一个人没个十万八万下不来。

这就是一直延续至今还仍然存在于市场的高端私人定制旅游服务的形式之一，作为内行的我们都知道，这种做法不仅仅是卖产品，更重要的是圈子和社交关系。从此，你就会频繁听到“圈子”这个词，有圈儿的地方成了诸多涉足私人定制旅游业务的从业者竞相扎堆儿的地方，各种派对晚宴都不放过，均列为市场工作范畴。然后，就忽略了最重要也是最致命的一点——产品和服务资源。

说到这里，还真得回到《私人订制》这部电影，情节简单明了，一个接一个的 CASE，全都是实现各种人的各种白日梦，作为电影，结合当下社会问题进行舆论与正确的价值观引导我们暂不讨论，全是基于客户的白日梦出发，很简单，帮他实现。如何实现呢？这才是重点。老实说我觉得葛优一行 4 人组，如果真是在现实中，还真是个了不起的团队，让北京城说亮就亮、说黑就黑，半个城齐刷刷地一起开灯关灯，冲这一点就很了不起，原因很简单，就三个字“搞得定”！

反观私人定制旅游服务机构，既然是基于旅行提供私人定制服务，那么行程中硬件和软件的到位、所有设施是否舒适齐全，又或是所有旅行地接服务方的服务态度，这些最起码的一定要完成得出色。关键是，一次旅行能否获得成功？能否满足客户私人的愿望？整个规划能否更加贴合客户内心的需求或办得更加成功？仰仗的全是服务商的人脉关系！私人定制旅行策划师绝不是空想家，早上在加勒比海看蓝天白云、晚上到兰桂坊喝酒泡妞——这只是好莱坞的幻想电影。一个好的策划案，必须有着极高的执行度。而这些细节，离不开每一个方面的配合。有特色的精品酒店往往只有几个接待几十名客人的容量，在价格相等的情况下，这些少到可怜的配额是给张三还是给李四，自然靠的是旅行商与酒店的关系！大多时候，你作为一个私人定制旅行服务机构，你标榜着特立独行，那么你就要满足客户各种奇特的旅行梦想，首当其冲的就是地接资源的问题，能否帮客户实现旅行中的愿望？简单的还好说，如超级豪华跑车自驾，有的是渠道能办到。商务客人到了美国参加峰会继而在会后要与纽约州长会面，美女客户想要在奥地利皇家新年舞会上与王子共舞一曲，你搞不定州长和王子怎么办？甚至没有路子请到皇家御用的舞蹈老师为客户上两节课？跟王子跳舞更不配了。所以，没资源，搞不定，对于做私人定制旅行服务来说，是一大致命的软肋。

再说另外一种客户，这种客户实际业务中占据大多数，他们想拥有一个与众不同的私人假期，却提不出需求来，只会含糊地告诉你，想休息一下，又或是想走访一下人文景观、历史古迹，能提出个大概方向，却不知道哪个具体的目的地更好，那么作为旅行服务商，你就要为他们提出恰如其分的建议和方案。这种客户往往不知道什么好。可什么不好，他却说得头头是道，经过一番沟通后成交，方案令其满意，但其实最终销售出去的一大部分是这名咨询顾问的人格魅力。这样的业态形式催生了从业公司最大的隐患——培养了少数骨灰级精英销售，全公司都不敢得罪他。

澎湃的现在，具有创意和掌握特殊资源的“能人转型”

土豪们热衷“私人定制旅游”，新锐精英阶层何尝不是，只是在新锐们的眼中，土豪们玩得还不够高端，他们时常在背后笑谈土豪们在旅途中一桩接一桩的搞笑际遇，并奉为段子。

他们当然知道不能沿着“富豪俱乐部”的老路走，为了提高成单效率，他们为产品注入诸多主题元素和卖点，策划一系列行程样板方案，并再次标榜方案将会根据个人喜好进行个性化调整，仿佛这是最佳的解决方案。例如，前央视主持人曲向东创办的“极之美”，以“玄奘之路商学院戈壁挑战赛”为富有主题性和创意的拳头产品。再如，锁定高尔夫客户群的至尊旅程以及营造“藏式贵族”般出行的日月林卡公司，他们的核心团队是香格里拉本地人。

“能人”的大军中还有一支重要的队伍，青出于蓝而胜于蓝的他们，大多出自传统旅行社的专家级业务骨干和市场精英，他们有丰富的传统旅行社从业经验和资源积累，并对产品有更好更深的理解，也很接地气地知道客户真正需要的是什么。例如，天地探美、堪帕斯俱乐部等旅行服务机构，正在以开发小众喜欢的小包团旅行产品，以渠道合作的方式切入旅行专业杂志的固定读者群，会员制是一大特征，玩的还是“圈子”。

这一类机构可以称得上目前私人定制旅游市场的割据势力，在未来的发展之路上，他们似乎更能扣准顾客的心理，而产品也更让人心动。敝人这类，又算是个新一类跨界从业者，半路出家，仅凭个人一腔热血和多年积累的品牌创意经验，跟客户玩的是心理战，以旅游作为行为载体，嫁接各种客户需求上去，帮他们实现目标，也算得上是最天马行空的定制旅游了，但之所以称为一类，当然是因为还有同行涉猎，纵观背景，出奇相似，大都出自国际大牌的知名公关咨询公司，在我看来，我们这一类之所以跨到旅游界来捣乱，多半是因为对旅行的热爱、骨子里的不安分、走过人间都是爱以及叛逆的小心脏，这些都是与生俱来的基因，天生射手座人格。

展望未来，私人定制旅行是将目的地文明延伸至旅行者内心以产生共鸣的特别体验。未来的旅游服务业态形式，将与客户的消费行为有极大的相关性，客户为什么青睐定制服务而不是跟团，绝不仅仅是因为客户的腰包够鼓。

旅游是满足温饱之后的精神消费品，作为新锐精英，面对琳琅满目的物质生活启示录已经足以令他们麻木，就好比总是有低调的有钱人依然会买经济舱从中国耗费长达 10 多个小时飞往美国，究其原因，是服务的核心价值是把乘客从 A 点送到 B 点，而非把头等舱的床搬回家。一味地追求最大舒适度的享受型旅行，是航空公司和酒店的研究课题，你只需做出最恰当的选择来使用它们。所以千万不要再以“奢华”“尊享”等字眼来标榜你的定制旅游产品，最后会沦为航空公司和酒店的高级奴隶，仅此而已。

直面内心的旅程，是每一个旅行者都需要的，旅行是一个自我发现的过程，它的意义不仅在于让人们看到世界，更让人们看到自己在世界中的位置。一次真正的旅行，会令自己感动，从而将其回忆永存。那么这一过程如何来设计完成？也许是我们永远的研究课题。如果你的定制服务没有超越客户的内心，而依旧停留在浅层次服务的提供，那么客户依旧会选择更便宜的团队游，产品和服务内容的重要性已经不言而喻。

私人定制旅游是一片蓝海，而想成为领航者，我想还是需要从客户角度出发，以最贴近客户心灵的方式为他们创造多一份价值，这才是任何服务业服务于顾客的根本。尽管这是一个崭新的领域，但领航者素质，却需要冰冻三尺非一日之寒的历练，我想大多数客户需要超越自我想象力的非凡体验之旅，沐浴文明，与内心产生共鸣。

案例12　宜客驿站

——让郊游从此简单

一、企业简介

宜客驿站是一个尚处于创业期的周边游连锁客栈品牌。宜客驿站（北京）科技发展有限公司成立于2012年8月，位于北京市海淀区，是利用互联网和无线技术搭建的统一的京郊游网络平台，通过网络平台和线下相关配套设施，为游客推送京郊游的及时资讯，与农户结成松散式联盟，为农户提供统一展示和宣传的平台，并对加盟的农家院进行管理和支持。

2013年7月，宜客驿站（北京）科技发展有限公司开始转型，在原有网络平台的基础上，开始由网络平台向实体化发展，并建立自己的周边游住宿客栈，同样取名宜客驿站，进行连锁化经营。宜客驿站的景区客栈致力于打造清洁舒适的乡村旅游住宿连锁品牌，“让您的入住安心又省心，让您与家人的旅游度假时光更宜人”，提出“让郊游从此简单”的服务理念和“适宜游客，宜客宜人”的服务宗旨。宜客驿站已经设计出自己的品牌LOGO（如图12－1所示），由统一的品牌标示传达着其乡村旅游住宿的市场定位和宜客宜人的服务宗旨。目前，与宜客驿站合作的农家院已达50余家，自营景区客栈4家。

图12－1　宜客驿站的品牌LOGO

除了直营店外，宜客驿站还拥有众多合作店，遍布北京郊区如青龙峡、雁栖湖、水长城等21个景区，他们使用宜客驿站的品牌LOGO和布草产品，接受宜客驿站的服务建议和管理。宜客驿站各店不统一房价，每个店根据其景点的地理位置和消费水平自主定价，因此在房价上存在一定差异。对于申请加盟宜客驿站的农家院，宜客驿站会组织人员上门考察以确认农家院的住宿餐饮设施和服务水平是否符合宜客驿站的各项基本要求，若符合，才会为加盟的农家院提供专享服务并定期配送货物。

宜客驿站目前拥有一个中青年组成的创始团队，他们充满理想，成熟又充满激情。创始团队中的每个人都有自己的特色和优势，最为可贵的是每个人都被这个团队的事业所吸引，都愿意为实现团队的目标和公司的愿景而奋斗。由于正式的线下客栈建设经营的时间尚短，对于内部文化，宜客驿站还没有形成完整的体系，创始人李崇昌在谈及企业内部文化时强调了协作、创新、勤奋等关键词，认为这是内部文化打造的一个方向，但要形成一个明确而系统的内部文化，宜客驿站还需要通过一年左右的时间进行积累和摸索。

二、创立源起

促使宜客驿站创始人李崇昌开始建设郊游连锁客栈的因素有以下几个。首先，是中国式节假日旅游特点带来的周边游繁荣。从创始人自己的节假日旅游体验中可以发现，在每个长假中，众多景区通常人满为患，长假旅游并不能带来放松休闲的体验，因此只能选择在周末时外出游玩放松，去享受郊区或农村的安宁氛围和优美的自然风光。但周末时间有限，不适宜长距离的旅游，因此短途周边游成了最合理的选择。其次，宜客驿站团队仔细分析发现，随着人们收入水平和生活水平的提高，都市居民越来越渴望利用假日时间逃离市中心的拥堵和紧张生活，汽车保有量的快速提高也为一线城市的自驾周边游创造了条件，这种以家庭为单位的周末郊游市场日趋火爆、发展迅速。最后，反观市场上提供周末郊游服务的供应商，绝大部分仍然以农家院为主，虽然拥有良好的环境，但从服务品质，如安静、卫生、舒适程度方面看，还不能够满足城市游客的要求，很多供应商在相当长的一段时间甚至几年内都没有改变。个别知名度较高的优质商家，如北京怀柔山吧等，游客需求量较大，节假日一房难求，预订期一般在三周或四周，同时消费水平逐渐高端化，但同样不能够满足市场的需求。目前，市场尚缺乏相应的中端连锁品牌来提供产品和服务。

因此，创始人李崇昌从缺失的休闲度假客栈产品和较大的周边游需求市场的差距中看到了商机，想到要做一个服务较好、档次适中的郊游度假客栈品牌“宜客驿站”。2013 年 7 月，宜客驿站在北京市怀柔区青龙湖畔租下第一个农家院，后来又承包下 3 家农户的果园，在这 4 家农户的场地进行客栈建设，取名“龙湖居”。宜客驿站龙湖居边建设装修边开展接待业务，来到的客人都对装修过的地方表示满意，这给了创始团队很大的信心，并不断地对客栈进行投入和改造。经过 1 年的发展，宜客驿站已经有两家自营店对外营业，并且赢得了高度的好评。截至 2014 年年底，宜客驿站共有 4 家连锁客栈，其中 3 家在北京，1 家在上海。

三、发展大事记

2012 年 8 月，宜客驿站（北京）科技发展有限公司成立于中关村东升科技园。

2012 年 9 月，在十渡和野三坡举办“你住农家，我返现金”的亲情慰问旅游救灾公益活动。

2012 年 10 月，推出布草清洁包及怀柔第一批 7 家合作驿站。

2013 年 1 月，官网 www. yicr. cn 运行。

2013 年 7 月，开始建设自营郊游度假客栈，打造乡村旅游住宿连锁品牌。

2013 年 9 月，第一家直营店龙湖居试营业。

2014 年 4 月，第二家直营店金崖居试营业。

2014 年 7 月，第三家直营店乐渡居签约装修。

2014 年 9 月，第四家直营店上海朱家角古镇店签约。

四、商业模式

（一）发展模式

李崇昌认为，宜客驿站经营的是小而美的精品型连锁度假客栈，对于每一家店都需要持续地投入和改造，可能不会一下花费百万元之多，但是前期都会有几十万的装修改造投入，而且装修投入完成后，每月可能花费几千元进行细节改造，让游客能够隔几个月再次光临时有新鲜的感觉，这种体验对回头客来说很重要，也是一种独特的吸引力。同时，由于每家客栈在不同的区域，有不同的场地地形、周围环境等，对其他几个店面的装修不会按照第一家客栈的模板进行，而是采用因地制宜的原则，将每家客栈设计建设成不同的房型、风格，让每家店各自独特的环境去吸引老客户，从而保持客户黏度。

（二）主营业务

宜客驿站的主营业务即客栈服务，主体是清洁的客房、免费 WiFi、多功能空间及亲子游玩设施，打造清新现代的小资郊游度假客栈连锁。在提供住宿服务的基础上提供一系列郊游的衍生服务，如餐饮服务，游客可品尝当地特色的精品农家菜，也可选择聚会烧烤等形式。同时，客栈还提供出游服务，为企业提供专业的旅游策划方案、旅游线路，可制定个性化的团队旅游并为商务团队客人提供会议设施及会议服务。

目前从销售营收上来看，住宿占营业收入的 40% 以上，餐饮大约占 40%，另外约 20% 的营业额来自其他衍生服务，如采摘配送、会议服务、娱乐收入（卡拉 OK、麻将室等）。

（三）营销模式

宜客驿站官方网站（http：//www. yicr. cn/）是主要的信息推介平台。网站对主营客栈的服务、客栈周边的旅游景点等进行了介绍，同时通过网站推送公司组织的团队出游服务和各出游活动的案例。

宜客驿站开通了新浪微博（如图 12 –2 所示），粉丝人数接近两万人。宜客驿站通过微博推送旅游信息、组织旅游活动。2012 年，7·21 洪灾后，宜客驿站与十渡、野三坡景区两家有代表性的农家院合作，推出“你住我家，我返现金，亲情慰问，旅游救灾”活动。对来这两家农家院入住的客人进行最高 100 元的返现活动。利用微博传递点滴爱心，使旅游成为救灾途径之一（如图12 –3 所示）。

图 12 –2　宜客驿站新浪微博

另外，宜客驿站微信公众账号的会员也达到 1500 多人，公司通过微信平台组织出游活动，对会员进行活动奖励，使营销更加精准。目前，微信正逐渐成为宜客驿站宣传的主要途径。

你住农家 我返现金 亲情慰问 旅游救灾

宜客驿站团队于7·21洪灾一月后来到房山十渡风景区和河北野三坡等地考察，发现灾区道路基本通畅、基础设施正在逐步恢复当中，人们积极抗灾自救、恢复生产，农家院开张了，景区恢复了，可令农户发愁的问题是没有旅客，看着他们的无奈我们也十分着急，该怎么办呢？

我们团队连夜研究做出如下决定：宜客驿站将与当地两家有代表性的农家院合作，推出“你住农家、我返现金、亲情慰问、旅游救灾”活动。对所有来这两家农家院的入住客人进行返现、返现额度为50元/间/天，如果微博直播入住景区照片@宜客驿站、加返50元/间/天，最高返现100元。活动所有费用由宜客驿站全部承担，希望我们的热心能够感染更多的人、让更多的人帮助受灾农户，尽自己的一点微薄之力。

具体活动说明如下：

1.关注@宜客驿站官方微博。
2.转发此条微博并@一个以上的朋友（把爱传递给更多的人哦）
3.入住后，私信告诉宜客驿站您的姓名、手机号码及房间号。
4.活动期限：2012年9月1日至2012年9月30日。

凡是经宜客驿站官方确定，符合活动要求的爱心人士，直接到合作农家前台领取现金。

图 12－3 宜客驿站旅游救灾活动❶

❶ 资料来源：宜客驿站官网 http：//www. yicr. cn/。

五、面临的问题

宜客驿站在经营发展过程中，主要面临的一个问题就是人才的缺乏。客栈连锁经营、开设分店，都需要增加经营管理人员和基础服务人员。但要找到合适的经营管理人员存在一定难度，尤其是一名合适的客栈店长，首先要从心态上喜欢客栈的生活，并且愿意从事服务行业，同时能够胜任对整个店的运营、对客户黏度的把控、对其他服务人员的管理等工作。另外，李崇昌认为，客栈对经营管理和服务人员的招聘不能完全从当地农民或农家院经营者中选择，以避免思维定式对服务的影响。

六、未来规划

（一）管理布局

2015 年，宜客驿站考虑在北京市内设立行政和营销总部，负责公司所有分店的采购、管理、招聘以及对企业会员营销渠道的开发等业务的发展需要，并对内部流程进行梳理，对岗位进行更明确的分工和协作安排，加强业务规范和强化培训。

（二）市场拓展

未来两年内，宜客驿站计划进入上海，开拓华东市场。由于南北方地域文化、环境等方面存在差异，南方游客对度假客栈展示的风格、提供的服务可能存在不同的需求，因此目前来看在南方市场的发展还处于试探期，以刚刚建设完成的上海店为试营点，逐渐摸索南方市场的需求。客栈依然是定位在一线城市的郊区或者在市区周围、半径为两个小时车程的区域。

（三）业务开发

宜客驿站将会尝试做自己的线路推荐，基于自营或加盟客栈的区位特点，以客栈为基点，开发深度的、非常规性的休闲旅游线路，这种线路一般适宜十几个人的小团队进行旅游体验，游客在这些非常规的旅游线路上，体验的是半开发的旅游景区，如举办赏花、垂钓等休闲活动。

（四）融资计划

宜客驿站初期的资金是由李崇昌与几位朋友共同投入的。对于外来投资，李崇昌认为目前还没到合适的时候。由于目前宜客驿站的整体业务量还较小，尚处于创业初始的摸索阶段，很多运营机制、做事方式都没有成型固化，李崇昌希望先把客栈发展的基础打牢，找到一个适合的、成熟的经营模式，在此之前，获得外来投资不是最迫切的需求。

七、创业者启示摘录

选择的结果当时无法判断，坚定地相信自己，按选择去把它做到最好，结果就自然出来了。

每一次弯路其实都没有白费，不用患得患失而裹足不前，事实证明我们在日后的发展中又能重新使用其中的一部分。

度假客栈给人的感觉应该是贴近自然的放松，同时又有良好的基础设施和服务作为保障，温馨的郊区家庭聚会和郊游轻度假，是连锁酒店和大型度假村提供不了的氛围。

当今客栈是一个小而美的东西，度假客栈更是这样。她是旅游消费升级的产物，会出现也必然率先出现在一线都市的周边。她的发展取决于都市人群的消费需求和消费能力，这个市场总会有爆发的时候，希望宜客驿站参与到这个过程中。

宜客驿站的每一家店不应该仅仅是一个客栈，更应该建设成“聚焦点”，把周边旅游攻略、特产人文甚至扶贫助困等资讯汇聚起来并传播出去。

欢迎淡季，是我们内部交流学习提高的绝佳时机，为下一年的再突破做好充分准备。

我希望宜客驿站的团队成员都可以在宜客驿站退休，也希望我是第一个。

案例13　驿家365

——爱你全天候，打造华北连锁酒店航母

一、企业简介

驿家365[1]，旗下酒店数量从2007年的第1家店到今天的150家，创造了独特的顾客价值、员工价值、业主价值的三项价值理论；首创了标准版、县域版、小微版三个发展模型；集合了驿家365连锁酒店、千里行客栈、唐年商旅酒店、朗华国际酒店4个品牌（如图13－1所示）。2013年，驿家365喜获中国连锁经营协会授予的“中国特许经营新锐奖”殊荣。2014年6月，驿家365获得中国饭店协会“最具成长性连锁酒店品牌”的荣誉称号，进入中国连锁酒店品牌30强名单。

全国免费订房电话：400-6128-365 966365

图13－1　驿家365品牌系列LOGO及订房电话

驿家365专注于为顾客提供物有所值的住宿体验和创新服务。驿家365首先强调住宿体验和创新服务，作为连锁酒店来讲，就是要努力为有住宿需求的顾客提供良好的产品和服务；其次强调专注、物有所值，立志使顾客满意度最高，使驿家365成为顾客的首选品牌。

二、创始之路

2005年是中国经济型酒店兴起和全国布局出现端倪的一年。这一年，撬动了原有酒店行业的格局，掀起了一场颠覆性的革命，这场变革迅速蔓延到河

---

[1] 驿家365品牌旗下包括4个子品牌，驿家365连锁酒店是其中之一，本文的驿家365均指驿家365这个大品牌。

北市场。信息就是财富，商机就是战机，迅速行动就代表着成功的开端，在这种情况下，河北省第一家经济型酒店诞生。

（一）创业设想

驿家 365 的董事长兼 CEO 高树军在创立驿家 365 酒店之前，已经有多年的酒店管理经验，做经济型酒店也已经有 2 年的时间了。2005 年，高树军就职的国大集团（石家庄市国际大厦集团）曾做过如家的加盟店。那时那家店是如家在河北省的第一家店。那时如家在全国只有 60 家店，而且惯常的做法是第一家店一般都是如家的直营店。通过和高树军等人的谈判以及对高树军团队背景的考察，如家方面破例把河北省的第一家加盟店暨石家庄市的第一家加盟店交给高树军团队做。2005 年 10 月，高树军和如家签署了被许合同。2006 年 4 月，高树军的如家加盟店开业，客人爆满，市场异常火爆。高树军立刻想到做如家的第二家、第三家加盟店，可是谈判并不顺利。

火热的市场形势让高树军不得不寻求新的加盟伙伴。高树军的第二家店是锦江之星加盟店，这也是锦江之星在河北的第二家店。2006 年年底和锦江之星谈妥，2007 年 4 月高树军的锦江之星加盟店开张，形势依然非常喜人，此时距高树军的第一家如家加盟店开张整整一年。与此同时，高树军清醒地意识到，市场不等人，做别人的加盟店难免“受制于人”。既然这个市场这么大，国大集团投资的意愿又这么强烈，那么何不自创品牌？锦江之星 2007 年 4 月刚刚开业，高树军的团队就着手筹划自创品牌。经过大半年时间的自主品牌设计、策划，2007 年 10 月驿家 365 自主品牌的第一家经济型酒店就开业了。

（二）企业开端经历

驿家 365 东明桥店开业了，这也是河北省首家自主品牌连锁酒店。2009 年，驿家 365 石家庄中华北大街店签约，这是驿家 365 首次开展的加盟业务。驿家 365 连锁酒店的经营与发展过程中，也经历过一段“青葱岁月”。谈起自主品牌开端的经历，高树军非常坦诚地说：“我觉得是这样，我们的自主品牌创立之初，我们是想过要做差异化的。的确想做出和别人不同的地方来。但是由于我们当初是从做如家、锦江之星的加盟店开始的，所以我们做出来的东西实际上还是以拷贝如家和锦江之星为主，至少他们的影子‘挥之不去’。这里面也包括与速 8 之类的经济型酒店的融合。我记得我们的第一家店开业之后，我陪如家的区域老总刘瑞林去参观我们的店。看完之后他就笑，他说能看出好几个品牌的影子来。所以说，尽管我们内心是有差异化的想法的，但是我们自创品牌之初的核心差异化并没有形成。”

掌舵人——高树军❶

俗话说，“火车跑得快，全靠车头带”。作为一个品牌的掌舵人，一思一念都会影响事业的发展。而连续创造多项第一的“驿家365连锁酒店”“千里行客栈”“朗华国际酒店”“唐年商旅酒店”的创办人和掌门人高树军，是个什么样的人，又具有怎样的超前思维，不了解高树军的人很难知道其中的答案。他具有20多年的酒店管理经验，正高级经济师职称，具有上海旅游高等专科学校饭店管理专业、北京邮电大学工商管理硕士的教育背景。

1991年，高树军放弃了河北省旅游局的工作，投身酒店商海实战，先后在石家庄国际大厦酒店、世贸皇冠酒店、世纪大饭店等高星级酒店担任高管职务。2005年，他又毅然转身投入到经济型酒店领域，并一手把驿家365的品牌做大做强。面对这几次转身，我们不得不说他是个“有故事的人”。

和驿家365有过接触的人，大多对于这个团队所呈现出来的激情和活力印象深刻。一个企业的文化就是一把手的文化，而企业文化是发展的无形推手。高树军认为，激情，应该更深刻地体现为对个人和团队远景的不断提升和挑战，以及持续追求达成团队目标的内在张力。

驿家365能走到今天，而且步伐如此矫健和从容，应该说与团队领袖是分不开的。一个充满活力、目标一致的团队中，对于团队领袖的要求是必须具备激励、激发、感召、振奋他人和团队成员的领导力。在驿家365感动顾客、速度制胜、简单透明、团队协作、持续成长的核心价值观中，我们不难解读出企业文化的味道。这一点上，驿家365团队和高树军本人两者，应该都是幸运的。

高树军踌躇满志，要在经济型酒店做出自己的特色，深耕细作河北市场，触角拓展到省内所有地市以及京津、周边省份等环渤海地区重点省市，进军中国经济型酒店前十强，稳固品牌的强势领导地位。

从2007年第一家门店开业，到2012年7月，酒店数量突破50家的庆典，再到2013年11月的百家庆典，短短几年，数字不断被刷新，只能说明一个现象，那就是驿家365的发展速度在加快。

“我们不一定非要成为行业的第一，但是我们一定要成为最受顾客欢迎的品牌!”驿家365连锁酒店董事长高树军如是说。

三、发展大事记

驿家365的发展大事记可以归纳如下。

---

❶ 资料来源：摘自驿家365内部资料。

（一）领跑河北连锁酒店

2006 年 4 月，河北省第一家加盟性质的经济型酒店诞生了。2007 年 10 月，驿家 365 东明桥店盛装出场，这也是河北省首家自主品牌连锁酒店。接下来，驿家 365 在前进中总结，在总结中探索，在河北省创造了一个又一个的行业奇迹。

对于石家庄的市民来说，驿家 365 的店面雨后春笋般接连映入眼帘，也许你刚刚在上班路上看见一个新店开业，不久又一个新店出现在你的下班路上。驿家 365 这个土生土长的河北品牌，以她自己独特的方式，像家人、像朋友一样伴随着石家庄经济的发展。根植京津冀，是驿家 365 的初衷。

2009 年，驿家 365 石家庄中华北大街店签约，这是驿家 365 首次开展加盟业务；2010 年，驿家 365 保定东风公园店开业，这是公司首次开拓外埠市场；2011 年，驿家 365 酒店子品牌“千里行客栈”第一家门店省二院店开业；2011 年，烟台机场路店开业，这是驿家 365 第一家在河北省外的酒店；2012 年，首家中档连锁酒店品牌“唐年商旅酒店”开业；2013 年，驿家 365 旗下的酒店数量突破 100 家。

中国经济型酒店行业一向新闻不断，在一线城市已经日趋饱和的形势下，经济型酒店连锁品牌驿家 365 的快速发展，令人惊叹！

2011 年第 3 季度，驿家 365 连锁酒店规模扩张，大跨步迈入“全国快捷连锁酒店排行榜（20 强）”行列，排名第 16 位。随后，以平均 10 天一家的速度极速发展，创造了连锁酒店的河北速度。

在河北区域，驿家 365 显然已经超越了其他连锁酒店的总数，成为当之无愧的领头羊。

（二）驿家 365 连锁酒店启动第二个五年发展战略

回顾发展历程和轨迹可以看出，2011 年以前，驿家 365 在沉淀、在厚积，在寻找二次腾飞的“黑匣子”，这是一个必经的过程。2012 年，根据市场变化及自身优势，驿家 365 提出第二个五年发展战略——“加速发展、价值倍增”的战略目标。驿家 365 的发条上紧了，开始了腾飞之路。5 年间风起云涌。莫说青山多障碍，当驿家 365 的战略图上被密密麻麻的小红旗填满时，那颗倔强的种子已经被浇灌成了参天大树，在本土行业中，处于明显优势地位。

2013 年 11 月 28 日，驿家 365 成功举办了百家庆典，预示着驿家 365 连锁酒店提前一年半完成了第一个五年发展战略目标。

2014 年，公司根据酒店市场的未来发展及品牌自身的发展需求，提前启动了“第二个五年发展战略”，启动了员工个人战略。其核心内容是：到2018年，连锁酒店数量发展到1000家；发展区域拓展到除新疆、西藏以外的全国各个地区；进一步拓宽酒店的发展业态，在现有以服务商务客人为主的酒店模式基础上逐步向景区旅游型、四季旅居型、休闲度假型、健身养生型等业态发展。简要概括“五年—百城—千店”。

为实施“五年—百城—千店”战略，驿家365建立并不断完善了包括开发职能战略、双千人才计划、品牌研发计划、运营体系持续优化等一系列支撑保障措施。

2014年1月16日，驿家365北京大观园店盛大开业。这是驿家365连锁酒店在北京开设的第一家店，位于北京二环内商业区，标志着驿家365连锁酒店挺进京津战略取得了突破性进展。2014年7月，驿家365又成功签约大连项目，成功开拓并进入了东北市场。

目前，驿家365的连锁酒店数量已突破150家，区域覆盖河北、北京、河南、山东、辽宁等省市，其规模位居全国酒店集团前50强，成功跻身世界酒店300强。

（三）五年战略实现员工个人价值

驿家365连锁酒店在制定“第二个五年发展战略”的同时，对人力资源的职能战略也提出了更高更深的要求。员工价值是三项价值的基础，是以实现员工个人成长目标为核心，制定个人战略为手段，借助个人成长路径为平台，让员工在自愿的、成长的、快乐的、轻松的环境中实现个人目标。

近年来，驿家365通过总部、区域及门店三个层面，分别从每位员工明晰且能实现的个人战略做起，借助清晰的成长阶梯、教练制、接班计划、人才库、培训体系、特色薪酬等涉及个人战略规划、培训成长和动力保障三大模块的落地夯实，真正实现员工的个人目标，从而体现出员工在企业中的价值。此外，为使员工价值得到更好的实现，驿家365将原人力资源部整合为员工关系部和训练中心，从新员工入职、员工的阶段性培训、在岗员工的潜能激发、适时激励有机结合，将员工的个人发展提升到更高的位置。

（四）注重行业沟通，业内影响日益巨大

驿家365非常注重行业内的沟通和互动。从2010年起，驿家365就开始召开业内年会。起初只是自己内部的一个会议，主要出于增加影响力和加盟招商的考虑。后来为了增加行业间的沟通交流，由中国饭店协会主办了中国连锁酒店发展大会。驿家365连锁酒店连续五年承办了中国连锁酒店发展大会，在

业内享有盛誉。来自全国的行业领袖、专家、学者齐聚石家庄，共商行业发展大计，参会人员有 500 余人。2014 年 9 月 17 至 19 日召开的第五届中国成长型连锁酒店发展大会（如图 13 –2 所示），集合了专家、学者以及众多品牌领袖进行同台共话，共同探讨焦点、热点问题。这是专为成长型连锁酒店举办的年度盛会，是一场持续影响和改变中国酒店业的行业会议。同时这也是促进中国连锁酒店稳健发展，进一步推进连锁酒店行业振兴繁荣的高端峰会，内容丰富、全面，为中国成长型连锁酒店品牌获取资源、交流互通、合作共赢搭建了优质平台，是中国连锁酒店未来蓬勃发展的有力根基。

图 13 –2　中国成长型连锁酒店发展大会的主题展示

四、主营业务及创新理念

驿家 365 的主营业务来自于酒店加盟。短短几年的时间，驿家 365 逐步导入质量管理体系和特许经营体系，建立了运营支持中心和品牌标准，建设了中央订房中心、订房网站和会员系统，打造了一支专业规范的酒店管理团队，成为华北区域总部支持力最强的经济型酒店品牌。

（一）主营业务——品牌产品

目前，驿家 365 有 4 个自主品牌：“驿家 365 连锁酒店”“千里行客栈”“唐年商旅酒店”“朗华国际酒店”，并实行差异化经营。驿家 365 的主营业务是酒店，主要赢利点也是在酒店。

（1）品牌产品

“驿家 365 连锁酒店”是公司的核心产品，简约而不失精致，非常符合大众商旅人士的需求，是典型的经济型酒店品牌；“千里行客栈”定位于旅游度假酒店，突出个性、张扬、自由的设计理念，自由自在千里行，设计更加简约现代，有极具个性和异域风情的高低铺房、榻榻米房等；“唐年商旅酒店”定位于中档连锁酒店品牌，客人无需支付高星级酒店的价格，即可享受更精致的产品和服务，目标人群是商务精英。“朗华国际酒店”表面上看上去像一个传统的四星级酒店，不仅有大体量的客房，还有相关的配套设施服务功能。高树军在谈话中表示，他们正在对千里行客栈这个品牌进行重新定位，因为相对来讲这一定位受市场成熟度的影响比较大。他还表示最典型的市场应该是在一线城市，尤其是一线城市的闹市区、繁华的地段，以较小的房间面积、较低廉的价格来满足更经济、更年轻的群体的需求。

很明显，驿家 365 在规模增长的同时，也在大力丰富产品线。驿家 365 的使命是专注于为顾客提供物有所值的住宿体验和创新服务，愿景是成为大众旅行者的首选酒店品牌。

（2）盈利模式

驿家 365 的发展模式主要是加盟。高树军说：“从发展的速度这方面看，肯定是加盟才能更快。作为我们来讲，现在我们几乎不控制一定要调整加盟和直营之间的比例是多少，我们几乎是特许经营这种方式。”

河北省特许加盟专业委员会（以下简称特委会）是河北省商业联合会下面的一个委员会，由 32 家会员组成，主要成员是连锁加盟性质的企业，涉及房地产、院校、餐饮、珠宝、投资教育等行业。“创新增值、跨界合作”是特委会的发展宗旨。特委会自成立以来，为连锁企业从速度型向效率型转换，加强资源整合、发展河北省自主品牌起到了加油站的作用。驿家 365 的董事长兼 CEO 高树军兼任河北省特委会主任。高树军说：“特委会围绕抓规范和促发展两个方面发展。抓规范就是要加强行业自律，规范行业行为，为投资者加盟创业进行引导。促发展就是要进一步加强我省特许加盟连锁企业之间的交流与协作，推动河北省特许加盟连锁业现代化进程，提高自主品牌影响力。”目前，特委会手握品牌玩跨界，在河北省内的影响力越来越大，成为跨界合作的典范。

（二）服务理念——取势、明道、优术

驿家 365 连锁酒店自 2007 年成立以来，从 1 家店到现在的 150 家，区域辐射河北、北京、山东、河南、辽宁等省市，进入全球酒店 300 强。在过去的几年里，驿家 365 团队在发展的过程中也有一些自己的心得和体会。值得一提的就是“取势、明道、优术”的服务理念，用我们中国古老的传统智慧以及借助长江商学院的校训总结出来的驿家 365 在发展过程中的心得：“所谓取势，就是远见未来长远的大事和趋势；明道，就是做事情的内在规律；优术，是做事情的科学方法、得力工具。这是驿家 365 的腾飞之道。”结合驿家 365 自身来讲，取势就是公司战略，明道就是企业文化和理念，优术就是工具和方法。

（1）取势

取势，解释为战略或顺势最贴切。驿家 365 过去的发展过程中有一个战略清晰的路径。例如，2005 年，国内的经济型酒店发展刚刚起步，驿家 365 就较早地进入了经济型酒店领域。2007 年创办了公司的自主品牌——驿家 365 连锁酒店，2009 年从直营转向特许业务，2010 年启动第一个五年发展战略，到 2014 年提前完成第一个五年发展战略，并开始启动第二个五年发展战略。从 2005 年到 2014 年的近 10 年中，驿家 365 在关键的时间节点基本顺应了行业或者市场的大势，在每一个重要的时间节点踏准了节拍。在过去的几年间，公司的发展速度和门店的运营指标都非常好，之所以能有这样的成绩不仅是因为优秀的带领人和优秀的团队，最重要的是他们在一个特别合适的时间点进入了一个合适的领域。归结起来，就是得益于取势。

（2）明道

明道，是指做事情要符合事物内在的发展规律。如果违背了规律，结果只能是失败。做企业要符合规律，最重要的就是企业文化和企业的理念。

首先是企业的核心价值观。驿家 365 在创立初期，只有几个人，从零做起，那时候的核心价值观是兼收并蓄，并始终保持一种开放的学习心态。这和后来的企业文化是一脉相承的，“持续成长”包含企业最初的核心价值观的内涵。在过往的发展过程中，鲜明、有活力、有特色的企业价值观对于团队和企业发展有持续的内在的强力推动作用。大家认同并在日常工作过程中能够贯彻执行的企业价值观，对企业发展有长远的推动作用。

其次是三项价值。三项价值是驿家 365 在特许经营业务中提出的发展理念，包括顾客价值、业主价值、员工价值。企业的发展是一个生态圈，当然在一个企业里，角色远远不止这些。有人认为企业是股东的、投资人的。那么，股东价值是如何得以体现的呢？在企业的生态圈里，顾客价值、员工价值以及业主价值都得到了体现的话，那么股东价值就不难实现。如员工价值，在过去几年的发展过程中，驿家 365 的管理人员一直在不停地思考员工价值，在 2014 年开始启动的第二个五年发展战略在人力资源模块上终于有了一个清晰的思路，即公司所有人力资源模块的资源全部为员工个人战略的实现来服务。企业在提出五年发展战略的同时，帮助每一个员工，尤其是管理人员规划出员工个人的五年发展战略。企业进行引导并提供资源和条件，让每一个员工都清楚未来五年在驿家 365 的平台上能够达成什么样的个人目标。员工的成长和价值体现全部围绕实现个人价值展开。

最后，就是在发展过程中的思路和理念：细分、创新、整合。过往，根据市场的发展以及竞争的需要要不断创新产品和品牌，并在不同层面和领域进行创新。几年前，驿家 365 就已经开始整合资源、跨界合作。

众所周知，春秋航空是国内一家非常成功的廉价机票航空公司。春秋航空的客人和驿家 365 的客人有重叠，所以驿家 365 主动去拜访、去谈合作。现在它们之间已经展开了全面的战略合作，不仅是会员共享，而且顾客在驿家 365 连锁酒店的前台就可以买到春秋航空的机票。假设一家酒店代理春秋航空机票每年可以获得 1 万元的收益，那么，100 家店就可以获得 100 万元的收益。另外，在战略发展方面，驿家 365 不断地推动同各个行业的合作，包括地产行业，如河北省内比较著名的天山集团，双方正在紧密地洽谈合作。

（3）优术

优术，是指做事情要讲究方法。驿家 365 发展连锁酒店的主要形式是连锁加盟，很多人都听过经济型酒店 B + B 的产品模式，在这基础上的特许经营模式是驿家 365 最重要的商业模式。中国饭店协会韩会长在发表主题演讲时提醒企业家不要轻易地开放特许加盟，并认为如果没有做好准备的话，是一件非常危险的事。因此，驿家 365 一直在做特许体系的建立和完善的功课，以支撑驿家 365 更快的发展速度。

取势、明道、优术陪伴驿家 365 从 1 家店发展到 100 多家店，陪伴驿家 365 迈入千店规模，相信一定会实现更大的目标。

（三）特许体系日趋形成

1. 第一阶段，“化蝶工程”

2008 ~ 2009 年，管理团队和外部的咨询顾问持续地进行标准建设和体系规划建设——化蝶工程。当时相当多的人并不了解特许体系，但是经过一年半的化蝶工程的推进，整个团队对于体系建设有了深刻的心得体会。

2. 第二阶段，特许体系建立

在化蝶工程完成的基础上，驿家 365 邀请国内著名的咨询公司做特许体系建设。在这个阶段逐步建立起了整个生命周期更加完善的特许体系。

3. 第三阶段，管理和服务的优化

2012 年和 2013 年的上半年，驿家 365 将重点放在管理优化和服务优化这两个方面，并取得了突出的成绩。

两个优化是指优化模式和标准，实现管理和服务双优化。管理上从“表单、报表导向的管理”优化为“以顾客和员工为关注目标的管理”，服务上从“简单机械执行规范流程”优化为“与顾客交谈互动，轻松、高效地提供服务”。

特许体系是全面的、提纲挈领的体系。驿家 365 的高树军表示：“与负责

完善特许体系的总监、管理层做沟通和研讨的时候，看到这些研讨成果，内心无比激动。我们都很清楚，体系的完善是超越目前整个规模发展的。大家可以看到我们加盟的全生命周期，17 个子体系为代表的整个庞大的系统。”这些是驿家 365 在做事情过程中采取的方法，是优术内容的一个体现。

4. 第四阶段，系统优化

驿家 365 在经营中通过不断的产品研发和系统优化，来成功应对全行业面临的挑战。在产品研发和系统优化方面，驿家 365 持续修订品牌的升级版标准，从外观形象到产品品质都有了较大提升。升级版的品牌定位是要达到顾客通过“轻松的交流互动”和“印象深刻的服务”获得愉悦的住宿体验。

（四）创新发展迎挑战

著名管理大师彼得·德鲁克曾说过：“我们无法左右变革，只能走在变革的前面。”经济型酒店的发展之路跟随着国际、国内发展大盘充满着无数发展的变数，而这种变化似乎比想象的来得更快、更猛一些。

在国内经济型酒店竞争日趋白热化的今天，各大品牌纷纷跑马圈地，为加速扩展，品牌并购和整合成为行业新出现的又一轮风潮。在这种竞争环境下，酒店的各种成本也在不断上升，物业租金，人力资源管理及水、电、蒸汽等能源费用都在大幅上涨，人力成本的上涨尤为突出。而与此相对应的是，房价的上涨空间降低，利润进一步压缩，企业收益指标下降，投资的回收期也在延长，一度受人追捧的盈利模式面临挑战。

高树军带领团队反复调研并充分论证后，确定了驿家 365 以后的发展方向：明确产品定位，进行系统的优化与变革才是长久的发展大计。同时，围绕发展目标进行了以下创新。

1. 价值模式的创新

驿家 365 有独创的三项价值理论，即顾客价值、业主价值、员工价值。三者和谐共存、互有交集、共同促进，构成“和谐生态圈”。三项价值被业界专家称为驿家 365 价值模式，在行业论坛等场合多次被宣讲和推广。

驿家 365 还提倡两种精神，即女主人精神和老板娘精神。要求管理者要有老板娘精神，把店面管理当作自己的事业；员工要有女主人精神，为客人创造一种轻松的氛围，让顾客住店犹如到朋友家串门一样轻松、愉悦。

2. 服务理念的创新

为了与别的品牌形成差异化，驿家 365 在 CRS 服务理念做了进一步的探索与发展。CRS，即交谈、轻松、速度。驿家 365 倡导在为客人服务过程中要营造轻松的氛围，并在与客人的交流互动中提供高效便捷的服务。

高树军在访谈中解释道："每一个连锁品牌都有自己的 CRS，员工也好、管理人员也好，大家都知道 CRS 就是顾客预订中心。用这几个词阐述一下驿家 365 的服务理念：沟通、轻松、速度的英文首字母缩写（Communication，Relaxation，Speed）。我们希望员工面对客人的时候，是在一个轻松的氛围之下，跟客人之间有一个交流互动，能提供一个快速有效的服务。在星级酒店里，我们特别习惯于职业化的微笑，笑要露几颗牙齿，第一句话说什么，怎么和客人打招呼之类的。我觉得在经济型酒店就不一定这样要求了。特别是现在的经济型酒店、连锁酒店里面的主流人群已经开始以 80 后为主了。80 后与 70 后、60 后毕竟不一样。80 后所愿意接受的一种方式是更平等、更自然。像我去另外一个城市出差，在一个完全陌生的环境下，有人能跟我聊天，他还能记得我，这是一种能让人舒服的感觉。"

3. 特许体系的创新

除了发展理念的创新之外，驿家 365 在特许体系建设上也做了创新型发展，推出了 9 大模块、6 大阶段、17 个子系统的全生命周期管理体系，并提供专业的 PMS、CRS 呼叫中心等管理平台，强大的客源优势和预订渠道保障为加盟业主提供全程支持。在体现加盟业主价值方面，驿家 365 成立了专门的业主咨询管理委员会，为双方搭建了沟通、共建、共赢的平台。同时，驿家 365 每周召开的周例会，都会邀请一位特许加盟业主和店长参加，共同讨论酒店在销售和管理上遇到的问题并确定解决方案；同时还建立了高管拜访制度，为加盟业主提供一站式服务，并聘请专业咨询机构持续完善特许体系建设。此外，加盟业主还可以参与制定年度经营预算、参与对店长业绩的评估。驿家 365 通过内练素质、外树形象的稳打稳扎的态势扎根石家庄，立足京津冀，辐射华北和环渤海地区，市场区域从河北省省会石家庄拓展到了华北、环渤海地区的经济重镇、东北等地。

（五）完善体系建设，实现持续稳定发展

驿家 365 始终注重体系建设，在成立之初就把建立完善的运营体系当成一项系统工程，同时建立并完善了 CRS 呼叫订房体系、会员体系、质量体系、特许体系等，在持续发展的几年时间里，逐步形成并确立了各项标准模式和框架。

（六）营销平台

现在，大的酒店品牌都在做自己的 App 并且先后推出。相比产品研发的

投入，后期的推广投入更大，而且是持续性的。因此，高树军及他的创业团队决定先不做 App，而是把微信这个平台做起来。这是一个更容易办到的事情。

鉴于现在微信已经普及，涵盖了不同年龄段的使用者，可以随时向微信使用者发布关于酒店的一些信息，有利于受众者更好把握信息，所以驿家 365 把微信（如图 13－3 所示）作为营销的另一个重要手段。

图 13－3　驿家 365 的官方微信二维码

五、面临的问题

首先是人才问题。人才问题是驿家 365 发展的大问题。高树军坦言："我觉得对我们来说最大的一个挑战就是管理人员的训练。最理想的就是能从酒店内部培养。比如说现在的店长，相当一部分都是原来的酒店服务员逐步成长起来的，也不是直接成为管理者，中间还有一个值班经理。以前门槛台阶更多，有副经理、经理、店长助理等。但是，我们的主导思想还是很明确的，尽可能地从内部培养。实际上，当内部培养供给不了的时候，也会集中从市场招聘一部分来补足，做管理储备。自己培养的好用，因为他对公司十分了解，公司的文化已经对他产生了潜移默化的影响，这是毫无疑问的。但是有一些岗位，并没有办法百分之百靠自己培养。比如说老总，培养具备那样的专业背景、经验积累的老总，确实非常难，更不用说一些更专业的如 IT 人员、财务。"

其次是资金问题。从投资能力这方面，做直营连锁酒店对于资金这方面的要求是硬性的。目前对于驿家 365 来说，资金也是一个大的瓶颈。由于无法像有的品牌那样不存在资金方面的问题，可以尽可能地做一些直营店，为了更快发展，驿家 365 必然需要进一步做一些加盟业务。

六、未来规划

对于未来的发展规划，高树军总结为以下两点。

（一）市场定位，抓住机会

高树军说："我们现在正在执行第二个五年发展战略，我们第一个五年发展战略是从十家店发展到一百家店，第二个五年发展战略是到 2018 年年底从一百家店发展到一千家。我们简单讲叫"五年—百城—千店"这样一个目标。在发展的策略方面，我们一直在思考一个问题，像省会城市，新进入到一个市场的话，其实最关注的就是省会省内市场，但是成本、后期经营的压力都非常大，所以我们在硬件产品和模式方面有 3 个版本：标准版、小微版、县域版。"所谓县域版就是专门针对县域市场，同样是做驿家 365 品牌，在硬件产品发展模式和管理模式这些方面会做一些微调，但是客人不会觉得这是另外一个品牌或者与驿家 365 有一个特别大的反差，只是使酒店更适应在县域市场发展，因为目前在经济型酒店和连锁酒店这个领域里面，县域市场还是有非常大的市场空白有待开发。那些大的加盟还没有精力关注，所以驿家 365 能够尽快在这个方面去做。无论是在现有的市场还是进入一个新的市场，驿家 365 基本上都是这样一个思路。❶

说起未来的发展设想，高树军如数家珍。"在县城，比如说最常规的酒店这块儿，一个是政府的宾馆招待所，再一个主流点的就是小旅馆，二人间、三人间这种小旅馆。像驿家 365 进入市场后，有可能在硬件上不是最好的，但是在管理、服务方面一定要做最好的。所以，这样一种酒店进入市场后，马上就会抢占市场，包括政府的招待所。比如说装修，这个酒店新建时可能按照三星级甚至四星级，甚至个别是五星级标准来做的，但是想象一下两三年之后酒店会成什么状态，硬件维护与日常管理都跟不上，所以在这个方面与我们的酒店没法竞争。每个县城都不大，我们马上就会抢占市场，会被认知了解。"

（二）抬头望天，低头赶路

一路走来，驿家 365 收获了很多荣誉。驿家 365 先后荣获了"中国最具发展潜力经济型酒店品牌""中国优秀雇主企业"等荣誉称号。同时，驿家 365 连锁酒店连续五年承办了中国连锁酒店发展大会，被业内人士盛赞为"河北连锁酒店的航母"，引领河北连锁酒店，向省外快速奔跑。

作为区域酒店品牌，驿家 365 连锁酒店的数量已近 150 家。而伴随着驿家 365 北京店的开业、大连店的签约，驿家 365 挺进京津、进军东北战略得到了实现。这是新的里程，也是新的起点。

---

❶ 资料来源：高树军访问讲话。

站在新时代的高速列车上，驿家 365 的第二个五年发展战略呼之欲出！5 年，100 个城市，1000 家门店，进入中国连锁酒店前 10 强，进军全球酒店前 50 强，这是一个宏伟的蓝图，更是一个新的挑战。基于这个战略目标，驿家 365 已经吹响了进军全国市场的号角。这个最懂河北的品牌，已经迈开了矫健的步伐，做好了全力提速的准备。

未来的五年，将是全力丰富产品线、深化发展的五年，高举迈向更高目标的旗帜，沿着创新、细分、整合的发展思路，祝福驿家 365 在连锁酒店之路上越飞越高！

七、创业者启示摘录

从驿家 365 的创业轨迹中，我们不难想象创业者的艰辛，更能一窥创业者的“心路历程”。

1. 公司创始人简介

高树军先生，正高级经济师，硕士研究生学历，石家庄市管拔尖人才。驿家 365 连锁酒店、千里行客栈和唐年商旅酒店的创始人，现任公司董事长兼 CEO，具有 20 余年酒店行业的工作经历和丰富的管理经验。

1989 年，高树军毕业于上海旅游专科学校饭店管理专业，并于 2001 年获得北京邮电大学 MBA 学位，先后就职于河北省旅游局、石家庄国际大厦（四星级）、世贸广场酒店（五星级）、河北世纪大饭店（五星级）、北京长峰假日酒店（四星级）、必胜客（北京公司）、青岛世贸海悦大酒店（四星级）等，在高星级酒店和经济型酒店领域有 10 多年担任高管的管理经历。

高树军先后获得石家庄市五四青年奖章、五一建功立业奖章、劳动模范、河北省创业企业家、中国饭店业经营管理大师等荣誉称号，兼任河北省商业联合会副会长、河北省商业联合会特许专业委员会主任、河北省饭店烹饪餐饮行业协会副会长、河北省商业经济学会副会长、华侨大学旅游管理 MTA 产业导师等社会职务。同时，也是中国成长型连锁酒店发展组委会的发起人。

2. 创业者启示摘录

以下是驿家 365 的董事长兼 CEO 高树军的访谈实录：

开始创业的时候没目标。开始只是觉得这个市场好。投资回报非常好。也没有想自创品牌，当初的想法很简单：我们投资，有一个比较可观的投资回报就行了。

我们原来的想法是，做了第一家店后再继续做第二家店、第三家店。作为我们来讲，我们有一个酒店的投资回报就 OK 了。确实没想过自创品牌。

尽管我们内心是有差异化的想法的，但是我们自创品牌之初的核心差异化没有。

我们不一定非要成为行业的第一，但是我们一定要成为最受顾客欢迎的品牌！

2005 年的时候做经济型酒店，无论是加盟如家还是加盟锦江之星，还是自己做几个单店，就是傻子也能赚钱。只要做，甭管谁做、甭管怎么做他都能赚钱。那个时候的市场是这样的。等于说是遍地是黄金，只要是弯腰捡。现在的情况呢？我们 2013 年大会的主题是：黄金十年还是陷阱十年？经济型酒店或是连锁酒店之前的十年是黄金的十年，大家都认可。但是未来的十年到底是黄金十年还是陷阱十年？我的个人看法是什么？就是说，大的趋势还是黄金十年，只不过这个黄金十年不像过去那个黄金十年，你只要弯腰就能捡到钱。首先，市场上存在一个结构性的改变，有的市场已经饱和了，竞争过度了，有的市场还没有被开发。甚至还是一个原始状态。你同样还是做这个业态，你自己选择去哪里做？那就要看这个市场结构。你自己看选择去哪里发展。另外一个我觉得，你要是觉得接下来的十年还是黄金十年的话，那也不再是像过往，谁去干这个事情都能捡到黄金。现在考验的就是你品牌也好、系统也好、团队也好，方方面面的，那就要看谁去捡这个黄金，谁有能力去捡这个黄金。

纵观驿家 365 连锁酒店的成功之路，从重点与轨迹来看，如果分为上下两篇的话，那么上篇的关键词是借鉴与发展，下篇的关键词则是优化与创新。而正是后者使驿家 365 的发展大步跨上了高速路，而且越走越宽广。

案例14　游友移动

——带上游友看世界

一、企业简介

游友移动（企业LOGO如图14－1所示）创立于2013年1月，是上海吾游信息技术有限公司旗下产品，主要以境外移动上网业务为主，目前处于初创期的发展阶段。游友移动专业细致化地提供境外WiFi租赁业务，每年为数以万计的出国游客根据行程定制最优惠、最便捷的境外上网支持，其宗旨是通过网络让人们联系更加紧密，随时随地分享喜悦，给旅行带去更多的欢乐。

图14－1　游友移动企业LOGO

公司目前为拥有约30名员工的民营企业，创始团队有首席执行官（CEO）李剑波、首席运营官（COO）陈佩仪。

游友移动致力于为中国人提供境外移动上网、迷你移动WiFi设备租借服务。目前，WiFi已覆盖80多个国家和地区。游友移动目前的重要目标市场是中东和南美，这体现了游友移动WiFi全球覆盖的雄心壮志，也为实现“布局境外旅游上网入口”的愿景[1]打下基础，从而更好地实现出境旅游WiFi领导者的发展目的。

游友移动从成立至今持续为数百家企业提供稳定的境外上网服务，如通过OTA渠道——便捷高速的4G网络，带给用户非同一般的使用体验；在商务差旅方面，可支持客户收发邮件，参加会议以及旅途中不间断的在线办公；也可

[1] 资料来源：姚健君，游友移动：布局境外旅游上网入口，载《环球资讯》，2014年1月15日。

帮助旅行社提升服务品质，为客户提供细致专业化网络服务。目前，已有超过10万游客在使用游友移动网络服务产品。由于目前国内外互联网发展迅速，但境外WiFi这块大蛋糕尚未被完全挖掘，游友移动的市场前景良好。

二、创立源起

游友移动团队认为不管是国内多么热门的旅行应用或在线旅游平台，出国用户如果没法接入网络，这些App将全部失去效益，而游友WiFi可以提供移动网络帮助它们在境外市场落地。游友移动团队看到了这一不可逆趋势带来的市场机会，同时，结合创始人李剑波的工作经验和对市场的感知，最终选择在境外移动上网领域创业。

另外，在移动互联网对旅游业的渗透日益加深的趋势下，人们已经习惯通过各种社交、地图、翻译、游记、攻略App来进行行程计划和旅途分享或解决旅游中碰到的问题，游客对网络的依赖日渐增强。但与国内相比，欧美大多数国家的免费公共WiFi的开放并不普遍，而国际数据漫游价格又长期居高不下，所以出境游客的网络需求未能得到满足。随着出境游人数的持续增长（2013年中国出境旅游人数约为9730万人次，同比增长19%），强劲的境外移动上网需求催生了出国通讯服务市场的发展。

2013年下半年，360、腾讯、百度、小米相继介入移动路由器市场领域，推出绑定自己互联网产品的路由器，以谋求布局整个互联网的用户入口，从而扩展市场份额。与通讯巨头们在国内市场的激烈竞争不同，作为创业公司的游友移动借道出境旅游市场切入电信服务领域，先以移动路由器积累用户基础，然后在合适的时机搭载各种旅行应用。未来，游友移动WiFi设备或可成为旅行App应用市场的入口[1]。

三、发展大事记

2013年1月，上海吾游信息技术有限公司注册成立。

2013年2月，游友移动获得preangel等天使投资。

2013年9月，游友移动获得InnoSpace 10万元天使投资。

2014年1月，游友移动获得松禾资本（松禾光启基金）A轮投资。

---

[1] 资料来源：姚健君，游友移动：布局境外旅游上网入口，载《环球资讯》，2014年1月15日。

四、商业模式

（一）核心竞争力

1. 信号稳定

游友移动不断调研各国家地区不同的运营商，选择覆盖比较好、网络比较稳定的运营商作为游友移动的合作伙伴。因此，游友移动的用户能够享受极速的上网体验，并可 5～7 人同时高速上网。

2. 价格优惠

游友移动与国外运营商保持着良好的合作关系，是全国唯一提供欧洲真正无限流量的移动上网供应商。例如，欧洲一直是漫游资费非常高昂的地区，一般资费在 5～10 元人民币每兆，而游友移动 WiFi 的收费采取日租模式，所提供的大多数国家的 WiFi 产品的日租价格为 39～69 元人民币。

3. 覆盖率广

覆盖率也是游友 WiFi 的核心竞争力，目前游友移动提供的网络服务已覆盖 80 多个国家和地区，并致力于实现全球覆盖的目标。在游友移动的官网上基本涵盖了中国出境用户常去的国家和地区（如图 14－2 所示），用户可以自由选择，方便快捷又省钱。

图 14－2 游友移动部分目的地官网

（二）主营业务

游友移动致力于提供境外移动上网、迷你移动 WiFi 设备的租借服务。

（三）盈利点

游友移动目前的主打产品是游友移动 WiFi，设备租金是游友移动的主要盈利来源。其最大的卖点便是以此固定资费享受最高 4G 网速的无限流量。游友移动 WiFi 如图 14－3 所示。

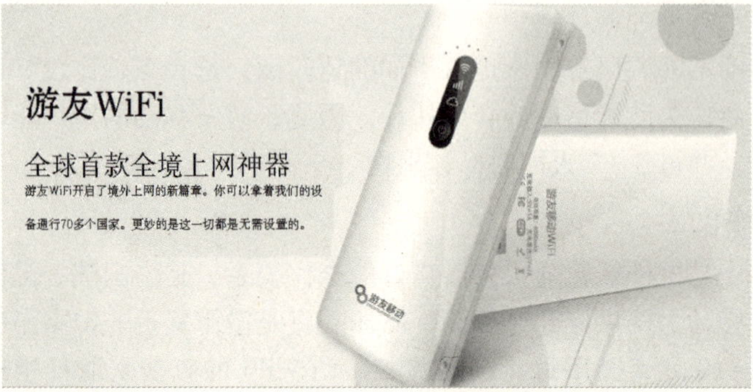

图 14－3　游友 WiFi

（四）市场定位

1. 区域选择

国内每年有将近 1 亿的出境旅客远赴海外，而北上广作为国内经济和消费水平较高的城市，其出境游市场十分可观。游友移动的基地建在上海，目前已经做成了上海出境游客租赁移动 WiFi 业务的领头羊，业务范围正在向华北和南方扩展，只要是涉及出境使用 WiFi 的人都被视作游友的客户或潜在客户。

目前，游友移动的设备已经覆盖了 80 多个国家和地区，游友产品可提供服务的区域范围非常广，未来还会继续扩展 WiFi 覆盖。

2. 用户市场细分

游友移动 WiFi 的个人用户主要是 25～35 岁具有中、高消费能力的出国人群，女性稍多。这个群体对网络有着很强的依赖，是移动社交网络的主要用户。在旅途中，使用 WiFi 能很好地满足她们分享和互动的需求。此外，这种“固定资费＋无限流量”的模式也可以帮助企业控制差旅的通信成本（甚至可以免付酒店高昂的上网费），同时让员工能够随时随地连接网络，保证整体的工作效率。为此，游友移动设有专门的团队，按企业的业务模式帮助企业制定员工出国 WiFi 方案，高度契合了差旅市场的商务需求。

（五）合作模式

1. 与线上线下的旅行社的合作模式

游友移动跟线上线下的旅行社的合作模式主要有两个：分销和产品标配。

分销适合线上和以自助游业务为主的旅行社。据中国游客境外旅游调查报告的数据显示，70% 的中国出境游客选择自助游。而在自助游中起着最关键作用的就是网络，因此 WiFi 移动设备的市场前景无疑是巨大的，它所提供的便捷服务通过与自助游联系最紧密的网络分销会更加有效快捷地传递给用户。

产品标配适合以团队游和定制游为主营业务的公司。这些公司业务量大，出境频次高，对移动 WiFi 设备的需求也是刚性的；而定制游追求的是高客户体验，因此 WiFi 服务设备是必备的。产品标配具有更方便快捷、价格更优惠的优点，更适合团队出行使用。

游友移动刚刚启动了目的地 O2O 的业务合作，即线上服务与线下企业合作，新产品也会给旅行社带来更大的运营优势。

2. 与垂直领域的同业者的合作模式

游友移动和垂直领域的同业者的合作模式主要有两个：提供技术服务和双品牌露出。

游友移动与携程旅行网的合作主要是为携程旅行网提供技术和服务，因为携程旅行网有自己的品牌 LOGO，而游友移动主要作为后台虚拟服务商，为携程旅行网的产品提供技术支持。

游友移动与去哪儿网、蚂蜂窝、驴妈妈旅游网、穷游网等的合作是双品牌露出，也就是说使用的客户能够知道服务终端是哪里，这些合作的网站会帮助游友移动销售产品，这些都是种子用户，体验不错的就会向外复制传播。游友移动推出的活动如图 14 –4 所示。

图 14 –4　游友移动推出的市场活动

（六）其他情况

1. 公司规模

目前，游友移动的员工约 30 人，其中绝大部分在上海总部，只有 2 位员工在北京分部。

游友移动的年客户量大约是 10 万人，每笔订单的平均交易额大约 400 元人民币。

2. 人员管理

目前，游友移动有自己的自主研发团队以及运营团队。自主研发的产品将会作为游友移动下一个阶段的主打产品，其自有设备游友 WiFi 已经进入封测阶段，市场反响好的话会完全取代外面引进的产品。专业的运营团队使游友移动的各部门衔接流畅、运行高效。

五、面临的问题

（一）推广力度不够

目前，游友移动尚处于创业阶段，其主要专注于现在，即首先获得生存之本，因此做的推广并不多。除了合作方的品牌露出外，只在部分机场布置了一些设备返还点。

（二）产品组合少

目前，游友移动的主要产品就是移动 WiFi 的日租业务。但没有针对不同客户群制定不同的产品和价格套餐，产品种类单调，可选择性差。

（三）目标客户不够明确

对目标客户的定位不明确，也没有对用户的使用偏好和使用频率以及使用区域做统计分析，这样就会使产品缺乏针对性和精准性，不利于企业的长期业务发展。

六、未来规划

（一）发展目标

游友移动将进一步提升覆盖率，重点拓展中东和南美市场，努力实现全球覆盖；同时，拓宽线上线下渠道，投入更多力量做营销，进一步扩大用户规模，努力实现上市目标。

（二）实现路径

WiFi 被视为旅游的“第七要素”，但游友移动觉得是第一要素！特别是出国旅游的时候，无障碍的通信、上网对游客来说实在太重要了。WiFi 的重要性不在于通信，更多地在于网络交流、互动、分享所带来的存在感；不用问路，随时上网查地图；不用通话，用 App 订酒店享有自主权。游友移动 COO 陈佩仪觉得，WiFi 提供的是出行的安全感，能上网，没有什么好担心的。该联系的人随时联系得上，要找的点随时可以找到。

线上线下的融合是一种趋势，游友移动下一步将投入更多的力量去做营销，之前游友移动 WiFi 的主要销售渠道是官网，不过随着越来越多的 OTA 成为游友移动的合作伙伴，其他渠道也正在拓展当中。另外，在机场的网点布局也是游友移动的一个重要销售渠道。游友移动希望通过这些线上线下的融合，使游友移动 WiFi 被更多的出境旅客认识、讨论和使用，从而实现“布局境外旅游上网入口”的愿景。

游友移动将坚持低价、包天、无流量限制的底价、最高达 100M/S 的高速上网以及支持 5 ~7 人同时上网的多人共享特征，进一步扩大用户规模。

（三）可能存在的问题及规避方法

好的产品或者创业机会很快会被同业者模仿甚至超越，这也是创业公司普遍存在的问题。因此如何利用好时间上的先机，尽快做到同业的领头羊是游友移动努力的方向。

大部分出境旅客，就算是多次出国，也未必知道移动路由器这个产品。因此，游友移动应该在增长业务的同时，在产品推广上做出更多的努力，如通过论坛、微信、购买弹窗等较为廉价的推广形式尽可能地将产品介绍给客户。而且针对自助行的客户、商务出行的客户和团队客户的产品组合应当有所区分。游友移动未来盈利的一个大头应当是来自商务人士的认可，他们消费能力强、群体特征明显，精准的商务推广会非常有效。

与国外运营商的合作关系为游友移动的产品带来了竞争优势，但是这种优势对运营商的依赖性也很明显。在采访中，游友移动并未透露它与国外运营商的合作方式，但很显然，游友移动对其产品的定价权取决于其用户体量、流量利用效率。从目前的实力对比看，电信运营商可依据自身的需要调整网络服务的供应价格，因为他们本身也向入境游客销售手机 SIM 卡和上网卡，待市场成熟后，这些电信巨头未必想看到游友移动此类公司分食其市场。游友移动认为：游友移动的定位是全球流量购买平台，国外流量套餐资费的进一步调低代表着平台会有更多优质、低价的套餐供客户选择。来自国外运营商的挑战并未使游友移动感到恐惧，但它同时必须面对国内竞争对手的挑战。

拥有庞大用户基础的国内电信运营商近年来对出国通讯服务市场也是虎视眈眈，无论联通、移动还是电信，都在调整它们的国际漫游数据业务的价格策略。例如，联通在2011年就曾推出过“86元国际数据漫游包天套餐”，覆盖日本、韩国、东南亚等中国旅客的热门出境目的地。这个套餐价格已经与游友移动的产品价格很接近，在同等价位下，游友移动WiFi的劣势便体现出来——因为采用的是实体产品租用模式，用户不仅要提前订购产品、支付押金、等待产品邮寄过来，回国后还要快递归还WiFi设备（在这方面，游友移动已做出改善，在北京、上海两地机场开设网点，方便用户取还设备），并承担旅途中设备可能出现故障或损坏的风险，这些都无疑降低了用户体验并增加了使用成本。从使用的便捷性和时效性考虑，用户可能更倾向于使用运营商的包天套餐，毕竟一部手机就能全部搞定❶。

而游友移动自主研发试运营的一款全球一体WiFi产品号称漫游全球——在这之前同类移动WiFi设备一台大多只能适用一个国家。新设备将会大大提高出国WiFi行业的运营和流量利用效率，甚至让经常出国的客户可以永久保留设备，以改变目前必须来回投递设备的现状，这将在一定程度上扭转劣势。

（四）可能的创新

针对不同类型的用户、主要目的地的人群做一些套餐组合和增值服务，而不是一味打价格战。游友移动曾推出过穷游折扣套餐，主要针对自助穷游的游客，效果不错。因此，这是游友移动未来会持续改进的一个板块。

未来游友移动的创新将主要放在产品和技术的创新，逐步用自主研发产品替代外面引进的产品设备，并且改善自身的服务，创新服务模式，提升客户体验。此外，还要开发能让渠道商实时掌握配货、发货、设备返还信息的网站和订单系统，给客户和渠道最大的支持。

❶ 资料来源：姚健君，游友移动：布局境外旅游上网入口，载《环球资讯》，2014年1月15日。

七、创业者启示摘录

(一) 企业创始团队核心成员简介

CEO 李剑波：前华为通信技术专家，机器人制作爱好者，游友移动创始人。

COO 陈佩仪：来自香港，曾在成都做物流工作，一年半后辞职独自去往中东旅行，2013 年年初来到上海，是游友移动的创始人之一。

(二) 部分反映创业者理念的访谈语录

“我们相信，只要接入互联网就能创造各种各样的可能。OTA、旅游平台和传统旅行社，都各自利用自身资源开发目的地旅游产品。首要解决的就是怎样透过移动端的 LBS 和各种大数据分析，为用户在对的时间（旅游期间）、对的地点（目的地）推送对的产品（最相关的信息）。这些都必须通过移动网络来实现，而移动路由器就是各种信息的入口。”

WiFi 提供的是出行的安全感。出境游市场的增长趋势是很客观的，游友移动正在一个大市场的起点。要做到在国外旅游跟在国内旅游一样，甚至更方便；在国内可能还要担心漫游流量，在国外反而不用担心！抱着这样的心态和目标去服务客户，游友移动相信移动 WiFi 很快会成为必备品。

案例15　周末去哪玩

——全国最大的城市周边短途旅游预订平台

一、企业简介

“周末去哪玩”（品牌LOGO如图15－1所示）是一家基于网站和微信的短途旅游服务网站，提供周边游线路的预订服务，隶属于北京爱度艺文科技有限公司。公司总部设在北京，位于北京市昌平区立水桥北方明珠大厦1号路2709室（地铁立水桥B口往北300米）。

图15－1　周末去哪玩的品牌LOGO

公司有自己的App、Web网站，并且搭建了一个类似垂直版手机淘宝的移动旅游平台，在微信的公共账号、QQ空间都可以找到“周末去哪玩”这个品牌的平台。商户免费进入平台之后会建立一个独立的商户主页，公司对产品进行编辑后将其投放到线上，最终可以在这个主页上实现散客和团队的预订。同时商户的手机端也会出现客户的订单信息，能够实时进行反馈或方案的制订，包括在手机上完成信息的沟通，这个就是公司的运行模式。

目前，“周末去哪玩”已在全国积累了近 50 万名用户。以北京市场为例，每周与“周末去哪玩”合作的商家就会在线上更新产品近百条，每周平台还会有选择地推送数十个活动专题，通过精准推送周边游信息、社交活动以及推荐精选的商家产品，让移动端用户能够轻松地和家人、好友一起选择目的地及产品。由此可知，“周末去哪玩”的主营业务就是为商户们提供一个免费的营销平台，通过对商户产品的包装进行活动专题和周边游信息的推送等，实现线上产品的预订，在这个过程中获得旅游差价。

作为一个创建时间较短的企业，其员工也是一群年轻的 90 后，可以说它是一个年轻的企业，由于成立初期整个团队不到 20 人，繁重的工作可能会让员工比较劳累，不好的心情可能会带来低下的工作效率，所以公司强调快乐的企业文化，在业余时间为员工组织一些团队拓展和旅游活动，使每个人在旅游的过程中感受到真正的快乐。公司强调激情，希望团队保持积极的状态，要敢想、敢闯、敢做，与时俱进、不断拼搏的心才是一个公司持续前进的保证，正如创始人张文龙所说：“每个人都是公司的一部分，我们不是为团队和股东做，而是为自己做，希望公司的成长能有我们的一部分。公司强调学习，目的在于提升员工的学习能力，每个人在学校里学习的知识仅是工作中可能应用到的一部分，还有更多知识需要在企业组织结构里经过历练才能学习到，所以要求团队中的每个人都有学习的心态。公司内部建立了一个分享的机制，每个人看到新的文章、新的观点都要在组织内部分享，每个人都要看。尤其是关于移动互联网的，公司希望每个员工都能知道和了解层出不穷的新观点和新理念。所以，“周末去哪玩”的企业文化归纳起来就是三点：快乐、激情、学习。

公司在 2013 年年底拿到了第一笔风险投资，2014 年成功拿到第二笔风险投资。拥有这些运作资金后，公司将逐步从北京这样一个单城区域扩散到上海、广东和四川，然后实现一个四维战略的覆盖。从平台上的商户规模来说，公司主要以北京为主，主打度假村产品，在北京周围包括河北可以覆盖的地方，已经有 600 家商户和公司确定了合作关系。公司在上海和成都也做了一些产品的探索，涵盖了 2000 多家旅游商户。公司的整个移动互联网平台已经有几百家旅游商户实现了产品的展现和售卖。目前，公司在北京这一区域做得相对较好，大概有 100 多家参与合作的商户，这些商户每天都能够从平台上获取订单，每周大概有 300 ~ 400 人通过这个平台真正实现了周末出行、选择出行目的地并进行消费。从利润角度来说，创业公司跟传统公司有一定区别，“周末去哪玩”比较注重早期的规模和成长的速度，所以在这一阶段并未把利润作为目标，更多的是寻求企业的成长性，目标在于迅速地扩大规模，所以公司目前还处于亏损的状态，但是整体业务数据呈现出成长的趋势。

二、创立源起

“周末去哪玩”的 CEO 张文龙在大学时期由于一次偶然的机会加入了学校创业者协会，这个经历为他以后进入旅游行业，以及之后“周末去哪玩”的出现产生了很大的影响。大学几年，张文龙陆续参加了各种创业项目和活动，在此期间，与社会上很多领域的企业家有了较为频繁的联系和交流，这些企业家里面有一位是来自旅游相关领域的。那是在 2008 年北京奥运会后，这位企业家当时要做的是一个类似于北京欢乐谷的游乐项目，张文龙在这个项目里面主要做的是门票代理，特别是大学生通票，可以说，这是他第一次真正进入旅游行业。由于张文龙熟悉自己学校和周边学校的一些学生资源，这使得他在这个项目里表现出色，因此得到了这位企业家的支持，并且得到了第一笔真正意义上的创业资金。张文龙和几个刚毕业的同学拿着 18 万元人民币的创业资金，注册了一个旅游公司，从大学里接触最多的门票代理开始做起，然后成长为一个旅行社、一个传统旅游公司。

虽然是一个传统旅行社，但是这个旅游公司却与其他同行的企业不一样。公司的员工都比较年轻，在互联网和移动互联网方面具有很强的学习能力和领悟能力，对于行业的发展前景和发展趋势有着与时俱进的觉悟，并且能不断更新行业的知识。这些特点在很大程度上对于公司的战略变化、选择和长远发展起到了积极的推动作用。

随着互联网的快速发展和普及，公司逐步跟进与互联网有关的应用，做自己的网站，并率先用互联网的方式展现公司的产品，让旅游者来购买，这就是早期的旅游电子商务。公司团队在 2010 ~ 2012 年做的是“周边游旅行网”。这个项目和“周末去哪玩”同属于周边游领域。在这个项目正式启动之前，公司针对北京 100 多位车主做了一个简单调查：有没有一个很好的网站能够满足您去周边旅游的服务？得到的答案中，超过 80% 都反馈说没有一个好的体验网站能为自己的郊区游计划提供非常好的选择。基于这个需求，张文龙做了这个项目。再后来随着移动互联网的异军突起，张文龙意识到如果自己纯粹做一家公司来卖一个旅游业务，那么这样的发展一定会有一个天花板、一个瓶颈。于是，他开始思考怎样把这件事情做得具有一定高度，后来决定用平台的方式来吸纳更多的合作伙伴、合作商户，最终实现对用户产品的展示。

在做“周末去哪玩”这个项目之前，张文龙也做过有关周边游的项目，但是经过几年的探索并没有找到正确的出路。考虑到行业大鳄对于旅游资源的垄断地位和第三方平台的使用成本，张文龙开始利用移动互联网快速便捷的特点，对供应商产品进行组合，并加入个性化设计，在线上售卖包装后的产品。2013年，张文龙的公司从旅游电商自己采购、自己销售这样的层面，转型成为自己搭建一个移动互联网平台，创建自己的App和网站，包括腾讯、微信公共账号等一系列移动化的平台。这就是公司从一个传统的旅游公司到旅游电商，最终到移动旅游平台的一个转型历程。

三、发展大事记

2008年，张文龙创立太阳旅游网，并于3年后成为北京地区最大的短途旅游运营商之一。

2011年，张文龙联合创办周边游旅行网，网站定位于为城市白领用户提供短途旅游产品订购服务，是一个专注于自驾游的旅游O2O电商网站。周边游旅行网专注于城市周边短途旅游电子商务运营，其目标客户是月薪5000元人民币及以上的城市白领有车族。周边游旅行网迎合时下流行的“懒人经济”，每周都会推出精品自驾游方案，力图成为“最齐全的周边游超市”，并在北京、成都、武汉等地设立分站。2011年年底，周边游旅行网获国内知名风险投资机构KPCB的百万美金投资。到2012年，周边游旅行网已有北京、上海、三亚、广州、成都5个城市的短途自驾产品。其中，仅北京线就有800个景点、1200种产品，产品包括自驾游套餐、度假村、门票三大类，其中自驾游套餐为主打产品。

2012年年底，创立满座网旅游度假事业部。

2013年3月，加盟满座网。

2013年11月，联合创办“周末去哪玩”平台。“周末去哪玩”是基于微信的短途旅游服务网站，提供周边游线路预订服务，模式是“新型的O2O模式”。“周末去哪玩”在线上平台负责互联网营销、产品设计、用户运营及平台搭建。

四、商业模式

（一）核心竞争力

在行业内，旅游业务可以分为出境游、国内游和周边游。在周边游移动互联网平台的领域里，公司在行业内具有一定的先发优势。尽管经营周边游业务的旅游企业不少，但是目前与周边游相关的互联网项目往往需要团队自己去采购、打包产品，一切都由公司自己来做，相对来说线下的业务量比较重，而且在规模化上也会比较困难。“周末去哪玩”选择和旅行社合作的方式则在一定程度上降低了规模化的难度和高成本，因为周边游相关的产品不像出境游那样有更规范的资源方和高透明度，本地游更多的资源是掌握在本地旅行社手上。[1] 传统旅行社因为受到移动互联网和相关法律法规实施的冲击，有升级转型的需求，却因为人才、观念上的局限难于变革。“周末去哪玩”与本土一些有转型需求、在当地做得比较好的旅行社进行合作，这样的方式将是互利共赢的，把线下交给旅行社，可以更加专注于获取用户，包括提高用户黏性、了解用户需求等，这是第一个核心竞争力。

第二个核心竞争力体现在移动端，尤其体现在微信上（“周末去哪玩”的微信二维码如图 15－2 所示）。创业公司在资金上并没有能力去推广 App，因此公司选择并专注于行业大佬不太关注的微信，做自媒体。初创时，“周末去哪玩”在三个月内就聚集了数十万名北京地区的用户；当下，其微信的日均

图 15－2　“周末去哪玩”的微信二维码

[1] 资料来源：http：//capital. chinaventure. com. cn/11/172/1388966050. shtml。

用户增长数超过 2000 名，微信导入的流量占其总流量的 80%[1]。此前，周边游商家只能依靠团购、58 同城、赶集网，或者花高价购买百度关键词。现在，公司为商户发部微信内容，其阅读量有时就可以达到十几万，这样的传播速度远比在百度、报纸、电台上投放信息有效率，并且直接增加了销售比例，这样就拥有了精准的客户获取方式。同时，利用移动端也能够方便和切实地收集用户反馈，这样就为完善服务和掌握消费者需求提供了条件。

（二）主营业务

周末去哪玩，顾名思义是以短途周边的旅行为出发点，以帮助用户解决周末去哪玩的问题为目的，定位为城市短途周边游的服务平台。

其最初的模式是在北京整合一些产品和一些服务机构，挖掘他们极具特色的产品，然后对供应商的产品进行组合，使其更加个性化和多样化。公司会在这个过程中整合上游的资源供应方，包括一些具备亲子互动能力的教练、老师及拓展人员，结合公司的产品通过公司的平台提供个性化、大众的周边游产品。例如，寻找亲子类的旅行机构，规划亲子游产品，让早教的老师带着孩子游玩等（“周末去哪玩”设计的儿童采摘活动图片如图 15－3 所示）。又如，设计一些轻户外的旅游产品，去一些风光比较好的乡村，做一些摄影、徒步、露营、番茄大战的活动等。这些类型的旅游体验在其他任何渠道都是很难感受到的。除此以外，公司团队还可以定制针对企业团队的旅行产品。总的来说，公司的业务就是以用户需求为出发点，组合资源形成能真正打动用户的产品，通过智能手机分发出去，达到在线上实现销售的目的。

（三）盈利点

对于平台上产品的销售，“周末去哪玩”采取多种合作方式，包括承诺销量、独家供应等。“周末去哪玩”并不销售，只是作为平台，平台上的产品来源包括度假区、宾馆、农家乐、餐厅等，通过这个平台可以实现商家和客户的面对面沟通。对于标准化程度高的产品，如景区门票，“周末去哪玩”会向商家收取 10% 左右的佣金，而对于花费数量不固定的消费，如农家乐，则在每一笔交易中收取一个固定的金额[2]。除了收取一定的佣金之外，其商业盈利的

---

[1] 资料来源：曾宪皓，周末去哪玩：如何在 O2O 之间取得平衡，载《环球旅讯》，2014 年 2 月 24 日。

[2] 资料来源：曾宪皓，周末去哪玩：如何在 O2O 之间取得平衡，载《环球旅讯》，2014 年 2 月 24 日。

图 15－3 “周末去哪玩”设计的儿童采摘活动

很大一部分来源就是赚取打包旅游产品的旅游差价。从项目上线到现在的一年半时间里，2013 年的整个服务订单数量达到 1 万个，每个订单价在 250 元左右，实现了 250 万元的营收，毛利率在 15% 以上。

（四）市场定位

周边游消费的一个特点就是决策快，不用在旅游之前查看太多攻略，进行过多的旅游线路比较，选择周边游的消费者只需要一个有关周边游的信息指引就可以了。同时，选择周边游的人群一般闲暇时间比较少，对于旅游目的地资源等方面没有过多要求，因此，公司把目标消费者定位为全国的有车一族，这类人一般有情感的需求，要释放压力、寻找快乐，周末休闲的出行方式是自驾游。除此之外，由于人们碎片化时间的增加，手机使用频率的增多以及移动互联网的普及，人们对于移动应用的使用也变得更频繁。而且，由于“周末去哪玩”是一家基于网站和微信的短途旅游服务网站，因此，公司把目标客户进一步定位为全国较常使用智能手机的有车一族。据调查，“周末去哪玩”的客户，其决策周期比较短，一般只需要较短的时间通过手机浏览一下旅游信息就可以确定行程。当然，因为周边游价格一般不是很高，所以，其目标客户只要拥有闲暇时间，有一定的经济基础就可以选择相应的周边游产品。

（五）营销模式

公司对于营销模式的选择在线上和线下有很大的不同，线上进行社区营销，而在线下，由于本地用户居多，因此更多的是和 4S 店与洗车店进行合作，做一些活动。例如，2013 年，对于所有进入某个景区的人员，只需要扫描景区门口的二维码，就可以进入“周末去哪玩”的平台，并且提供一定的福利或者景区会提供一张优惠门票，这就是公司跟景区建立的落地递推的合作。当然，在 4S 店或者加油站、大型商场停车场都做过类似的活动，以此来吸引目标用户群，也因此获得了一批早期用户。接下来，再为这些早期用户打造一些专题活动和有价值的自驾活动等。经过早期种子用户的传播，公司开始获得一些口碑用户。实际上，公司通过早期的一些营销方式已经建立了一批种子用户，目前在北京大概是 20 万人的用户规模。到现在为止，“周末去哪玩”每天的用户自然增长数量都能达到 2000 人，也就是说每天有 2000 人主动关注这个平台。张文龙提到，在未来的营销计划当中会考虑投放广告，如做一些网络广告，甚至会考虑做一些广播电台等传统的媒体广告，主要是希望以前从传统媒体获得内容的用户关注到这个平台，改变他们的习惯，从平台获取最新的旅游内容，进而进行产品的预订。

（六）其他情况

公司目前一共有 22 个人，其中 3 个人提供技术层面的支持，6 个人从事微信方面的营销工作。在财务计划方面，由于公司目前还处于 A 轮融资的阶段，因此公司希望在达到预期规模之前，保持一个微亏的形势，在这个阶段更多地注重用户数据的增长和合作商户数量的增长。而且，公司会把这些利润更多地回馈给用户，然后让用户在平台上找到更具性价比的周末出行方案。

五、面临的问题

由于整个行业市场处于不断变化的环境之中，尤其是移动互联网处于快速的发展变化当中，“周末去哪玩”在发展过程中将会遇到各种各样的问题。

从大的环境来看，打造这样一个平台，虽然有先发优势，但是不能避免一些大的竞争者也看中这个市场，对同类型的平台进行大的投入，这个对于创业型的企业来说是相当有压力的。另外是商户的开拓，虽然郊区旅游资源得到了开发，尤其现在乡村旅游也正在加快发展，但是，整个从业人员的结构仍处于比较低端的层次，如何让这些人能够熟练地使用互联网，尤其是移动互联网，这就需要一个学习的过程，而这个过程在时间长度上的把控不是仅靠一家公司的宣传教育就能够决定的，它的进展是缓慢的。所以，未来希望有更多的旅游创业公司能够进入这个市场，以加快周边游商户学习的过程。当然，越来越多的创业团队以及资本能够进入周边游这样一个旅游细分的领域，这对于公司本身也是一个挑战，公司如何继续保持这样一个先发优势，确保公司在这个细分领域处于行业的领先地位并保持快速成长，这些都是公司需要不断考虑的问题。

从公司团队来讲，因为移动互联网的发展历程也不长，整个行业包括技术、理念、思维都在快速的发展中，所以整个团队必须要保持一个学习的心态，对于市场和行业变化要有快速的应变能力。尤其在互联网行业，马太效应越来越明显，大公司越来越大，拥有的资源越来越多，一个创业公司是否能够成功要看其能否在大公司的平台之上找到好的资源来满足自己的细分定位。因此，整个团队需要具备快速应变和学习的能力来面对行业的快速发展以及大公司、大平台的开放策略的变动。另外，就是如何保持团队的稳健，以吸引更多的人才进入，让团队变得更加充实，让整个团队的力量在各个角度和每个专业层面都能形成互补。当谈到规模化扩张过程中公司最可能出现的瓶颈时，张文龙提到了“人的问题”。尽管号称专注做线上，但他坦言，最需要的还是诸如对传统产品具有策划打包能力的人才。尤其是作为大学生创业，没有在大公司里工作的经验，管理能力和经验也相对缺乏，随着公司越来越大，人员越来越多，怎样有效管理，让每个人充分发挥他的优势，做到人尽其能，这对公司的管理层是一个大的考验。

六、未来规划

公司的目标在于迅速地扩大规模，希望能够通过“周末去哪玩”这个平台帮助全国城市周边的以旅游为主业的商户提升自己的营销能力、增加其产品的销售量，同时让用户在这个平台上实现最方便、最快捷的预订，最终在周边游这个领域取得一定的成绩，并且把公司业务向长线游、出国游等领域延伸。然而，这一目标的实现不是一蹴而就的，公司处在一个瞬息万变的环境之中，有很多不确定因素在阻碍着目标的实现。

（一）从“个人实现雄伟大志”到“考虑整个团队共同发展”

公司成立已经五年了，创始人的心态也发生了一些变化，从最初“个人实现雄伟大志”到“考虑整个团队共同发展”，再到现在更多的是去考虑整个团队的状态，包括员工的状态、员工的家庭，如何让他们在创业的过程中实现物质价值，让他们生活得更好。除了个人发生转变的心态，还有公司发展过程中面临的一些问题，这些都是公司在进行未来规划时需要考虑的东西。创业是一个十年磨一剑的事情，在这个过程当中会面临各种波澜，同时公司必须采取相应的措施来避免不好结果的出现。例如，有大公司进入这个细分领域，公司可以跟它谈资本层面的合作或者并购。因为互联网是一个开放的领域，每一家公司都希望自己能够开放，能够做一些行业的并购。只要公司在该细分领域始终保持先发优势，那么即使跟对方谈合作或并购，在一定程度上对公司也是很有利的。而且，无论是被并购，或独自上市，或独立做到其他层面，只要对于个人、团队、股东是有益的，那么公司会以一个开放的心态去接受。

（二）权衡轻重，落实到产品本身

当然，除了在最难的情况下接受并购的方式，公司必须考虑持续创新，利用与时俱进的发展在行业中始终保持重要地位。传统旅游行业的网络渗透率很低，包括信息化功能，包括宾馆、景区、采摘园、度假村、车队等。例如，最近一两年才实现了网上预订火车票，以前消费者只能到售票点去买票，这就是传统行业在信息化过程中出现的创新点。而说到创新，不得不说的一个词就是O2O，即线下到线上或线上到线下。在旅游商户整体向移动端迁移的过程中就会出现像“周末去哪玩”这样的平台，它能够帮助传统商户实现移动化、信息化。从整个行业来讲，旅游的基础设施、上游的资源进行线上转化的过程中一定能够出现创新点，这些创新点等待着大量的创业者去挖掘、去实现资源方的需求。

虽然“周末去哪玩”也采用了新兴的O2O模式，并且选择了“轻模式”：在O2O的两端中，产品采购交给了线下的传统旅行社，让他们去对接景点商家，自己则集中所有精力，专攻线上的互联网营销和产品设计。这种思路对于一个旅游企业而言，其实是激进的，如何在“轻重”之间取得平衡是很多在线旅游领域的创业企业必须要面对的。因此，在“周末去哪玩”选择了O2O模式，并且有意地少做了一个“O”的情况下，公司团队除了在各地精心挑选旅行社作为线下的合作伙伴，把从策划、采购到订单处理和客户服务等一系列流程都交给传统旅行社“代工”之外，必须亲身参与产品的设计，先以网络营销的先声夺人耳目，但根本上，还是要回到对旅游产品本身的理解上，这才是一种务实的态度。“周末去哪玩”的CEO张文龙反思道：之前的创业之所以不成功，最核心的问题还是团队对周边游的认识不深。因此，公司还要在客户和周边游上下工夫，多了解客户、多了解周边游。

（三）控制线下商户，提升服务质量

来自官方的数据，2011年、2012年、2013年的周边游消费数字是比较庞大的，从全国范围来说是千亿元的市场，而且主题性的周边游比较多，有各种

各样好玩的内容可供游客选择，也可以开发和设计更多的线路来供周末休闲的人群消费。面对竞争愈加激烈的周边游产品市场，要从成千上万种产品中脱颖而出，必须让产品与众不同而且能深切满足消费者的需求，这就需要公司在旅游产品设计上苦下工夫。除了线上的产品包装，后端的服务也要有所涉及，如公司会培养一批旅游顾问或组织旅游环节，或带着用户一起玩，而合作的传统旅行社要负责解决食宿方面的所有问题。当然，如果每个旅游团队都需要配备一个陪同的旅游顾问的话，这将对公司的人员培训和管理造成很大的负担，因此，必须思考在不派旅游顾问的情况下，如何通过对线下商户的控制来到达服务质量的提升。

虽然有很多不确定的因素存在，也有很多发展中的问题需要探索。但是，“周末去哪玩”从创始之初就一直以一颗拼搏的心和不断创新的精神在努力着。

案例16　住哪儿网

——想住哪儿，就住哪儿

一、企业简介

住哪儿网是国内领先的在线酒店预订服务提供商，创立于2007年6月，总部位于北京市丰台区。住哪儿网致力于打造为用户提供国内酒店的预订服务、出行住宿攻略以及发布用户评价的互动平台。凭借主站（www.zhuna.cn）、7×24小时免费预订热线（400-666-5511）、住哪儿网手机客户端以及wap住哪儿网等全方位预订平台，为用户提供便捷的酒店查询和预订服务。住哪儿网在业界率先推出基于LBS系统的“地图找酒店”服务，通过精准的地图搜索功能、国内出行攻略、用户真实点评和酒店真实图片展示等在线服务，使用户能够更加全面地制订出行方案。同时，住哪儿网推出“订酒店返现金”模式，给预订酒店的用户最大的优惠，降低出行成本。截至2014年9月，住哪儿网签约的国内酒店已达139346家，覆盖了全国900多个城市，收录的入住客人点评达973220条，客人实拍照片达1879354张。❶

住哪儿网的最新LOGO采用了疑问的蜗牛形象。“住哪儿?”“住哪里好?”这是大多数用户选酒店时会产生的疑问。这是住哪儿网经过几年的发展后给自己的重新定位，致力于帮助用户选择最适合的酒店并进行决策。住哪儿网的品牌LOGO和吉祥物如图16-1所示。

住哪儿网的企业文化可以通过以下四点体现出来：第一，崇尚平等，每个人都是住哪儿大家庭中平等的一分子，上下级只有责任的大小，没有等级之分；第二，充满活力，自由轻松的公司氛围，百分百激发每个年轻人的热情，让工作充满乐趣；第三，不怕碰撞，喜欢用集体的力量讨论和决策，碰撞使大家不断爆发创意的火花；第四，勇于创新，不断接受新思想，不断尝试创新，使住哪儿网能站在互联网领先的第一阵营。❷

---

❶ 资料来源：劲旅网 http：//www.ctcnn.com/html/2013-12-24/1291299335.htm。

❷ 资料来源：住哪网官方网站 http：//www.zhuna.cn/about/index.shtml。

图 16－1　住哪儿网的品牌 LOGO 和吉祥物

二、创立源起与企业愿景

住哪儿网属于北京久游科技有限公司官方网站。2005 年 10 月，住哪儿网的创始人刘达创办了九游网。经过将近 1 年的运营，不管从用户规模、访问量还是广告收入，都还不错。于是 2006 年 10 月，刘达来到北京，与魏赟等两位合作伙伴共同创办了北京久游科技有限公司。

开始公司想通过和景区联合搞活动进行发展壮大，但经过两三个月的探索，发现事情进展并不顺利。因为和景区搞一次活动所需资金巨大，这对刚起步的公司来说是个不小的困难。几个合伙人一致认为，单凭广告投放很难壮大网站，网站的盈利模式急需转变。2007 年，在线酒店预订行业才刚起步，有着非常广阔的市场前景。刘达根据自身的酒店管理的专业背景，以及对互联网行业的长期深入研究，决定转型做 OTA 业务，这项业务与公司的商业模式最接近，并且能够很快赚到钱。2007 年 3 月，公司开始转型做酒店预订，并于 2007 年 6 月正式上线了住哪儿网。

住哪儿网在成立之初，便确定了以在线酒店预订为主营业务方向，且主要定位于经济型酒店，同时涵盖商务酒店、连锁酒店、度假型酒店等多种类型。在扩充合作酒店数量的同时，开拓新客户是住哪儿网的另一大业务重点，尤其是学生、中小企业商旅人士、价格敏感型的旅游爱好者，住哪儿网致力于为用户提供酒店预订服务和旅游资讯服务。针对目标客户群体的预订习惯，住哪儿网在创立初期就开始推行返现模式，坚持“订酒店，返现金”的营销方式，旨在为用户提供高性价比的产品。

三、市场定位与业务发展

纵观中国在线酒店预订领域，携程旅行网主要针对高端商务客户，艺龙旅行网以其庞大的酒店数据库覆盖了大部分用户群体，去哪儿网则是做酒店搜索比价。住哪儿网选择细分一部分用户作为重点客户，不和这些行业巨头争抢用户市场。准确的市场定位，使住哪儿网的酒店预订业务迅速发展起来。

（一）市场定位

住哪儿网将主要目标用户定位为学生、中小企业商旅人士、价格敏感型的旅游爱好者。由于这部分群体通常会选择经济型酒店、青年旅社、客栈这类中低档价位的酒店，因此网站将 150～300 元的酒店作为首推产品，在酒店列表页优先展示。在住哪儿网首页可以看到除了国内酒店、国际酒店这样的地域性划分，连锁品牌、短租公寓和民宿客栈这三类酒店也是住哪儿网的核心业务，如图 16－2 所示。

图 16－2　住哪儿网首页导航条

（二）业务发展

2007 年年底，住哪儿网率先开始做“地图找酒店”服务，住哪儿网是第一家把地图和酒店结合起来的 OTA。地图找酒店解决了用户到一个地方后不知道离酒店有多远、在什么方位的问题。

2010 年 10 月，住哪儿网同艺龙旅行网展开战略合作，共享酒店数据资源。通过和艺龙旅行网进行资源整合后，住哪儿网的酒店数据库迅速扩展到 2 万家，并于 2011 年第 3 季度实现了月均酒店预订间夜量超 12 万的业绩。进入 2012 年，住哪儿网每月的酒店预订量依然按同比 300% 的速度持续增长，全年酒店预订间夜量突破 200 万大关。

2011 年 8 月 31 日，住哪儿网在国内签约的合作酒店数量突破 2 万家，覆盖国内 700 个城市，包括全国所有一线城市及省会城市，其中北京、上海、广州三地的签约酒店数量近 4000 家，酒店数量及覆盖面再创新高。[1] 针对部分热门的旅游城市和知名景点，住哪儿网签约了大量酒店，以满足消费者外出旅游的订房需求。

2012 年第 1 季度，住哪儿网以全年 100 多万的酒店间夜量，实现了 2011 年较 2010 年全年业绩超过 300% 的增长率，并跻身酒店在线预订行业的前 5 名。[2]

---

[1] 资料来源：http：//www. qianlong. com/。

[2] 资料来源：话题 2009。

2013年年底，面对无线端的快速发展，公司再次转型，集中主要精力打造“住”的概念，即解决用户到一个陌生的地方“该住哪儿”的问题，让用户不再纠结。基于此，住哪儿网于2014年推出了“打盹儿”App，并于10月推出“用户决策工具”。

四、产品与服务创新

住哪儿网一直致力于产品和服务的创新，切实解决用户“住”的问题。住哪儿网推出了各种版本的手机App，并不断升级完善产品功能。

（一）产品创新

1. iphone客户端

2012年，住哪儿网正式发布了全新的无线酒店预订平台——“住哪儿订酒店V1.1版”iphone客户端，该客户端集合了酒店预订、列车查询、常住酒店等内容。该款应用集中了3万余家合作酒店，拥有近60万名客人的真实点评，100多万张酒店的真实照片，运用独特的地图、区域、关键词搜索功能，使用户可以通过手机方便地预订酒店。

此款App应用操作非常简单，用户无需注册住哪儿网会员，通过手机直接预订酒店，即可默认成为会员，免去了填写会员信息的步骤，大大提高了用户的下单速度。同时，此款App应用在酒店预订功能上也拓展了更多查找方式，可以让用户在不方便使用电脑时，随时随地享受预订酒店的便捷服务。对于周边酒店，此款App采用精准的定位系统可以帮用户准确定位地理位置，随时明晰附近的酒店信息，碰到心仪的酒店，可即刻预订。对于常住酒店，此款App会帮用户记忆往期经常入住的酒店，查找最熟悉、认可度最高的酒店，方便用户预订。此外，列车查询功能包括开通站站查询、车次查询、车站查询，让用户的出行更加方便快捷。为鼓励用户进行下载试用，住哪儿网还推出了下载App应用订酒店的限时优惠活动。

2. 安卓客户端

2013年1月，住哪儿网正式发布了安卓客户端“住哪儿订酒店V1.0”，为安卓手机用户预订酒店提供便捷。用户可登录住哪儿网直接下载，或者登录应用汇、豌豆荚、安卓网等免费下载。

“住哪儿订酒店”安卓客户端秉承了住哪儿网的一贯优势，页面简洁，预订速度快，酒店范围广，覆盖了全国700多个城市的35200余家酒店。用户通过手机预订酒店，不仅可享受与主站一样的返现金优惠，还可额外获得10元奖励。

在地标定位上，此款 App 提供了手动打点订酒店的方式，用户只需在地图上长按某个地标，该区域周边的酒店便会即刻显现，用户可根据距离及价格选择想要预订的酒店，非常方便。为了更加方便用户预订酒店，在客户端界面的右上角，设有一键呼出 400 预订专线，只需一点便可与住哪儿网电话呼叫中心即时连接，让预订流程变得更加简单。

3. ipad 客户端

2013 年 5 月，住哪儿网上线了“住哪儿订酒店”iPad 客户端。该客户端不仅专门针对酒店产品设计了更为清新活泼的界面效果，而且在功能上新增了酒店浏览记录和酒店收藏等功能，全面升级用户预订体验。

“住哪儿订酒店”iPad 客户端默认附近酒店搜索，用户可切换至按城市列表查找酒店，也可通过长按地图上某个点几秒钟，直接查看该点附近的酒店。同时，在页面左下角设有浏览记录功能，用户浏览过的酒店都会保留在这里，方便查找。在个人中心管理中增加了更容易让用户操作和储存的功能，如常住酒店、收藏等。iPad 的宽屏展示效果，对酒店查询来说，优势十分明显。用户点击酒店列表，酒店详情页面会直接展示在屏幕中间位置，页面会提供该酒店的综合评价，更直观方便。用户可直接变更预订时间，减少重复操作。

住哪儿网 COO 魏赟透露，住哪儿网无线事业部的开发团队正在收集更多用户的使用意见和建议，在后续的升级版中，将会延续之前针对苹果 iOS 系统的一些便捷功能增加更多实用的功能。“例如，在地图搜索模式中加入街景地图，让用户更加直观地了解酒店周边的地理环境，方便做出预订选择。”

4. 手机客户端 V2.0

2013 年 10 月，住哪儿网推出“住哪儿订酒店 V2.0”版手机客户端升级版。升级版 App 在界面设计、酒店搜索方式等方面做了全方位的调整。除了对酒店搜索结果的速度和精准做了改进，还融入了“微酒店”“酒店周边”等细腻的酒店延伸推荐，为用户打造简约中不乏温暖与细致的酒店预订体验。

（1）全新界面

“住哪儿订酒店 V2.0”采用全新绿色图标，整个界面是很彻底的最小化、扁平化设计风格，取消了阴影、渐变等效果的界面元素，更加简单直接地将搜索条件和结果展示出来，减少了用户的认知障碍，给人一种清新细腻的舒适感。该版本界面以简约白色为背景，使可点击的绿色搜索按钮在视觉上与其他元素形成鲜明对比，让用户可以将注意力聚焦在核心搜索条件上，而不会被界面上的其他视觉元素所干扰。

（2）摇一摇搜身边

App 首页的页面上方醒目的位置有“摇一摇搜身边，今晚我要住!”的提示。用户点击该按钮，或者摇一摇手机便可一键查找身边的酒店。之后，还可根据价格、评分等选项进行筛选，方便用户在陌生的地方迅速找到入住的酒店。对此，住哪儿网联合创始人 COO 魏赟说："我们把一键查找的功能单独提出，是为了适应手机用户的时效性和区域差别。往往通过手机预订的用户多是已经在户外，急需寻找周边酒店的人，这个功能恰到好处地突出了这一需求。摇一摇则是合理利用了手机自身的特性，增加了用户查找过程中的娱乐性。"

除此之外，该版本也对酒店搜索结果进行了优化。通过当地的热门关键词、被优化的筛选功能，帮助用户在短时间内找到自己需要的酒店。同时，在搜索速度方面也做了很大改进，让酒店搜索更快捷、更准确。

（3）微酒店

为满足用户更高层次的酒店需求，住哪儿网首创了"微酒店"的搜索方式。点击页面下方的微酒店，会出现高端商务酒店、浪漫圆床、客栈、温泉美肤、家庭房、酒吧街等主题酒店分类，各种主题类型给处在选择困难的用户以精确指引。用户可以根据自己的喜好选择喜欢的类型查看并预订。

用户在查看这些分类时，会对该城市的个性特色产生初步了解，让用户选择酒店的过程充满趣味。微酒店的亮点在于结合了旅游攻略或酒店攻略，用多元化方式给用户推荐精品酒店。

（二）服务创新

1. 首推"地图找酒店"预订模式

现在地图已成为酒店预订、租房、旅游、出行的标配组件。将地图与酒店预订结合在一起的 App 比比皆是。但住哪儿网是国内第一家通过地图方式展示酒店位置的网站。住哪儿网将地图与酒店预订进行绑定，大大优化了预订酒店的用户体验。住哪儿网 COO 魏赟认为，住哪儿网能发展到今天，地图模式的创新是公司创立初期高速成长的第一级引擎。正因为地图功能的引入，住哪儿网误打误撞地成了用户在百度搜索引擎中检索酒店的首选，在自然排序中获得了足够好的位置，流量出现爆发式增长。用户通过地图搜索模式，可以准确地了解酒店方位，为用户出行节省了大量时间和精力。

2. 推出国际酒店频道打造全新预订平台

2013 年 4 月，住哪儿网正式推出了国际酒店频道（http：//guoji. zhuna. cn/），为用户提供全球 180 个国家、8014 个城市、279598 家国际酒店的预订服务。至此，住哪儿网初步建立起国内和国外相互结合的酒店预订服务平台，为用户出行提供全方位的酒店预订服务。住哪儿网的国际酒店频道页面与主站页面设计风格统一，国际酒店价格、点评、地理位置等信息全部采用中文展示，搜索方式更符合国内用户的习惯。用户可以通过搜索目的地关键字、查看评价、距离等条件，方便、快捷地找到符合要求的住宿酒店。

为了保证国际酒店的价格优势，住哪儿网在国际酒店频道上线初期，推出了 5% 的返利活动。预订所有海外酒店都可通过写点评获得最高 5% 的点评奖金。预订过程中不收取任何费用，到酒店前台直接支付，确保用户的资金安全。

3. 入驻一淘酒店，提供搜索比价服务

一淘网历经 3 个月的筹备，正式推出了在线酒店比价平台，并计划全面升级为生活消费搜索，为消费者提供最佳的酒店解决方案。2013 年 7 月，住哪儿网与一淘网达成战略合作，全面加入一淘网的在线酒店比价平台，为一淘网用户提供全国 900 多个城市 40000 余家酒店的预订服务。

住哪儿网作为第一批入驻的旅游 OTA 网站，将通过这个平台，把自己网站拥有的全国 900 多个城市的签约酒店展示给消费者，方便消费者进行预订。住哪儿网在一淘网上仍然推行订酒店返现金的促销方式，用户预订成功后，不仅可以获得一淘网的累计分红奖励，还可在离店后到住哪儿网个人会员中心填写点评，获得酒店返还的现金。对于消费者来说，这种模式具有更高的性价比。

五、营销活动

住哪儿网的营销活动可谓层出不穷，广交会期间推出“早定省钱”促销活动；为庆祝成立 5 周年，住哪儿网不惜重金大力回馈消费者；七夕期间住哪儿网也应时推出优惠特色酒店。

（一）广交会住哪儿网推出“早订省钱”促销活动

每年广交会期间，广州三星级以上酒店的价格将出现不同程度上浮。针对此情况，住哪儿网（www. zhuna. cn）提前发布酒店预订提醒，告诉消费者广交会期间预订酒店应提前 15 ~30 天，以保证在房源充足的情况下，挑选到价格和服务合适的酒店。

从往年广交会来看，经济型酒店、特色酒店以及四星级左右的商务型酒店在广交会期间比较畅销。广州三星级以上的酒店价格会翻 2 ~3 倍。广州国际酒店品牌如香格里拉、威斯汀等卖价最高，价格在 2500 元以上，且在广交会期间一直爆满。当地本土高星级酒店如中国大酒店、花园酒店，价格普遍在 1500 元左右，广交会期间的入住率达 9 成以上。而经济型酒店、连锁酒店品

牌如7天、如家、汉庭生意也很不错，价格普遍涨至400元以上。此外，天河区、海珠区、越秀区等一些地理位置优越的高星级酒店，也是高端商旅人群的主要选择。据2012年3月18日广州市物价局颁发的广交会期间酒店指导价标准显示，广交会期间五星级酒店标准房为2190元/天，四星级酒店标准房为1630元/天，三星级酒店标准房为958元/天，二星级酒店标准房为535元/天。

针对临近广交会期间酒店价格的上涨现象，住哪儿网推出“早订省钱”专题促销活动。住哪儿网精心推出琶洲展馆附近酒店、客村附近酒店、赤岗附近酒店、大塘附近酒店、火车站附近酒店等。这些推荐的酒店均是以往广交会入住率极高且周边生活服务便捷的地标，方便不同消费者提早选择合适的酒店入住。

（二）住哪儿网5周年百万豪礼回馈新老会员

2012年5月，为庆祝成立5周年，住哪儿网推出“幸运转盘赢iphone 4s”活动，以感谢新老会员对网站的支持。此次活动持续到6月30日，活动送出的奖品也是历年之最，总金额达100万余元，中奖概率为100%，奖品包括：5部iphone 4s，10部ipad 2，20部ipod shuffle，200张住哪儿网200元代金券，10000张住哪儿网5元代金券以及1号店、驴妈妈旅游网、网票网提供的若干实物和优惠券奖品。用户只要在活动日期内，通过住哪儿网预订并入住酒店，即可每个订单获得一次转盘抽奖机会，订单越多，抽奖机会就越多。分享此活动内容到微博、空间、人人网等，并@住哪儿网，更有机会赢得住哪儿网吉祥物一只。此次活动得到1号店、驴妈妈旅游网、网票网的赞助，并通过邮件等形式向会员告知，极大地扩大了活动影响力。

2012年7月，住哪儿网斥资1000万元上线其5周年第3波让利优惠活动。此次住哪儿网的周年庆暑期让利活动，是继“幸运转盘抽奖”“高额返现奖金”的第3波周年优惠活动。从7月16日开始，将一直持续到10月8日，期间跨越一年中旅游需求最为旺盛的暑期，并延续至“十一”黄金周。

此活动覆盖了住哪儿网在760个城市30000余家签约酒店，包括北京、上海、杭州、广州、成都等旅游热门城市，涵盖经济型酒店、商务酒店等多种酒店类型。所有酒店最低返现10%，部分酒店返现甚至高达房价的30%。相比同程旅游网、携程旅行网等在线预订网站推出的优惠策略，返现比例已经突破价格极限。同时，对于住哪儿网来说，此次的返现优惠力度，也超越了历次优惠活动。

用户仅需要通过住哪儿网预订酒店，就能切身体验到各酒店返现奖金的高比例优惠。例如，杭州圣皇圣品尚酒店，标准间预订价格为208元，原返现奖金为 16 元每间夜，经过调高奖金比例，现在返现奖金高达 62 元每间夜，用户预订到这个房型相当于只花费了 146 元，相当划算。

（三）七夕力推价格优惠特色酒店

七夕预订酒店的情侣套间，与心爱的人共度七夕之夜，已成为众多年轻人热衷的选择，这一现象直接导致酒店预订的升温。从住哪儿网的酒店数据可以看出，七夕前一周住哪儿网（www. zhuna. cn）的酒店订单量较平时有了成倍增长，但价格仍与平日持平，且有略降趋势。北京、上海、广州、杭州、深圳、厦门、青岛、重庆等地的酒店预订量均有不同程度的上扬。其中，各大酒店的情侣套房、圆床房、浪漫大床房、豪华房、主题房、蜜月房的预订量均有 20% 以上的增长。

为迎接七夕到来，住哪儿网上线了情侣酒店专题，精心挑选北京、上海、天津、重庆、厦门、广州等 19 个热门城市，近 300 家情侣主题酒店，很多特色的情侣酒店价格为集中在 150 ~ 300 元/天，返现奖金高达 30% 每间夜。

六、发展战略

面对酒店预订市场的激烈竞争，住哪儿网做出了战略规划。首先是要一如既往地重视产品和用户体验，其次在服务功能上，不仅要实现用户“想住哪儿，就住哪儿”，还要告诉用户“应该住哪儿”。

（一）重视产品和用户体验

近两年来，在线酒店预订行业的竞争非常激烈，众多网站提供的产品和用户体验也非常同质化，为了从这样的竞争中脱颖而出，住哪儿网在细分市场、创新服务、提升用户体验上下足了工夫。

首先，突出预订价格优势。住哪儿网主要定位在经济型酒店客户群，酒店预订价格的优势是吸引用户的重要因素。通过住哪儿网预订酒店的用户在填写酒店真实点评后，每间夜最高返房费 14% 的点评奖金，相当于降低了酒店预订价格，用户可以从中得到真正的实惠。

其次，重视用户的在线评论和推荐。住哪儿网于 2009 年 12 月在文字点评的基础上，推出了图片点评功能，由入住过的用户上传酒店细节照片，使其他用户在查看酒店文字信息和评论的同时可以清楚及时地看到酒店的变化，以提高用户体验。住哪儿网一直采用有效的酒店点评激励机制，并由专门的审核部门审核用户上传的点评和照片，为其他用户提供真实、有效的参考信息。

再次，精化地图搜索功能。酒店预订网站能够罗列出某个区域的所有酒店，但是对于用户来讲，怎样找到这家酒店才是关键。住哪儿网将酒店地标标注在地图上，并设置了交通路线搜索功能，用户在查看酒店地标的同时，还能查询前往该酒店的公交线路以及周边的美食和购物环境，满足了用户不同的需求。

最后，布局移动预订客户端。目前，在线预订网站使用移动互联网做在线酒店预订的用户市场还不太成熟，绝大部分的网民仍然使用电脑在互联网上预订酒店。但是，移动技术更便于旅行者随时进行分享。现在，越来越多的旅行者利用移动设备来获取信息。国外知名研究机构 PhoCusWright 调查称，1/3 拥有智能手机的旅行者和手机旅游受众的数量在 2011 年已经翻了 1 番。

（二）从“想住哪儿就住哪儿”到“应该住哪儿”

2014 年，住哪儿网推出了新的 App“打盹儿”，希望通过切入钟点房市场，重新回到酒店身边。住哪儿网 CEO 刘达表示住哪儿网做钟点房要分三步走：第一将覆盖酒店的量做上去，用户站在一个位置，打开“打盹儿”就能看到附近有哪家酒店提供钟点房；第二是把美团网、携程旅行网、艺龙旅行网等企业的钟点房团购产品接进来，主打低价牌；第三则是为合作酒店研发一个钟点房预订平台，供其使用。

钟点房产品避开了 OTA 打得不可开交的酒店现付，同时达成了“与酒店直接合作”的战略目的。住哪儿网正在试图摆脱“分销商”的角色，进入大佬对垒之外的细分市场，为酒店提供携程旅行网、艺龙旅行网都没有的服务。而住哪儿网“用户决策工具”的开发，也有着相似的逻辑。“用户在预订酒店时是有痛点的，尤其当用户到达一个陌生的城市，‘该住哪儿’就是个问题。”

住哪儿网认为在各家 OTA 酒店库存已经极大丰富的今天，用户会有选择困难症。住哪儿网的“打盹儿”App 会聚合用户点评与预订量的大数据，分析出用户选择这家酒店的原因。了解用户行为决策习惯后，就是面向新用户的推荐了。打开住哪儿网的新 App，首先要选择目的地，之后就会看见住哪儿网提供的酒店攻略，以及用户选择某一酒店的百分比。与钟点房类似，这同样不是 OTA 擅长的领域，却能让酒店实实在在提升收益，并且是以用户喜欢的方式。

据刘达透露，“用户决策工具”将在不久后面世，而那个时候住哪儿网将拿着小样寻求 A 轮融资。“以前我们的信条是‘想住哪儿就住哪儿’，强调的是库存多；现在我们希望告诉用户‘你应该住哪儿’。”刘达说，“我们要讲一个不同于 OTA 的故事，同时让 OTA 成为我们的合作伙伴。”

七、创业者启示摘录

住哪儿网创始人刘达，本科为酒店管理专业，长期关注互联网行业发展。2005 年 10 月，创办了旅游咨询网站——九游网；2006 年 10 月，与魏赟等两位合作伙伴共同创办了北京久游科技有限公司；2007 年 3 月，转型做酒店预订，同年 6 月，上线住哪儿网，专注于解决用户“住”的问题。

下面分别是刘达接受亿邦动力网和本书项目组采访时的访谈稿，从对话中可以更全面地了解住哪儿网的过去、现在和未来。

对话 OTA 缝隙幸存者：移动时代没钱怎么活[1]

从旅游资讯起家到垂直酒店预订的住哪儿网，是 OTA 市场浪潮翻滚的见证者，经历过收订单收到手软的繁荣时刻，也正在面临业务增长的疲软期。如何转型、如何在移动时代更聪明地落脚，是住哪儿网 CEO 刘达和他的团队正在思考的问题。

话题一：没钱没背景，如何活下来

亿邦动力网：您眼中这两年的 OTA 市场是一个怎样的局面？

刘达：死了很多中小型 OTA，尤其是今年（2013 年）过了年以后，关门的关门，业务缩减的缩减，变化很大。2011、2012 年的时候，去哪儿网上的酒店数量都收缩了很多，很多中小 OTA 都因价格战的影响而销声匿迹了。

一个很明显的节点是携程（旅行网）梁建章的回归。他一回来，风格就变了，开始打价格战，把很多烧不起钱的中小 OTA 给打死了。现在很多小型 OTA 都是转型的转型、被整合的被整合。前两年比较火的米途订酒店、今夜酒店特价、酒店达人等走得都不那么顺利。米途（订酒店）现在已经开始涉足酒店 PMS 管理系统，做 2B 的生意；今夜酒店特价已经被京东收购。

亿邦动力网：从创立到现在 7 年的时间里，支撑住哪儿网存活下来的根基或竞争力有哪些？

刘达：现在想想，我们最早能够从市场里面跑出来，也有一定的巧合性。那时候电子地图刚刚起来，我们第一家使用了地图搜索技术，即通过用户所在的位置推荐周边酒店。因为那时已经有很多用户用百度、谷歌搜索附近酒店，所以我们的地图搜索是非常利于 SEO 的，百度的关键词搜索第一个就是我们。

通过这种方式我们在那段时期获取了大量订单，2007 年 10 月份的时候，

---

[1] 资料来源：http：//www. ebrun. com/20140728/105704. shtml。

几乎满地都是传真，订单来了都处理不完，虽然那时我们的酒店资源很少，就三四千家，人只有十多个，但那段时间沉淀下来不少忠实用户，直到现在。

亿邦动力网：这个优势持续了多久？

刘达：没多久，很快就被其他 OTA 复制。尤其是 2011 年后，大量 OTA 开始投放百度付费广告，加上百度投资去哪儿网以后，我们的自然 SEO 受到很大影响，不再是一种优势。

亿邦动力网：是否尝试通过融资来扩大规模或维持生存？

刘达：我们没有融过资，刚创立的时候就不被投资人看好，所以一直是靠自己盈利活到现在。2010 年开始跟艺龙（旅行网）接触，谈入股。现在我们基本上完全使用艺龙（旅行网）的库存，可以说是艺龙（旅行网）最大的分销商。

话题二：可以寻找的生存缝隙

亿邦动力网：那你觉得未来的在线旅游市场会完全是巨头独霸的市场吗？是否还有空间？

刘达：大者恒大是肯定的，如果还按照原来的方式做酒店预订，肯定没戏了，是玩不过携程（旅行网）、艺龙（旅行网）的。但一些新的生存空间还是有的，我们目前正在尝试的两个方向：一是挖掘钟点房市场，二是做用户决策工具。另外，行业内还有一些特色模式在涌现出来，如做尾单销售的“爱旅行”，有些旅客包机组团去泰国，如果飞机座位还有空余，可以特价卖出去。再如做酒店评论挖掘的“慧评网”，立足于帮助酒店收集网络评价、做舆论管理，这也是比较新的角度。

亿邦动力网：钟点房市场具体怎么做的？

刘达：实际上现在已经有创业企业涉足这块市场，但我们有更好的基础和优势。我们的策略是：第一步快速、大量地覆盖酒店，让用户能就近找到足够多的酒店。第二步开始做在线预订或团购。我们已经推出了针对钟点房需求的 App “打盹儿”，目前钟点房覆盖酒店数量达到 30000 多家，预计新版将很快上线。现在钟点房市场已经开始崛起，美团网上的钟点房需求很大，一个月能有 200 多万间夜。而且这对酒店的资源配置确实有益，反正房间白天闲着也闲着。酒店开钟点房的意愿很强烈，四星级以下的酒店基本上都在出售钟点房。而一般大型的 OTA 还觉得这个生意太小，不愿意投入精力。

刘达：虽然我们有一部分忠实用户 ，但今年（2013 年）增长没有去年（2012 年）好，后期要发展也挺难，因此会尝试转型，不再做 OTA，往用户决策上做文章。我们可以看到的一个现象是，携程（旅行网）虽然越来越大，但也暴露出一些弱点，比如酒店数量庞大（10 万家以上），选择太多，用户决策成本也越来越高。这正好是我们的空间所在。在茫茫的酒店类型中，告诉用户到底应该住哪儿就是我们的方向。我们未来会接入很多其他 OTA，做决策平台，通过数据挖掘用户的特色和需求。例如，去泰国，该住在哪个区域，哪家酒店，哪种环境更好。又如，到北京，喜欢哪种商圈、哪种氛围、哪种场景，为其推荐相应的酒店。

亿邦动力网：我们了解到住哪儿网也曾涉足短租业务，做了“快乐租”，这个业务目前的状况是怎样的？

刘达：短租在国内的用户市场还没有培养起来。很多人对民居的信任度不高，牙刷能不能每天更换，床单能不能每天换，很多民居是无法做到的，很难获得顾客的信赖。我们是从 2011 年年底做“快乐租”，做了 1 年多，但到 2013 年中旬就基本停止了。

话题三：移动端也是烧钱的游戏

亿邦动力网：现阶段您感受到的 OTA 行业最大的变化或趋势是什么？

刘达：无线端。最早的时候 OTA 拼呼叫中心，然后拼线上营销，现在开始拼无线。

亿邦动力网：住哪儿网的无线端情况怎么样？

刘达：目前住哪儿网来自移动端的订单占比只有 30% 左右。我的感觉是，这个行业也是花钱厉害，大的 OTA 都在这里投钱，很少有人玩得过他们。所以我觉得移动端的 OTA 还是会被巨头霸占，小的很难异军突起，除非做艺龙（旅行网）和携程（旅行网）无暇顾及的，如蚂蜂窝、穷游网等。但我们还是要在移动端拼一把，现在有一半技术在做移动端。除了前面提到的做用户决策型工具、钟点房，我们在微信营销上还没有找到门路，需要更多的摸索。

刘达采访语录❶

关于未来发展难题

未来发展的难题，一方面是如何真正了解用户的需求点在哪里，以更好地满足用户的需求，做好细分市场；另一方面是竞争对手，竞争对手有哪些优势和资源，会不会在短时间内超越我们，还有就是现有的模式会不会被颠覆掉。

关于企业文化

公司崇尚平等，我一直致力于打造在住哪儿的大家庭中每个人都是平等的，上下级只有责任大小，没有等级高低，在轻松自由的氛围下工作，遇到问题可以激烈地讨论，碰撞出创意的火花。同时我们还需要打造成学习型企业，因为现在互联网行业的发展、技术更新太快了，只有不断地学习，才能跟得上

---

❶ 资料来源：住哪儿网 CEO 刘达访谈回馈文字资料（稍做整理）。

时代的步伐。即使我的员工离职了，去别的地方干了，要让他觉得在住哪儿这几年不白干，学到了很多东西，到别处也是个顶个的。

关于未来的旅游信息化发展

目前来说，中国的旅游信息化程度还很低，和欧美发达国家相比还有很大的差距。机票好点，然后是酒店，门票最低。随着中国经济的腾飞，互联网逐渐普及，给旅游行业带来了新的发展契机。现在流行所谓的O2O模式，实际上OTA是最早切入O2O模式的行业之一，只不过那个时候还没有这个概念。OTA行业赶上了互联网的红利时代，尤其是最近几年移动互联网的发展更加迅猛，未来如何发展好移动端，是整体行业需要认真研究的课题。

关于行业之中可能的创新点

就拿OTA行业来说，佣金模式早晚有一天是要被打破的。就国内来讲，从携程（旅行网）开始做这种模式到现在有十几年了，基本上没有任何改变。同时形成了酒店和OTA对立的局面，酒店想办法降低成本，OTA一心想把佣金提高，所以有些信誉不好的酒店就出现截单，怂恿客人取消网上的预订，直接从前台下单；同时提供不好的客房给OTA客人入住的情况。这时客人不但抱怨OTA，还抱怨酒店，对酒店和OTA来说是个双输的局面。

客人在网上的预订习惯由3年前的平均提前2.4天预订，到现在的平均提前0.7天预订。可以看出来，客人的预订周期大大缩短了，缩短到当天做决定，也就是说旅游不再像以前那么有计划性了，更多的是即时性需求。那么谁能更快、更好地满足客户的需求，谁就能抓住用户。如我们熟知的招聘行业，从做招聘有十几年的中华英才网，到后来51job、智联招聘网的加入，基本上都是靠单一的职位数、下载简历和广告位来挣钱，从来没有变过。这种模式在未来的两三年我觉得也会被打破。为什么呢？就是由于它们没有从用户的需求出发，对于应聘者来说，有几个人知道北京三快科技有限公司就是美团网呢？对于企业来说，只需要下载简历多，根本不需要它们的广告位，它们把职位数、下载简历数和广告位打包一块来卖，但是没法调整呀，要么就单独购买，但单独购买一项的费用和套餐差不了多少。所以最后买完套餐，广告位呀、职位数呀许多都被废弃了。就是由于它们没有从用户的角度出发，所以应运而生了一个拉勾网，还不错，有些创新，但力度还不够。就旅游行业来说，自从新的旅游法实施后，到目前为止，许多传统旅行社转型的转型，倒闭的倒闭。用户已经由原来的组团出游方式转变为自助、自驾方式，那么用户的需求越来越个性化，这反而给创业团队很多机会，会产生很多的细分市场。

未来随着科技的发展、人们出行机会的增多以及意识的转变，OTA行业一定要变革，你不去革自己的命，就会有外行人来革你的命。

后　记

不忘初心，方得始终！

——张德欣

做旅游创业服务平台和圈子已经两年了，有诸多不易与N多艰辛，当然也有小小的成绩稍做慰藉。为旅游创业者出一本书，也是我一直以来的愿望，因为这可以为新进旅游创业者提供些借鉴，可以让他们少走些弯路，在创业的道路上走得更快一些、更好一些。

每一个创业者都值得尊敬，不管是成功还是失败，因为创业最需要勇气和决心！迈出第一步是最难的，接下来就是开弓没有回头箭，只能一路向前。或许创业是一条不归路，但这样也好，能够心无旁骛，能够奋力一战。

创业者都是有一点理想的，想为国家、行业做点贡献，想改变旅游行业里那些不好的东西，让世界变美好。理想很丰满，但现实很骨感，创业路上的艰辛，如人饮水，冷暖自知。

创业很难，什么都缺，缺人才、缺资源、缺资金、也缺智力。没有一个创业者是以上条件俱足的，或多或少都有短板，而我做的旅游创业服务平台，其初衷就是想为创业者们提供这些帮助，让他们离成功更近一些。

我为旅游创业者们服务，同时我也在创业，这确如秦宇老师所说，很有意思。我和创业者们一起成长、一同进步，为着理想而努力。但做一个草根NGO组织来服务行业和社会，真的很难，一没政府支持、二没财团支持的我来做创业服务平台，是件非常不合逻辑的事情，但很多情况下，不合逻辑的创业者有时反而会成功，但这更需要坚忍不拔！

因篇幅有限，本书只收录了小部分“旅游创业会”成员及旅游创业家协会里的优秀旅游创业者，这些创业项目里，种子、天使、ABCD轮、上市的都有，其实上市，并不是创业的终点，只是阶段性成功，上市后仍需要不断创业、创新。创业，没有止境。

物美前董事长吴坚忠博士曾说过：帮助他人成功才是最大的成功！这句话一直激励我克服困难，继续做好这个公益平台，这也是我能坚持下去的动力。

两年来，和这些优秀的在线旅游创业者们在一起，收获的不仅是友情，更是自我的提升，在视野上，在见识上。

几百个旅游创业者如几百个世界，我在看这个世界，也内观自己，我是谁？我能做什么？我的价值在哪里？我为什么这样做？我能得到什么？

念念不忘，必有回响，而不忘初心，才方得始终！愿所有创业者们，胜不骄败不馁，为着梦想，披荆斩棘，乘风破浪，勇往直前！